本书获上海市浦江人才计划资助

再造与自塑

上海青年工人研究

(1949—1965)

刘亚娟 著

復旦大學出版社

序

或许是人到老年又是"空巢"的缘故,但凡听到来自学生的消息,无论报喜或报忧,总会跟着兴奋、激动、牵挂好一阵子。她(他)们和我以师生身份相处的那段日子,就如"电影回放"般地浮现脑海,清晰如昨。

还是七年前的夏天,在华东师大中国当代史研究中心、加州大学伯克利分校东亚研究所与哈佛大学费正清东亚研究中心联合举办的中国当代史高级研修班上,我认识了刘亚娟。作为入选者中唯一的硕士生,她提交的论文讲述这样一个故事:山西一位有"历史劣迹"的农民张顺有因私人利益纠葛将别人扣上"反革命"帽子,不惜代价反复上访举报,备受冷遇与挫折,但锲而不舍,结果却出人意料地被宣传为"反官僚主义"的"典型事件",不但"官司"打赢,其命运也峰回路转,其人红极一时。"张顺有"在研修班上很受关注,包括我在内的许多评论者都认为,论文最值得称道的,主要不在"叙事"而是在"论事",是这个年轻史者解读史料的能力。她能够从《人民日报》、地方党报与地方文艺宣传品三套不同叙事文本中,发现宣传"典型事件"与"典型人物"之间存在着差异与紧张,潜藏于后的则是政治宣传运作的内在机制以及高层、中层及基层各方"用户"的不同指向与行动逻辑。面对一连串评论与质疑,刘亚娟的答辩透着灵气和悟性,且十分坦诚。茶歇与会后的交流中,我发现她对学问充满渴求,对方兴未艾的中国当代史研究怀有浓厚的兴趣。最初的直觉告诉我,这是一个史学研究的好后生。

2013年秋,我欣然接受了从王奇生教授门下走出的高徒——到复旦攻读博士学位的刘亚娟,初识时的印象在我们共处的日子中得到了印证。

那时,"张顺有"并未随亚娟硕士学业的结束而迅速退场,但她已不再满足于探讨"张顺有事件"背后之种种,而延伸向"后典型"的讨论。在张顺有家乡一次次的田野调查和访谈中,她不仅有了许多"在地"感悟,而且幸运地获得了张顺有的一笔"遗产"。从这批碎片式的"私家材料"和口述访谈中,亚娟挖掘出一个张顺有后半生的故事,近乎荒诞而又在历史的情与理之中。她沿着这个"风光一时但失踪了的"人的生命轨迹,观察这类对"宣传情境"与"生活情境"之间的叠合抑或落差最为敏感的个体,是如何用自己的"典型事迹"重塑自我,典型里的"虚构"与"真实"是如何杂糅并导引个体行为的,各种权力网络与政治机缘又如何规制、形塑了一个真实的生命历程。①

之所以花些笔墨介绍亚娟攻读博士学位前的研究,并不是因为"张顺有"与她的博士论文有什么主题、框架及内容上的关联,而在于治学之门道。我以为,亚娟从"张顺有"最要紧的斩获,不是硕士学位与攻读博士的"敲门砖",也不是文章发表在诸多师长大家集结出版的论文集②中,而是通过典型"生产过程"的深描,触摸到了小人物的个体生命史连接大历史的门径;进而随着典型再塑原型的重访,初得史学,尤其是中国当代史需要人文关怀之要领。当然并不是说,是时的亚娟已经对此有很强的学术自觉,但至少,她没有把自己置于"纯客观"的"他者"立场去充当"判官",而是尽可能地以"在场者"的身份去理解人物和感知历史,所以,她笔下的张顺有和"张顺有",不是一个与己无关的纯粹的研究对象,而是一个血肉之躯的生命、一个在"运动时间"与"日常时间"中交替行走的人。

2017年初夏,亚娟的博士论文《摇摆的新生代:上海青年工人研究(1949—1965)》即将提交答辩,我照例为她填写"导师评阅意见"。在又一遍审读论文,按照格式化要求写下评语之后,常常忽略的"后

---

① 刘亚娟:《在宣传情境与生活情境中的"典型人"——基于张顺有个人材料的研究》,华东师范大学当代史研究中心主办:"1950年代的中国"学术讨论会论文,2013年12月。
② 刘亚娟:《从张顺有到"张顺有":原型、典型与变型》,王奇生主编:《新史学》第七卷《20世纪中国革命的再阐释》,中华书局2013年版,第161—188页。

记"竟使我读到论文最为撞击人心的部分。求学生涯的发散性感慨与感谢之类当然不免,但她着力表达的,是"为什么选择工人题目"的"真正原因"。这本是"导论"的必要,为什么"本末倒置"地放在了后记?仅仅是一种学术之外的补充吗?不满三页的"内心独白",一个下岗工人女儿和她父辈的故事给了我答案。

我曾经陆续从亚娟那里知道,她出生在郑州纺织机械厂的家属大院,是标准的"产业工人"后代,仅此而已。我与她谈论最多的话题当然是学术视野里的"上海青年工人",而且是1949—1965年。未曾想到,她的童年、父母和他们的"郑纺机"与这篇博士论文竟如此深刻关联。

"下岗"是亚娟叙述中的关键词。对"郑纺机"而言,第一批工人的下岗,象征着一个国企辉煌时代的远去。身在其列的亚娟父亲,不仅失却了曾为众人羡慕的大厂工人职位,面临从未想到过的"生存危机",而且备受他特有的那份精神与心灵的煎熬。这位"撰写过数十部长短篇小说最终沦为废纸"的自命"工人作家",在看大门、摆小摊、做小生意的日子里,他执拗的"知识分子"内心遭遇无情现实的挑战:

> (爸爸)在很偏僻的地方摆过修自行车摊,因为怕撞见熟人。因为他太干净,并且所有工具都一尘不染,所以一开始别人以为这不过是一个纳凉休息的行人,没有顾客光顾。但他就是这样,依然以知识分子的清高做着完全不合时宜的工作谋生,将那一直被自己高高举起的自尊心重重摔下。

直到办了"内退",亚娟父亲才"如释重负",因为"他已经不在乎每月的退休费几何,单是离开工厂、卸去工人身份已经足够使其轻松了"。但他依然那么看重知识,甚至到了"看轻其他一切的地步",以至于在女儿择偶时"只提出了学历上的要求"。

比起内心几度苦涩挣扎的父亲,亚娟的母亲对家庭世事之突变似乎没有丈夫那么沉重,一句"你好好学习,以后千万不要当工人!"的诫勉,爽脆、直白,决然地告别引以为豪的过去,乐观地希冀后代,面向未来。

伴随父亲下岗和"郑纺机"的远去,属于亚娟的"小小世界"瞬间崩塌。这片失落的童年家园却造就了一个郑州市"自强少年"的"典型",而这一荣誉最强烈的意味,就是"爸爸的下岗"!

读到这些段落,我终于明白,亚娟之所以选择上海青年工人研究,是父辈的历史背影魂牵梦萦般地伴随着她的知识关怀。"重启工人阶级的形成"这一经典学术议题,不只是由中国共产党执政后"再造"工人阶级的重大历史命题所激发,也不仅是对汤普森、魏昂德、裴宜理等名家名著的汲取与再思,更是来自内心深切的人性关怀。她把对父母际遇、童年世界以及少年"典型"生命意义的珍视与追寻,融汇于新中国第一代青年工人的论题之中。

由此我才更加理解,在我和亚娟反复讨论"青年工人"定义和问题指向的时候,尽管题释与题目反复推敲,几经修改,然亚娟初心不改:这不是一个生理和心理界分的群体,核心概念与问题是"代"——从论文初稿的"代群",到预答辩当场决定采纳刘平教授提议的"新生代";从"摇摆的新生代"到"再造与自塑的新生代",走出以"国家"为中心话语的"摇摆",展现"再造"新生代过程中工人主体意识之能动作用。

因此,亚娟笔下的"上海",并不只是她采撷"新生代"里发生的事件、人物的"一个地点",而是整个中国工人新生代生长、活动场域的缩影之一,可以在上海,在鞍钢、一汽,也可以在"郑纺机",地理空间无须刻意界分。个案的选择也是如此。她所述的"工人作家",也不止于上海的胡万春们,还有"郑纺机"一个做着"作家梦"的普通工人。前者与后者,同样行走于"知识分子"与"工人"之间,同样有身份认同的焦虑,对他们而言,"工人",或是作家的"桂冠",或是作品"低水平"的标签,或仅是谋生的手段,自我认同和人生目标却定位在"知识分子"。不同的只是有无"作家"名分,看似"成功者"或"失败者"而已。

基于这个理解,亚娟把自己的论文定位于"当代史"和"劳工研究",而不是"上海史",我深以为然。

从"张顺有"到上海工人新生代,亚娟的论题转向似乎没有犹豫。用她自己的话说,想"以一个全新的题目来结束我的学生生涯"。这个转向的确跨度很大,但基于人性关怀的史观却始终不断,且更加自觉。如果说,在"张顺有"的故事里,亚娟的"在场感"还是理解研究对象及其历史处境的一种方式;但至"上海工人新生代"研究,她是真真切切的"在场者"。一个下岗工人的女儿和她父辈的故事,看似题外话,却也是题中义。正如她发自肺腑的心声:

> 如今工人早已经告别了光鲜体面的时代,但如果可以选择,每个人都希望生活得体面,对于那些努力了却生活不光鲜的人,我们也应该抱有起码的尊重。在很多研究者看来,这些个体的际遇并不具有戏剧性,他们只是经济体制改革中的牺牲者,是一种不值得大呼惊奇的"社会现象",而对于我而言,真实的故事比任何小说要来得惊心动魄,尽管在外人看起来,它波澜不惊。

这就是几位当代史研究高手所伸张的"人道主义"史观:"比起政治的、意识形态的、现实的、传统的种种因素,人性在解读历史方面更具有深刻性和普适性"①,"评价历史是要讲述功业成败的,但还有比功业成败更长久的东西,这就是永恒的人性"②。我认为,比之史识、史才的长进,史观的进一步自觉与夯实,乃是治史诸要素中更具本质意义的。借用杨奎松教授的中的之语:"学问之道,求仁义而已",失却了人性关怀的学问,"不要也罢"③。

此番题外话,以祝贺亚娟新书问世。治史之路漫漫,愿你我老少同行。

张济顺

2019 年 10 月 28 日,上海松江佘山脚下

---

① 韩钢:《采薇者的守望》,王海光:《时过境未迁——中国当代史采薇》,四川人民出版社 2014 年版,第 10 页。
② 王海光:《磨洗与重构——漫论中国当代史的治史》,王海光:《时过境未迁——中国当代史采薇》,第 310 页。
③ 杨奎松:《"边缘人"纪事——几个"问题"小人物的悲剧故事》,广东人民出版社 2016 年版,代序,第 8 页。

目录

导论 ·· 1
  第一节　问题的提出 ·· 1
  第二节　学术史回顾 ·· 5
  第三节　研究内容与论述结构 ································· 13
  第四节　几个关键概念的界定 ································· 14

序章　上海青工：工人谱系上的新生代 ···················· 17
  第一节　青工聚合：从未完成到将完成 ···················· 18
  第二节　青工出场：历史巨变中的新生代 ················· 37

上篇　新角色，旧成分

第一章　知识青年进厂与"学生工"的演变 ············· 55
  第一节　升学与做工：宣传动员的不同基调 ············· 56
  第二节　新工人，旧学生 ·· 80
  第三节　半工半读与"学工"长成 ··························· 98

第二章　文学青年出厂与"工人作家"的培养 ········ 116
  第一节　先"工人"后"作者" ······························ 117
  第二节　文学青年出厂 ·· 125

第三节 作家回归工人 …………………………………… 132
第四节 工人作家的新陈代谢 …………………………… 140

下篇 新中国，老上海

第三章 "摩登"劳模：从青工模范到时髦女郎 …………… 155
第一节 青年劳模黄宝妹 ………………………………… 156
第二节 摩登初现 ………………………………………… 159
第三节 "大跃进"中的工人"影星"：升华抑或堕落 …… 166
第四节 被观看的摩登劳模 ……………………………… 171

第四章 工厂"阿飞"：平民时髦人的流变 ………………… 179
第一节 大上海，"小阿飞" ……………………………… 180
第二节 "飞"进工厂 ……………………………………… 184
第三节 "阿飞"始终在场 ………………………………… 200

结语 …………………………………………………………… 209
参考文献 ……………………………………………………… 217
后记 …………………………………………………………… 228

导论

第一节 问题的提出

　　1949年后中国共产党的工作重心开始转向城市,"在城市斗争中,依靠谁"随即成为新政权首先要解决的问题。在中共七届二中全会上,毛泽东对这一问题作出了"必须全心全意地依靠工人阶级"的回答。① 不过,对于此前长期扎根农村、主要依靠农民发动革命的共产党人而言,执政初始并不那么得心应手。面对复杂而陌生的城市环境,不少干部产生了"过去二十余年革命都是依靠农民取得胜利,而不是依靠工人,今天革命胜利了,为什么又要工人来领导""工人阶级并不是天生成要跟共产党走的,也不是天生成要为共产党的社会依靠""工人是必须依靠的,但工人是否可靠"等疑问。②

　　根据统计,1949年新中国建立前夕全国职工人数在809万左右,

---

① 毛泽东:《在中国共产党第七届中央委员会第二次全体会议上的报告》(1949年3月5日),中共中央文献编辑委员编:《毛泽东选集》第4卷,人民出版社1991年版,第1427—1428页。
② 邓子恢:《论华中城市建设新方针》(1949年10月31日),《邓子恢文集》编辑委员会编:《邓子恢文集》,人民出版社1996年版,第254—255页。刘少奇:《关于城市工作的几个问题》(1949年3月12日),中共中央文献编辑委员编:《刘少奇选集》上卷,人民出版社1981年版,第421页。

而到了1965年底这个数字达到了4 965万。① 伴随新政权的建立以及工人阶级的迅速壮大,新的疑问开始形成,即谁是"工人"？中共进入城市前所设想的全心全意依靠的"工人阶级"在哪里？这些问题启发我们重新思考中华人民共和国建立后的"工人阶级",并重启"工人阶级的形成"这一经典学术议题。

魏昂德（Andrew Walder,又译华尔德）、裴宜理（Elizabeth J. Perry）在讨论中国工人政治时都关注到工人内部存在分裂这一现象。而在尝试以"分裂"研究"形成"的过程中,他们均敏锐地观察到青年工人与老年工人的格格不入。但两位学者不仅对青工存在不同的评价,对于青、老工人的分歧也有不同的解释。裴宜理认为新中国成立之后工人的分裂与此前并无本质不同,在她关于1957年上海"工潮"的个案研究中,青年工人以闹事者的形象出场。② 而魏昂德则指出,尽管新中国的工人与1949年前的工人不无相似之处,但对于政府而言,实际上存在着一个重塑新的工人阶级的过程。③ 他对于中国单位制下工人权力结构的研究,则揭示出青年工人更易成为积极分子这一现象。④ 在解释青、老矛盾出现的原因时,尽管两位学者都注意到"权利"这一维度,但在裴宜理眼中,这种矛盾更多表现为青、老工人在福利、工资等利益方面的竞争。相形之下,魏昂德在讨论中则更侧重于"权"这一方面,他将工人中的青、老矛盾视为积极分子与非积极分子冲突的一种体现。无论采取哪种解释,在他们看来,青年工人之所谓"青年"都只属于一个年龄范畴,青年工人也只是工人中一个并不特殊的组成部分。也正是基于这一判断,他们在研究中并未

---

① 吴承明、董志凯主编:《中华人民共和国经济史(1949—1952)》,社科文献出版社2010年版,第149页。中国统计局编:《中国统计年鉴1984年》,中国统计出版社1984年版,第110页。

② Elizabeth J. Perry, "Shanghai's Strike Wave of 1957," The China Quarterly, No. 137 (Mar. 1994), pp. 1 - 27.

③ Andrew G. Walder, "The Remaking of the Chinese Working Class, 1949 - 1981," Modern China, Vol. 10, No. 1 (Jan. 1984), pp. 3 - 48.

④ 参见【美】华尔德著,龚小夏译:《共产党社会的新传统主义:中国工业中的工作环境和权力结构》,(香港)牛津大学出版社1996年版。

将青工形象与工人群体的差异性进行关联性的思考,从而将青、老矛盾这一有趣的现象一笔带过。其他学者也有相似的观感,在偶尔提及青工时,不少学者都感到兴趣索然,以至于当有研究者尝试去明确何谓"青工"时,却会发现这一群体言人人殊,无法加以界定。① 定义的模糊性恰是问题所在。而与研究者的忽视恰恰相反,1949—1965年间,"青年工人"一直都是政府重点关注的对象。工会与青年团专设青工部,负责领导、教育与管理青工,上海市档案馆所保存的数量庞大的青年团、工会档案与现存资料为我们深描这一群体提供了条件。

新鲜的史料和议题固然为笔者增添了不少信心,整个研究的过程却并非如想象般顺利。按照一般的规律,通过阅读和收集史料并初步进行归纳总结,笔者脑海中的青工轮廓理应变得更加清晰,但实际情况并非如此。伴随着笔者阅读的深入,一系列的疑问反而开始浮出水面:大量超出青年年龄范围的工人仍被称为青年工人,青年工人与新工人相提并论,而老工人也逐渐与老年工人混为一谈。与中华人民共和国建立前相比,单纯依据年龄而定义的"成年工人""壮年工人"等标签渐被抛弃,工人被划分为"老工人"和"青年工人"两个群体。为何在官方的史料中,"代"会成为一个如此关键的划分工人的标准?

对"代"的理论研究,学界已经有了相当丰富的成果,其中以曼海姆(Karl Mannheim)的"代"的社会学理论最具有代表性。在他看来,"代"是一种特殊类型的"社会位置"(social location)。生物性特征固然是"代"的基本前提,但决定代际分化的根本因素并非年龄和量化的时间,而是社会历史经验以及社会变迁的节奏。② 罗丽莎(Lisa Rofel)在讨论杭州丝织厂三代女工时,提醒我们注意工人中间可能存在着一种特殊的"代",从而进一步以实证研究丰富了曼海姆关于

---

① 林超超在讨论1957年上海丝织"工潮"时,尝试去界定作为闹事分子的青年工人,但她发现青工和老工人的分界并没有一个统一的标准。参见林超超:《合法化资源与中国工人的行动主义:1957年上海"工潮"再研究》,《社会》2012年第1期。
② Mannheim K., "The Problem of Generation," in Paul Kecskemeti ed., *Essays on the Sociology of Knowledge*, London: Routledge, 1997, pp. 276 - 320.

"代"的经典理论。在她的研究中，不同历史时期进厂的女工表现出很大的差异，这种"代"具有一定的意识形态色彩。① 而这一观察也给笔者的思考提供了一个方向。在阅读了多方的史料之后，笔者发现，青年工人不仅是一个生理、心理范畴，对于政府实现"全心全意地依靠工人阶级"这一目标而言，这一群体还具有更为丰富的政治意义。

1957年12月，全国总工会主席赖若愚向中国工会第八次全国代表大会作了名为"团结全国人民，勤劳节俭，建设社会主义的新中国"的工作报告，报告总结了我国工人阶级的思想状况，称"在现有的1300万产业职工中，只有32%是解放前的老工人。在68%的新工人中，有一半以上是农民、学生、城市贫民出身的分子，他们绝大部分是青年，有朝气肯学习，容易接受新事物，但是小资产阶级思想作风比较浓厚。新工人中还有3%左右是原来的地主、富农、资本家、旧军警和游民分子，他们的剥削阶级意识和坏习气相当严重"②。青年工人既是裴宜理眼中的闹事者，也是魏昂德笔下的积极分子；既是工人阶级中的新生力量，又是亟待再造的"新工人"。这些形象背后的信息是什么？

上述一系列问题引导笔者一步步推进自己关于"青年工人"的思考。在爬梳相关史料的过程中，上海党、团、工会干部的叙述逻辑为笔者的行文打开了一个方向。在相关的陈述中，新政权再造上海"新工人"的过程始终遇到两股"旧势力"的阻挠，其一是不断涌入工厂的新工人身上的"旧成分"，其二是作为资本主义大本营的"老上海"的"遗毒"。但同时，也正是这些旧的因素，在具体的历史情境下构成了

---

① 在关于杭州一家国营丝织厂女工的研究中，罗丽莎分别对中华人民共和国建立之初、"文化大革命"时期、改革开放时期进入工厂的女工进行了比较，她所采用的"代"不完全等同于一般意义上的代际，而是一种介于宣传与自我认同之间的产物。但她的研究对象具有时空错位的特征，即虽然前两代女工与后一代女工存在较大差异，但是她们在现时所表现出的特征却并不一定是当时具有的特征，因此这种代的表现实际上存在一定的"时差"。Lisa Rofel, *Other Modernities: Gendered Yearnings in China after Socialism*, Berkeley: University of California, 1999。
② 赖若愚：《团结全国人民，勤劳节俭，建设社会主义的新中国！——中华全国总工会第七届执行委员会向第八次全国代表大会的工作报告》，《人民日报》1957年12月3日。

一个"回弹"的地带,使得上海青工有了自我塑形的空间。有鉴于此,本书聚焦于"旧成分"和"老上海",着力还原这一"再造"与"自塑"的交互过程,借助多方史料与此叙述达成互证或互拆的目的,以此完成对上海青工的实证研究。在明确研究对象与思路的基础上,具体议题的确定还得益于学术界前辈的启发。

第二节 学术史回顾

本书所讨论的议题可以被置于"当代史"与"劳工研究"的范畴之内。对于笔者而言,除了充分借鉴既有的史学研究成果之外,广泛参考其他学科的先进成果亦是必要的。"他山之石,可以攻玉",但对于本学科之外的一些方法和思路,笔者需要边做边学,而这给本书的写作增加了难度。具体到本书的研究对象,虽然与之直接相关的成果较少,但笔者的每一处新发现都并非无本之木,多个学科的既有研究为本书搭建了对话的津梁,一些看似无关的研究成果也为笔者的行文提供了不少巧思。下面,笔者分别从主题、思路、线索、视角四个方面,结合本书叙述的逻辑作一学术史的梳理。

一、主题方面

在学界,当代青年研究往往被认为是"以社会学为主干,集心理学、教育学、伦理学、美学及生理学等学科为科学群对青年群体进行综合研究"[1]。有学者曾利用国内四种主要青年期刊对20世纪80年代以来的青年研究进行过统计,结果显示"青年工人研究"在近三十年明显呈现出下降趋势,但在"在职青年群体"的研究中仍不失为热点。[2]

---

[1] 王颉:《前学科阶段的中国青年研究》,《社会学研究》1995年第6期。
[2] 风笑天:《三十年来我国青年研究的对象、主题与方法——对四种青年期刊2 408篇论文的内容分析》,《青年研究》2012年第5期。

目前,学界对于当代青年工人的研究一般以改革开放为时间上限,成果也多以调研与分析报告的形式出现。①

青工并不是史学研究的传统议题,史学界对于青工的研究多隐藏在有关工人与工运的史学论著中,或者在某个特定的历史片段中受到一定的关注。其中"学徒"研究作为青工研究中的一个热点,成果颇丰。从对象上看,学者们在研究学徒这一群体时,比较关注"学徒制度"本身的流变过程,并且总体上呈现出"重商业、轻工业,重当下、轻历史"的特点。② 相对于单纯的制度研究,林恩·怀特(Lynn T. White)、裴宜理等人的研究则启发我们注意技术工人与中共革命的关系③,从而将作为前技术工人或技术工人形成阶段的学徒拉回到"革命史"的研究中。裴宜理以"美亚绸厂"为个案,揭示了受过良好教育的年轻人进入工厂、成为工人贵族这一现象。韩起澜(Emily Honig,又译艾米莉·洪尼格)在研究上海纱厂女工时,专门提到了"养成工",并提醒我们注意工人中的特权与精英阶层。④ 除了上述围绕近代工人展开的论述外,关于1957年上海"工潮"的研究成果基本

---

① 最典型的即是20世纪80年代由中国社科院青少年研究所主持的当代中国青年工人状况的调查,参见张宛丽、王颉:《关于当代中国青年工人状况的调查与初步分析》,《社会学研究》编辑部编:《社会学纪程1979—1985》,中国展望出版社1986年版,第180—199页。刘斌志:《工厂青年的生存状况及工业社会工作研究》,《山东省团校学报》2007年第1期。罗忠勇、陈琦:《转型期青年工人的阶层意识研究——以10家企业青年工人为例》,《青年研究》2002年第11期等。
② 比较典型的有陈俊兰:《1949至1965年中国学徒制政策研究》,《教育与职业》2012年第8期。谢会敏:《近代北京学徒制度研究》,河北大学硕士学位论文,2011年。此外,关于学徒制度与社会流动的研究值得关注。参见彭南生:《近代学徒的社会状况与社会流动》,《近代史学刊》2006年第3期。李忠、王筱宁:《社会教育在底层民众实现社会流动中扮演的角色——以清末民国时期的学徒教育为例》,《南京社会科学》2008年第4期。
③ Lynn T. White, "Workers' Politics in Shanghai," *Journal of Asian Studies*, Vol. 36, No. 1 (Nov. 1976), pp. 99 - 116. 【美】裴宜理著,刘平译:《上海罢工:中国工人政治研究》,江苏人民出版社2012年版。
④ 参见【美】裴宜理著,刘平译:《上海罢工:中国工人政治研究》,第259—271页。【美】艾米莉·洪尼格著,韩慈译:《姐妹们与陌生人:上海棉纱厂女工,1919—1949》,江苏人民出版社2011年版,第79—84页。

上代表了学界对于当代青工群体研究的总趋势。

由于在这场"工潮"中,青年工人特别是学徒成为主要闹事者,因此青工也就成为学界在讨论上海"工潮"时无法回避的问题。从总体上看,学者们虽然在解释"工潮"发生的原因时各有侧重,但对于青工的表现和角色则意见相对一致。① 相较于大多数研究者以"工人"来理解学徒,高爱娣还特别关注到学徒的学生身份,并在讨论中直接称学徒为学生。但不无遗憾的是,由于青工并非她研究的重点,因此她并未着力讨论学徒"既是学生、又是工人"的问题。

除了"青年工人",与本书关系密切的另一个议题即是"青年文化"。应该说,相对于大量的知青文化研究,五六十年代的青年文化并非学者关注的重点。杨东平、王寒松等研究青年文化的学者认为,50年代的青年文化受到主流价值观的引导和规范,彼时的青年文化是高度政治化、高度成人化的,也因之成为主流文化的组成部分。②同样,如前所述,魏昂德也揭示了工厂中的青年比老年更容易孕育积极分子这一现象。然而至少在上海,实际情形却呈现出相当的复杂性。其表现之一,即是在团市委主要推动的共产主义道德教育运动、读书运动中,不仅都以工厂为运动的重点,诸多负面典型也出自青年工人。对于这一系列的教育运动,现有研究多围绕其过程展开,而与主流文化相悖的青工文化面相尚有待发掘。③

---

① 参见高爱娣:《1956—1957罢工潮及党和工会的反思》,《学海》2012年第4期。《上海劳动志》编纂委员会编:《上海劳动志》,上海社会科学院出版社1998年版。Elizabeth J. Perry, "Shanghai's Strike Wave of 1957," *The China Quarterly*, No. 137 (Mar. 1994), pp. 1-27。林超超:《合法化资源与中国工人的行动主义:1957年上海"工潮"再研究》,《社会》2012年第1期。
② 杨东平:《三个时代的青年文化》,《青年研究》1994年第3期。王寒松:《当代文化冲突与青年文化思潮》,中国青年出版社1997年版。丁云亮在其论著中专以一节讨论了上海青工的问题,进而意识到这一群体的特征。参见丁云亮:《阶级话语的叙述与表象——1950年代上海工人之文化经验》,安徽师范大学出版社2010年版。
③ 关于共产主义道德运动、读书运动的研究成果较少,且主要集中于过程描述。参见闵小益:《20世纪五十年代上海青年共产主义道德教育活动述略》,《上海青年管理干部学院学报》2006年第2期。张蕾:《建国初期学生共产主义道德品质之塑造——以华东师范大学青年团为例》,华东师范大学硕士学位论文,2011年。

二、思路方面

自汤普森(E. P. Thompson)《英国工人阶级的形成》一书诞生之后,西方学界出现了一大批"新劳工史"的著作。这些成果突破了传统思路,其视角开始深入到工人群体内部,诸如工人日常生活、心态、风俗文化等方方面面都被纳入研究之中。新劳工史的研究取向或多或少影响着国内的工人历史研究,近现代工人群体也开始与工人运动相分离,发展成为相对独立的议题。不过,相对于近代工人研究的硕果,新劳工史在当代工人历史研究中尚属边缘。在社会学界,中国的经济改革与工人阶级逐渐被解构的事实,使劳工问题重回学者的视野。不过,正如陈峰所说,无论是汤普森本人的研究还是国内许多社会学者的研究,都似乎忽略了"国家"对于"工人阶级"形成的作用。[①] 换言之,将西方理论直接用于当代中国工人研究,特别是毛泽东时代的工人研究,往往会存在"水土不服"的问题。讨论1949年之后工人阶级的形成,"国家"的角色不但无法回避,而且理所应当成为研究的核心部分。"国家"对于"工人阶级"形成的意义和作用如何?相较于社会学领域的学者从改革开放与转型期提问,笔者则从1949年新中国成立开始发问,并尝试对工人与国家均予以关注,同时取经于传统劳工史研究与新劳工史研究。

具体到本书,受汤普森对于英国工人阶级研究、裴宜理等关于中国劳工政治研究的启发,笔者试图提问:这些工人从何而来?进厂前携带了怎样的传统与习惯?[②] 关于1949年前的上海工人研究著作,大多强调地缘关系在聚合工人方面的作用,而韩起澜对于上海棉纱厂女工的研究则发现,基督教青年会学校应该是少数几个能将来

[①] 陈峰:《国家、制度与工人阶级的形成——西方文献及其对中国劳工问题研究的意义》,《社会学研究》2009年第5期。
[②] 【英】E. P. 汤普森著,钱乘旦等译:《英国工人阶级的形成》,译林出版社2001年版。

自不同地域的女性聚集起来的机构之一。① 在关于知识分子的研究中,更多学者将学校视为一个特殊的社会空间,特别强调学生对同学、图书馆等校际网络的信任与使用。② 受其启发,笔者将学校和作家协会作为讨论青工形成与流动的两个关键空间。

首先,在讨论学校与工厂间流动的青工时,学界关于工人知识分子的研究对笔者启发良多。工人与知识分子的关系是革命史研究的重要议题,学界普遍认为正是知识分子扮演了工人启蒙导师的角色,知识分子领导工人结成联盟也成为共识。在此背景下,近年出现的关于工人学校(工人俱乐部、工人夜校)的研究则提供了另一个观察工人与知识分子互动的微观视角。裴宜理提到第一个帮助中国共产党建立安源党支部的工人朱少连,本身就几乎"半是工人半是知识分子"③。何稼书探讨了一个"有机知识分子"余祖胜的心路历程。他指出余祖胜曾试图在工人与知识分子之间建立起联系,而自身又常常陷入二者的紧张之中,从而与其他社会阶层成员之间的关系开始变得暧昧不清。有意思的是,何稼书还观察到,余祖胜之所以成为有机

---

① 参见【美】艾米莉·洪尼格著,韩慈译:《姐妹们与陌生人:上海棉纱厂女工,1919—1949》,第74页。
② 参见李浩泉:《民国时期北京大学学生社团活动研究》,华中师范大学博士学位论文,2012年。王龙飞:《省会、学校、家乡与革命"落地"——以湖北省各县市早期中共骨干党员为中心》,《中共党史研究》2013年第7期。何友良:《革命源起:农村革命中的早期领导群体》,《江西社会科学》2007年第3期。黄文治:《革命播火:知识分子、城市串党及革命下乡——以大别山区早期中共革命为中心的探讨(1920—1927)》,《开放时代》2011年第12期。应星:《学校、地缘与中国共产党早期组织网络的形成——以北伐前的江西为例》,《社会学研究》2015年第1期。Yeh Wen-Hsin, *Provincial Passages: Culture, Space, and the Origins of Chinese Communism*, Berkeley: University of California Press, 1996. Jeffrey Wasserstrom and Liu Xinyong, "Student Protest and Student Life: Shanghai, 1919-49," *Social History*, Vol. 14, No. 1 (Jan. 1989), pp. 1-29。
③ 比如近年关于工人夜校的研究开始从单纯传播马克思主义思潮的评价转向对于教学特色以及工人学生反应的探讨。笔者认为可参考【美】裴宜理著,阎小骏译:《安源:挖掘中国的革命传统》,香港大学出版社2014年版。应聂萧:《中共职工学校对上海苏北人的政治动员(1924—1927)》,上海交通大学硕士学位论文,2011年。

知识分子,很大程度上源于他在技术学校当学徒的经历。① 这些精彩的个案研究,基本上是选择站在中国共产党革命动员的角度在讨论"学校"之于工人的意义,而讨论的时段也基本上围绕近现代中国展开。相形之下,关于中华人民共和国成立后工人与知识分子关系的探讨,大多数成果聚焦于政策与理论层面。② 近年来,尽管也开始出现了一些实证研究,关注到"工人知识分子"的培养机构(如"工农速成中学"等)③,可惜研究的范围未突破政策梳理的层面,对于中华人民共和国建立之后如何塑造、培养工人知识分子的实践,学界关注有限。

其次,在笔者讨论到作协与工厂间流动的青工群体时,文学史方面的既有成果也颇可参考。1949—1965年间,全国范围内出现了一批数量可观的工农兵作者,这成为现当代文学史上的一类特殊的文学现象,也因之受到不少学者关注。关于这一问题,学界主要集中在1949—1965年间工人文学创作、城市工业题材创作、工人作家培养机制等几个方面。由于本学科专业的特点,研究文学史的学者在谈论这一问题时,往往聚焦于文学场域,将重点放在"作家""作品"④。例如在讨论工人作家时,对其工人身份难免有所忽视。相关的成果虽然数量颇丰,但比较集中于几位知名工人作家,而国家培养工人作家

---

① 参见何稼书等:《战时重庆"有机知识分子"及其阶级道德基础研究——以余祖胜为例》,《近代史研究》2008年第1期。
② 张瑞兰:《"革命"话语与中国知识分子"身份"的塑造——毛泽东"知识分子与工农相结合"思想分析》,《湖南科技大学学报(社会科学版)》2013年第2期。
③ 参见向鑫:《建国初期中国共产党开展工农速成中学教育研究》,华东师范大学硕士学位论文,2011年。卢晓璐:《工农速成中学研究》,复旦大学硕士学位论文,2012年。王颖颖:《新中国成立初期工农速成中学研究》,河南师范大学硕士学位论文,2012年。
④ 工人作家以及工农兵创作是当代文学史研究的主要议题之一,相关研究数量颇丰,比较典型的有任丽青:《上海工人阶级文艺新军的形成》,上海大学出版社2010年版。李旺:《"十七年"文学中的"工农兵业余作者"写作》,《理论月刊》2013年第1期。张鸿声:《"十七年"与"文革"时期的城市工业题材创作——兼论沪、京、津等地工人作家群》,《社会科学》2012年第4期。毕红霞:《当代工人作家培养体制的延续——从胡万春到王十月》,《文艺理论与批评》2013年第2期等。

的机制和逻辑仍然面相模糊。

三、线索方面

尽管关于新工人的讨论付之阙如,但学界已有的对于国家塑造"新人"的讨论为本书提供了关键性的线索。关于"社会主义新人"这一议题,大致有两类学者讨论较多。一类是研究文学史和从事文艺批评的学者,其成果多聚焦于文学作品中经典的新人形象,或以劳动模范为切入点将"新人"具体化。因此,在他们的研究中,"新人"更多是以一种相对抽象的理想化形象而存在。例如,吴娱玉对于后来改编为小说的样板戏的研究,以及刘卫东对于文本中的"新人"转变为"英雄"这一过程的梳理,均未对"新人"的内涵进行详细的解释。① 另一类则是党史研究者、历史学者,他们的研究一般是从明确何谓"新人"开始的。如孟永就对毛泽东新人理论进行了溯源,认为毛泽东依据辩证唯物主义、历史唯物主义对"社会主义新人"进行了设计,而在塑造新人的过程中,他又特别强调劳动与社会运动的作用。② 程映红则对启蒙运动以来整个"新人"的谱系进行了细致梳理,从而对"新人"展开了更长时段的观察与思考。③

四、视角方面

"代际"作为一种视角,几乎贯穿于青年研究始终。概括说来,"代"兼有生理和社会文化两重属性,不同代人在价值观等方面产生

---

① 参见吴娱玉:《"社会主义新人"谱系演化释证——以高大泉、梁生宝、萧长春为人物表》,《上海交通大学学报(哲学社会科学版)》2014年第5期。刘卫东:《从"新人"到"英雄"——社会主义新人理论的演变》,《文学评论》2010年第5期。
② 孟永:《毛泽东新人思想理论依据考释》,《湖南科技大学学报(社会科学版)》2014年第6期。
③ Yinghong Cheng, *Creating the "New Man": From Enlightenment Ideals to Socialist Realities*, Honolulu: University of Hawaii Press, 2009.

的差异,被称为"代沟",由此产生的冲突和矛盾则被称为"代际冲突"。具体而言,"代"又分为"自然之代"与"社会之代"。① 而将代际这一视角引入青工研究中,学界也已经有了很多比较成功的例子。比较典型的如蔡伏虹关于"顶岗"等子女接班制度研究,张笑秋、李培林、田丰、熊易寒、刘成斌、丁志宏等学者关于新生代农民工的研究。这些研究均从某一方面呈现出新生代工人区别于老一代工人的特点,也从不同角度揭示出城市新工人在自我认同方面的困惑。②

同上述关于农民工的研究相类似,不少学者聚焦于社会性的"代际",并将代际这一视角引入当代史研究,从而对笔者产生了直接的启发。除了笔者在上文已经提到的罗丽莎关于杭州女工的研究,值得一提的还有美国学者埃尔德(G. H. Elder)的专著《大萧条的孩子们》。在这本书中,作者证实了诸如政治上的骚乱、经济上的萧条、战争的特殊环境均能够重构青少年的人生。③ 无论是政治运动还是自然灾害,抑或是经济萧条,实际上能否在青年群体中形成一个有效的"代",最终还是取决于这个群体本身。这也决定了在1949—1965年的上海这一历史时空下,工人这一特定的群体中所产生的"代"也将会有超出上述群体的另一种独特性。

总之,对学界既有成果进行总结和梳理的过程亦是笔者寻找"对话方"和开拓学术空间的过程。无论是当代史研究还是青工研究,在历史学科的脉络里都属于比较年轻的领域。上海青工这一议题客观上要求笔者立足于本学科,并尝试多学科的思路和方法。而作为本书的研究对象,青工与新时期的农民工、纱厂女工等群体既有相似之

---

① 廖小平、曾祥云:《"代"论》,《江海学刊》2004年第4期。周怡:《代沟现象的社会学研究》,《社会学研究》1994年第4期。
② 蔡伏虹:《身份继替与职工再造:子女接班制度演变过程研究》,上海大学博士学位论文,2015年。张笑秋:《我国新生代农民工流动行为研究——以湖南省为例》,西南财经大学博士学位论文,2011年。李培林、田丰:《中国新生代农民工:社会态度和行为选择》,《社会》2011年第3期。丁志宏:《我国新生代农民工的特征分析》,《兰州学刊》2009年第7期。刘成斌:《生存理性及其更替——两代农民工进城心态的转变》,《福建论坛》2008年第7期。
③ 【美】G. H. 埃尔德著,田禾、马春华译:《大萧条的孩子们》,译林出版社2002年版。

处,也存在一定的差异。相似的议题、思路和方法为笔者向学界前辈学习进而与之对话提供了平台,而相异之处则恰恰体现了此项研究的学术价值和意义。

第三节 研究内容与论述结构

1949—1965年,政府再造新工人的举措多样,而青年工人的形象也复杂且多变。受篇幅所限,本书不以描述全景为目的,而是采取"深描"的方法,以专题研究的形式展开。群体研究具有相当的难度,而如何打通各章节,使之形成一个具有内在逻辑关系的集合体也是难点之一。

在"阅读史料—提出问题—寻找对话方"的基础上,全书将围绕一条线索(再造新工人)、两个议题("旧成分""老上海")、四个群体(学生工、工人作家、摩登劳模、工厂"阿飞")展开。从布局谋篇上讲,除序章外,正文包括上下两篇、四个章节。上篇更侧重于呈现议题的普遍性,下篇则聚焦于上海的特殊性。全书结构可以用下面的示意图直观地表现出来(见图1)。

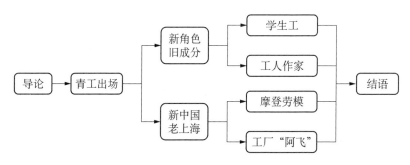

图1 全书结构示意图

在研究方法上,笔者尝试以问题为导向,结合具体议题选择方法。在论证过程中,打破政治史、社会史、文学史、教育史的壁垒,尽可能将国家、基层社会、群体、个体的互动再现出来。全文在探讨每一个分议题时均以1949—1965年为始终,同时对中华人民共和国成立前的情况进行必要的回溯,以努力呈现出历史延续之下青工的常态与异态。总之,本书所要呈现的是一种流动的青工形态,笔者不以讲述某个静止的片段为目的,而是试图将意外迭出、跌宕起伏的史实呈现给读者。

第四节 几个关键概念的界定

一、工人

文中所提到的"工人"均指的是广义上的"工人",即"职工"。笔者在参考和引用部分史料时,出于尊重原文的考虑,有时也会使用"职工"。故在本书的范围内,笔者所使用的工人、职工、工人队伍等内涵基本上是一致的。关于工人,现有研究一般认为,"工人是凭借体力和操作技能资源直接操作生产工具,生产物质产品,提供劳动服务,或者为这些生产、服务提供辅助帮助,在管理与被管理关系中属于后者的群体"[1]。具体到上海,1949年之后上海的职工队伍由"产业工人、财贸金融职工、科教文卫职工、机关团体职工和农林水利气象职工"构成,其中又以产业工人所占比重为最大。[2] 当书中讨论到具体问题时,笔者会依据业别、部门、技术水平、年龄等标准对工人进行细分。如有必要,笔者也将使用"产业工人"以便将其与"职员""店员"相区分。而这支上海职工队伍即作为本书讨论的"工人"之外延存在。

---

[1] 陆学艺主编:《当代中国社会阶层研究报告》,社会科学文献出版社2002年版,第127页。
[2] 《上海工运志》编辑委员会编:《上海工运志》,上海社会科学院出版社1997年版,第356页。

二、学徒工

学徒工指的是"在师傅指导下学习生产技术,参加生产劳动,并享有学徒待遇的青年工人"。中华人民共和国建立后,师徒订立合同等,建立了新型的师徒关系,学徒工的地位和待遇大大提高。单位给他们发放生活补贴,他们享受劳动保险。考试合格或满师后学徒即可升级成为正式的技术工人。① 在具体环境下,根据行业不同,学徒工又被称为艺徒、学徒、徒工等。学徒属于"工人"的范畴,这一点在学界并不存在争议。中华人民共和国建立之初,学徒工的培养对象主要是失业工人,从1956年开始,学徒工招收的对象开始变为16—25岁之间的初中学历的学生,失学学生成为学徒工最主要的来源。②在档案、报刊等史料中,学徒工常被单独列出。这主要是因为学徒工具有鲜明的"新工人"和准技术工人的特点。学徒工属于"青年工人"的范畴,因此属于本书研究的对象。

三、青年工人

本书所涉及的"青年工人"兼有年龄、工龄、技术、代际四层内涵。首先从年龄上看,在本书所讨论的时段内,依据青年团对于适龄团员③的年龄规定,本书的研究主体多为14—25岁之间、最大不超过30岁的工人。其次,在工厂环境中,工龄和技术水平一般存在正相关的关系。中华人民共和国建立后新进厂的工人,尤其是工业和基建部门的新工人绝大多数是青年,他们相对于"老工人",一般工龄较短、技术较差。而新工人、老工人、老年工人、青年工人的关系大致可

---

① 曹序主编:《劳动工资词典》,吉林人民出版社1987年版,第97页。另见苑茜等主编:《现代劳动关系辞典》,中国劳动社会保障出版社2000年版,第250页。
② 《上海劳动志》编纂委员会编:《上海劳动志》,第211页。
③ 根据团章规定,14—25岁为适龄团员,26—28岁为超龄团员,后更名为团友。

以用图 2 直观地表示出来。

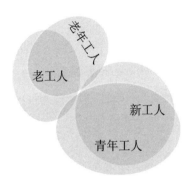

图 2　工人分类及关系示意图

严格意义上说,老年工人与青年工人是一组与年龄相关的概念,而新工人与老工人这一组概念则与工龄的长短、技术的高低有关。不过,在本书所讨论的范围内,两组概念出现了大面积的重合。在本书所使用的档案等原始资料中,团和工会在统计工人数量时多会将14—25岁的工人划为青年工人。除此之外,在大多数情况下,在相关的报告、调查和说明中对于四个概念的界定既不一致,也不严格,且常常出现混用的情况。因此,无论是"老工人"还是"青年工人"均呈现出"相对性"和"模糊性"。而除了工龄、年龄、技术层面之外,青年工人还有作为工人阶级"新生代"的内涵。关于这一点,笔者将在序章中进行详细解释。

序章

上海青工：工人谱系上的新生代

自1843年开埠到19世纪90年代初，上海形成了5万人左右的近代产业工人群。1949年上海解放前夕，各业职工总人数达122.7万人次，约占全市人口的四分之一。① 近代上海的工人队伍主要由各地的破产农民、手工业者构成，实际上很少存在真正意义上的"血统工人"。②

近代工人种类多样，一般可按照业别（造船业、机器业、五金制造业等）、技术等级（技术工、熟练工、粗工、学徒等）、工作方式（件工、时工等）等标准进行分类。③ 此外，年龄也常作为统计工人的重要标准。1929年12月，南京国民政府颁布了《工厂法》，并在全国范围内施行。《工厂法》规定，14—16岁的男女工人均为童工，而未满14岁的男女工人，工厂则不得雇佣。④ 此后，上海社会局在进行各类统计时，一般会将工人分为男工、女工、童工三类，或以16岁为界划分出成年工人、童工两大类。⑤

---

① 《上海工运志》编纂委员会编：《上海工运志》，第78、82页。
② 所谓"血统工人"指的是两代以上的工人，即出身于工人家庭的工人，尤指产业工人。《上海工运志》编纂委员会编：《上海工运志》，第78页。
③ 上海市社会局编印：《上海劳工统计》，1946年版，第402—405页。周正本、朱珠、花实编：《中国近代工人阶级和工人运动》第14册，中共中央党校出版社2002年版，第88页。
④ 民国立法院秘书处编：《立法专刊》第3辑，民智书局1930年版，第31页。
⑤ 参见上海市劳资评断委员会编印：《上海市五十一业工厂劳工统计》，1948年版，第4页。上海市社会局编印：《上海劳工统计》，第402—405页。

再造与自塑：上海青年工人研究(1949—1965)

在近代工业生产的环境下，工龄短、年纪轻、资格浅、技术较差的工人，往往在工人体系中居于底层，不过这个局面伴随着社会的发展而发生了一些变化，一个新的工人谱系也逐渐铺展开来。

第一节 青工聚合：从未完成到将完成

1949年5月27日，上海正式解放。《人民日报》当日以"太阳出来了！大上海翻身了！"为题报道了上海人民欢迎解放军的情景。据称，某厂工人在卡车上插着两面大红旗，上面写着"中国共产党万岁！""太阳出来了！"[①]在上海解放后的第4天，上海市委在大光明戏院举行纪念五卅运动24周年大会，各行各业职工代表2 300余人出席。在随后举行的工人代表会和各种工会筹备会上，在新政权以各种形式追忆上海工人光荣传统的同时，工人们也在尽情地狂欢，他们"主动呼口号，每每声嘶力竭，鼓掌欢呼，几乎几分钟一次，精神饱满充沛，贯彻始终"[②]。

1949年12月，上海市第二届各界人民代表会议通过了"废除工厂中不合理的抄身制度"的议案，到1950年底，全市国营、私营企业已全部废除了抄身制。不少工厂在门口搭起漂亮的"光荣门"，贴上写有"抄身制侮辱人格，宣告废除共庆翻身"的对联，工人们上下班自由出入"光荣门"，"喜气洋溢，万分愉快"[③]。

上海工人的高昂情绪并不仅仅表现为"翻身"的喜悦，大量激进分子以及工人过激行动的出现，也展示了工人们对于"翻身"的另一种解读。1949年前一些大型工厂的地下党组织力量比较强，很多工人参加了地下工协组织，对于这些工厂来说，新政权的接管相对

---

① 《太阳出来了！大上海翻身了！》，《人民日报》1949年5月27日。
② （上海市总工会工运研究所）张金平：《全心全意依靠工人阶级搞好接管工作》，中共上海市委党史研究室编：《接管上海》下卷，中国广播电视出版社1993年版，第133页。
③ 《废除抄身制，出入光荣门》，《新民晚报》1950年11月6日。

顺利。相比较之下，中小型工厂的工人一般政治水平低，斗争性差。① 不少工人中间存在"不守厂规""要求过高工资""要求对厂长报复"等过"左"情绪②，而工人队伍也出现了不正常的扩大趋势，甚至离开工厂多年的失业工人也要求分享胜利果实，重披工人外衣要求返厂。③

中华人民共和国建立初期，全市工厂停工者占到75%，劳资争议案件有逐月上升的趋势。④ 在遭遇"二六"轰炸之后，上海工业陷入全面瘫痪的状态，工人失业的情况也愈加严重。截止到1950年6月中旬，上海市劳动局共处理了9 000多件劳资纠纷，沪东更是出现了200多家绸厂罢工、码头工人互相抢生意等情况。⑤ 一些工人甚至"因生计"铤而走险，1950年被捕收容改造的工人有599人，1951年又增加到2 690人。⑥

无论出于何种原因，工人中间出现"报复"行为、部分工人参与犯罪活动，都在客观上加剧了社会秩序的混乱，也阻碍了生产的迅速恢复与发展。政府要求各地贯彻"劳资两利"的政策，既要保证工人的合法权益，又不可在目前条件下去提高工人待遇，以此保护资本家的正当盈利。⑦ 上海电影制片厂1950年拍摄的电影《团结起来到明天》

---

① 《青年团上海市沪东区委关于青工及青工团的简况》(1950年)，上海市档案馆藏，档案号C21-2-77-1。
② 《上海市委关于进入上海十四天工作情况向中央的报告》(1949年6月10日)，中共上海市委党史研究室编：《接管上海》上卷，中国广播电视出版社1993年版，第82页。
③ 上海市劳动局：《一年来特殊案件的总结》(1950年6月22日)，中国社会科学院、中央档案馆编：《1949—1952中华人民共和国经济档案资料选编·劳动工资和职工福利卷》，中国物资出版社1994年版，第139—141页。
④ 中共上海市委党史研究室编：《历史巨变(1949—1956)》第1卷，上海书店出版社2001年版，第257—263页。
⑤ 上海市劳动局：《一年来特殊案件的总结》(1950年6月22日)，中国社会科学院、中央档案馆编：《1949—1952中华人民共和国经济档案资料选编·劳动工资和职工福利卷》，中国物资出版社1994年版，第139—141页。
⑥ 中共上海市委党史研究室编：《历史巨变(1949—1956)》第1卷，第257—263页。
⑦ 参见中共中央文献研究室编：《毛泽东年谱(1949—1976)》第1卷，中央文献出版社2013年版，第45页。

即隐晦地再现了这种特殊生态。影片中,上海某纱厂地下党党支书张世芳一度在"顺应群众革命激情"和"引导群众理性斗争"中摇摆不定,党委书记则告诉她"要报仇,但是要看怎么个报法"。张世芳最终放弃了报仇雪恨,而是引导工人改变了策略,避免了流血事件的发生。①

如果说此前"抄身制"的废除第一次使工人获得了翻身感,那么在经济状况暂时无法得到显著改善的情况下,如何依托于一系列的运动,给予工人更多的翻身感,也就成为亟待解决的问题。而形形色色的"工人"的出现,也使得对工人的摸底、排查成为当务之急,新政权开启了新一轮明确"谁是工人",进而"教育工人"的工作。伴随着一系列工作逐渐展开,工厂中的青年很快出现在新政权的视野中。根据 1950 年 7 月上海市总工会对于青年工人的统计,青年工人在全市职工中占有很大的比重。25 岁以下的工人占当年全市职工总数的 30.22%。其中毛纺、纱厂青工分别占到职工总数的 47.44%、38%,五金、印刷分别占 50.11%、43.2%,军工占 41%。② "青年工人"之所以迅速吸引共产党的注意,除了在数量上占据优势,更因为早在革命时期,青年工人就是共产党关注的焦点。

一、未完成的青年工人

在近现代工人谱系中,童工、学徒、青工一般被认为是相对弱势的群体。年轻工人与工人中的下层群体在与共产革命相结合之后,才具有了特殊的意义,从而催生了一个具有政治内涵的"青年工人"概念。1919 年,青年共产国际一大首次从政治层面使用"青年工人"

---

① 黄钢原著,艾明之改写:《团结起来到明天》电影小说(连载)续四、续完,《大众电影》1950 年第 12、13 期。
② 《解放以来青工工作的总结报告》(1950 年 6 月),上海市档案馆藏,档案号 C21-1-82-1。《上海各工会青工人数统计表》(1950 年 7 月),上海市档案馆藏,档案号 C1-1-33-9。

序章　上海青工：工人谱系上的新生代

这一称谓。① 此后，在中共叙述中，"少年工人""工人中的青年"等含混的称呼最终发展成"青年工人"这一相对固定的称谓，并依托于青年团明确了14—23岁的年龄界限。② 根据20世纪20年代的统计资料估计，青工和童工约占中国工人总数的四分之一。③ 近代工业发展过程中，青年工人数量日益庞大，尤其广泛存在于手工业、轻工业之中。④ 按照共产党的阶级理论，"工人青年是无产阶级最积极最革命的部分"⑤。结合近现代，特别是"五四"以来，以《新青年》为导向而形成的崇拜青年一代的社会思潮，青年运动领导人对青工参与革命给予厚望显然并不意外。⑥ 而联想到共产党的政党属性，重视青年工人既是出于发动革命的需要，也符合共产党人对革命胜利后新政权的设计。

虽然从一开始中国共产党就意识到青年工人的特殊意义，但在中华人民共和国成立前，由于缺乏明确的动员目标，组织上也相对虚空，青年工人始终未能形成一个相对完整的群体。在运动青工的过程中，共产党尤其关注童工与学徒的待遇问题，注意发动学徒进行改良待遇和减少年限的斗争，在废除学徒制度方面也投入很多精力。但在实际宣传的过程中，共产党人却长期在青工之"特殊性"与其作

---

① 《青年共产国际第一次代表大会》(1919年11月20日—26日)，共青团中央青运史研究室、中国社会科学院现代史研究室编：《青年共产国际与中国青年运动》，中国青年出版社1985年版，第6页。
② 一般而言，14岁以下的工人叫"童工"，14—23岁之间的工人都叫"青工"。而编入青工小组的工人标准年龄一般在15岁以上(15岁以下编入童子团)，其中重工业要求在23岁以下，轻工业则在21岁以下。参见《中国共产主义青年团中央通告五字第十二号(关于经济斗争与工会工作)》(1928年11月5日)，中国新民主主义青年团中央委员会办公厅编：《中国青年运动历史资料(1928)》，1981年内部重印版，第285—286页。
③ 共青团中央青运史研究室主编：《中国青年运动史》，中国青年出版社1984年版，第2页。
④ 炳辉：《工人运动中青工工作之重要》(1928年11月30日)，中国新民主主义青年团中央委员会办公厅编：《中国青年运动历史资料(1928)》，第404页。
⑤ 《青年共产国际纲领》(1919年11月20日—26日)，共青团中央青运史研究室、中国社会科学院现代史研究室编：《青年共产国际与中国青年运动》，第13页。
⑥ 但一(恽代英)：《青年工人运动中应注意的事项》，中国新民主主义青年团中央委员会办公厅编：《中国青年运动历史资料(1915—1924)》，1981年内部重印版，第415页。

为工人的"普遍性"之间摇摆不定,既以痛陈青工的苦况为动员方法,将青工与成年工人作比较,从而突出"极不平等"的现实,又希望"引起成年工人之同情来拥护斗争",担心学徒与成年工人"发生冲突"。① 而对于青工"特殊的利益要求",也未能提出单独的运动口号。② 这样导致的结果是,不仅青工与成年工人的矛盾没能通过运动而得到缓和,青工的运动也鲜有青工特征。

除了动员青年工人参加革命,中共也曾尝试将青工组织起来。共产党人一度在小手工业和小商店中组建学徒联合会,还根据青年团第五次代表大会的决议,在工会中试建青工部和青工委员会、青工小组等机构。此外,也曾提出由青工部或青工委员会召开青工会议、青工代表会议的设想。③ 不过,这一系列的计划在实践中表现得并不理想。截止到1930年,在赤色工会的6.4万会员中,青年工人占40%以上,但是这些工会中的"青年会员"大多并没有被吸收到团内来。④ 全团青年工人不过3 000人。团在大工厂中的"基础薄弱得很",团的组织基础也始终未建立在大工厂中。⑤ 由于外部环境恶劣,加之内部团、会关系迟迟未能理顺,直到1930年下半年,全国青工部总共只有20个。即使是这些已经成立的青工部,大多也都是"挂着

---

① 《保护青年工人运动》(1925年11月7日),中国新民主主义青年团中央委员会办公厅编:《中国青年运动历史资料(1925)》,1981年内部重印版,第414页。《青年工人运动的意义与目前工作》,中央档案馆编:《中共中央文件选集》第4册,中共中央党校出版社1983年版,第477—478页。
② 《上海工人斗争复兴中青年工人的斗争状况和今后任务》(1929年3月),中国新民主主义青年团中央委员会办公厅编:《中国青年运动历史资料(1929.1—6)》,1981年内部重印版,第257—260页。
③ 《青年工人运动的意义与目前工作》,中央档案馆编:《中共中央文件选集》第4册,第476—477页。
④ 《少共国际致中国团关于工会运动中的任务的信》(1930年9月),中国新民主主义青年团中央委员会办公厅编:《中国青年运动历史资料(1930.7—12)》,1981年内部重印版,第337页。
⑤ 《中国共产主义青年团中央给全团的一封信——接读青年共产国际2月27日信及中国共产党中央5月5日来函后的决议》(1930年5月20日),共青团中央青运史研究室、中国社会科学院现代史研究室编:《青年共产国际与中国青年运动》,第379页。

虚名","一点群众基础也没有"①。这种情况下,青工部自然也无法很好地履行"在青年和成工中施行正确的教育""使青年与成工之间不发生丝毫隔阂"等任务。② 以至于1933年青年共产国际重新谈到中共的青工工作时,仍然认为中国的团组织"还没有很明确(地)了解什么是青工部和什么是青工部的工作"③。

也正是由于存在上述问题,虽然相当一部分青年工人参与了工人运动,但是他们却分散在罢工的工人队伍之中,缺乏明确的主体性。虽然后来我们可以在官方编纂整理的《中国青年运动历史资料》中找到"青工"的身影,但实质上他们不过是工人中的"青年"而已。"青年工人"并未作为一个群体出现在上海罢工中并产生相应的影响力。1927年之后,中共在城市中的失利,使得团与工会转入秘密活动。在上海工厂中,各种帮会势力盘根错节,三青团、陆京士系统、大上海青年服务总队、侠谊社等组织琳琅满目。④ 相形之下,"青年工人"既缺乏固定的领导组织,诸如青年共产国际和青年团所希冀的那种"强烈的革命性"也发挥得非常有限。由于主客观的原因,作为革命党的中共在争取青年的过程中,以知识青年为主要目标,相对忽视了工厂中的青年,青工还是一盘散沙。

二、"脚碰脚"

中华人民共和国成立之后,共产党面对着与革命时期几乎相似的情况,青年工人并非是一个相对成熟的群体。他们既没有从自在

---

① 《青工代表会——怎样建立,怎样运用》,中国新民主主义青年团中央委员会办公厅编:《中国青年运动历史资料(1930.7—12)》,第205页。
② 《建立青工小组》,《少年先锋》1930年第2期。
③ 《青年共产国际关于青年工人运动问题的来信》(不晚于1933年11月10日),中国新民主主义青年团中央委员会办公厅编:《中国青年运动历史资料(1933—1934)》,1981年内部重印版,第323页。
④ 关于1949年之前上海工厂中的帮会组织,已经有不少学者进行过精彩阐述,可参见[美]裴宜理著,刘平译:《上海罢工:中国工人政治研究》;[美]艾米莉·洪尼格著,韩慈译:《姐妹们与陌生人:上海棉纱厂女工,1919—1949》。

转型到自为,也没成为预期的革命先锋。青年工人、成年工人之间积久而成的矛盾,运动青年工人的失效,这些问题也仍然存在。不过,此时作为执政党的共产党已经有足够的能力组织一盘散沙的青工,并以国家的名义重塑一个青年工人群体。

这一点首先表现在领导与组织青年工人方面。1949年6月10日,新民主主义青年团上海市工作委员会(以下简称团市工委、团市委)①成立,下设青年职工委员会,专门负责领导青年职工中的团的工作,由李昌任书记。② 6月28日,团市工委以江南造船厂为试点试行建团。7月,上海市总工会成立青工队,负责在青工中宣传"工人阶级现已是社会的主人",鼓励他们在工厂里积极生产、争当模范,以达到改变青工的"劳动观念"的目的。③ 7月15日、26日团市委先后开办了第一期职业青年积极分子讲座、第一期青工干部学习班,在各产业青工中抽调干部100名参加学习,以此培养团的青年积极分子。8月,以沪东的中纺十厂、中纺十二厂、中纺十九厂、申新五厂等八个厂,沪西的中纺一厂、中纺六厂、申新九厂等八个厂作为首批试点,采取先成立厂团工作委员会再组建团支部的方式进行更大规模的建团试验。④ 8月,团市工委发出《在全市开展建团工作的决议》,建团工作正式开始。9月,上海市委批准《青年团上海市工作委员会关于建团工作的决议的通知》,团的工作重心从学校转移到工厂,工厂建团工作正式展开。团中央书记冯文斌到上海指导工作后,上海方面进一步明确了普遍建团的思想,各区通过举办青工训练班等形式,训练了第一批青工骨干,他们在工厂建团的过程中发挥了急先锋的作用。

---

① 1949—1965年,上海的青年团组织几经易名,这里统一进行说明。1949年6月5日,中国新民主主义青年团上海市工作委员会成立。1953年5月,正式成立中国新民主主义青年团上海市委员会。1957年1月,中国新民主主义青年团上海市委员会更名为中国共产主义青年团上海市委员会。
② 《青年团上海工委会各部人员确定》,《青年报》1949年6月10日。
③ 《青工队初步的工作计划》(1949年),上海市档案馆藏,档案号C21-1-16。
④ 《青年团市工委青工部建团工作计划(草案)》(1949年8月23日),上海市档案馆藏,档案号C21-1-23-1。

截止到1950年5、6月间,在上海36个产业工会中建立了青工部,青年团员(包括正式团员和候补团员)共计28 216人。在1 440个工厂、商店中初步建立了团组织,工厂的建团工作初见成效。①

不过,相较于此前将青工组织起来的目标,此时作为执政党的共产党对青工显然有了更多的期待。在以往以技术和工龄为主要标杆而建立起来的工人体系中,青年工人一般处于底端。中华人民共和国建立之初,各项群众运动的持续推进以及建立党、团、工会的过程都是对工厂旧格局的一次次改革。伴随着工厂改革尤其是政治运动的开展,"现实表现""进步程度"开始与"技术水平"相抗衡,成为评价工人的重要指标之一。无论是开展政治运动还是在城市居民中进行摸底排查、肃清敌人,"积极分子"都必不可少。也正是在寻找"积极分子"的过程中,青年工人率先赢得了机遇。

1950年10月10日,中共中央发出《关于镇压反革命活动的指示》,"镇反"运动在全国展开。1951年1月5日,上海市军管会颁布了《对于反动党、团、特务人员实施登记办法》,上海市总工会(以下简称上总、市工联)②在国营企业中设立了42个登记处,工人们一方面组织纠察队加强保卫,另一方面组织工人揭发、控诉国民党特务分子,配合公安部门侦破案件。两个月的时间,全市工厂企业中进行登记的反动党团特务人员共5 570人。③ 在城市开展"镇反"运动的同时,对于在工人中影响很大的帮会、反动会道门组织也初步进行了清理。④

---

① 《团员数字组织分布统计表》(1950年5月),上海市档案馆藏,档案号C21-1-82-1。《解放以来青工工作的总结报告》(1950年6月),上海市档案馆藏,档案号C21-1-82-1。
② 上海市总工会的名称几经更改,为避免产生歧义,这里统一进行说明。1949年5月,上海成立工会筹备委员会。1950年2月,上海市总工会正式成立。从1955年1月起,上海市总工会改名为上海市工会联合会(简称市工联)。1959年8月,恢复上海市总工会名称。
③ 《上海工运志》编纂委员会编:《上海工运志》,第419页。
④ 关于上海镇压反革命运动的过程参见杨奎松:《新中国巩固城市政权的最初尝试——以上海"镇反"运动为中心的历史考察》,《华东师范大学学报(哲学社会科学版)》2004年第5期。

从 1951 年 11 月开始,"反贪污、反浪费、反官僚主义"运动(简称"三反")在全市展开。1952 年 2 月,上海市国营、公营及公私合营工厂"三反"运动开始。1952 年 1 月 26 日,中共中央发出《关于在城市中限期开展大规模的坚决彻底的"五反"斗争的指示》。3 月 25 日,上海市"反行贿、反偷税漏税、反盗骗国家财产、反偷工减料和反盗窃经济情报"的"五反"运动也正式开始。市委号召职工"站稳立场",积极"检举不法资本家"①。以工人、店员为主体的"五反"工作队、"五反"检查队成为城市进行"五反"运动的重要力量。

无论是"镇反"还是"三反""五反",运动一般都是从检举揭发开始的。由于"青年工人容易发动",思想包袱少,在各项工作中扮演了积极分子的角色。据 20 个工厂不完全统计,"三反"运动中有 80% 的青年团员参加到各类工作中。② 青工在搜集材料、宣传党的政策、"搜山打虎"等方面均发挥了关键作用。全市 90% 以上的青年工人都投入到"五反"运动中,全市 7 万余个"五反"工作队中青年工人占到 70%,还有近万名青年工人参加"五反"检查队。③

相形之下,老年工人们则"顾虑比较多",有的人以"过去的眼光"来看待新事物,对工会有时抱着观望、怀疑的态度,因此"不大接近"④。青年工人文化程度较高、对新事物易于接受,更容易向党、团、工会等组织靠拢。不少青工还在技术革新方面取得傲人的成绩,也令新政权刮目相看。如 1951 年青岛十六岁的细纱挡车工郝建秀创造出细纱工作法⑤,随后全国纺织业掀起了一阵"小先生"教老工人的风潮。⑥ 这种青年工人地位的迅速提升,以及工人中间因新形势而出

---

① 《上海工运志》编纂委员会编:《上海工运志》,第 420—421 页。
② 《上海青年志》编纂委员会编:《上海青年志》,上海社会科学院出版社 2002 年版,第 465 页。
③ 《上海青年志》编纂委员会编:《上海青年志》,第 465 页。
④ 苏甸:《关于"老年工友"》,《新民晚报》1950 年 4 月 22 日。
⑤ 1951 年,青岛国棉六厂女工郝建秀发明出细纱工作法,使皮辊花大大减少。8 月,纺织部将该工作法命名为"郝建秀工作法",并向全国进行推广。
⑥ 《上海国棉十六厂忽视推广先进工作法》,《人民日报》1952 年 7 月 30 日。

现的暂时性翻转,均使老工人感到一定的不适。而伴随着青年工人调查的深入,以及工厂建团的普遍推进,青老工人之间的问题也开始浮出水面。

青老工人的矛盾并非新的问题,在有限的生存空间与激烈的竞争环境之下,双方互视对方为对手,关系自然难以融洽。中华人民共和国成立前工厂的青老工人常常被分割开来,如一般纺织厂在安排车间时常按照方位分为南北二纺,南纺多青工,北纺多老工,造成了一定的隔阂。① 青年工人进厂之初又难免受到老工人的欺负与排挤,双方成见很深。② 不过,在新政权介入之后,在工人作为一个整体普遍得到"解放"与"翻身"的背景下,青老工人的关系却发生了微妙的变化。

早在工厂建团之初,针对棉纺厂中养成工与老工人之间"矛盾很多"的情况,就解决矛盾与建团谁先谁后的问题,总工会与团市工委存在一定的分歧。相较于总工会先解决矛盾后建团的思路,团市工委则以"青年工人情绪活跃"为由,认为可先在工厂建团。团中央批评上海建团过程中的关门主义倾向之后,上海方面也就基本确定了在运动中建团,以及建团与缓解青老矛盾同时进行的思路。③

在"矛盾"之中仓促建立起来的团组织在迅速聚合工厂青年的同时,也部分地改变了工厂的生态。由于青年团和工会领导大都是青年工人,干部开展工作而"老工人不肯受领导"。一旦出现劳资纠纷,青年工会干部来说服老工人一方,又常出现老工人不听、双方关系恶化的情况。部分老工人认为"青工年纪轻,跳跳蹦蹦不懂什么",认为青工入党入团是"投机",是"一窝风","没有真正的意义",青年工人的积极表现被老工人解读为"巴结",青工开展政治宣传,被他们当做

---

① 维权:《团结老工友》,《青年报》1950 年 5 月 30 日。
② 《青年团上海市沪东区委员会工厂建团具体工作计划》(1949 年 8 月 20 日),上海市档案馆藏,档案号 C21-1-23-14。
③ 《青年团上海市沪东区委员会工厂建团具体工作计划》(1949 年 8 月 20 日),上海市档案馆藏,档案号 C21-1-23-14。《解放以来青工工作的总结报告》(1950 年 6 月),上海市档案馆藏,档案号 C21-1-82-1。

"耳边风"①。一些旧人员为求自保转而对青年团员"笑眯眯的逢迎",也难免引起老工人的不满。② 青年团员在工厂表现活跃,不少青工干部也滋生了骄傲自满的情绪,认为老工人"没什么了不起",不虚心向老工人学习技术经验,进而产生"轻视老技术工人"的情况。③

如果说青老矛盾的激化主要源于青工地位突然提升,双方因之滋生了"互相瞧不起"的情绪,那么学徒与老师傅之间的矛盾则具有更加复杂的原因,也更难解决。近代上海的学徒制度主要存在于手工业和商业之中,其特点在于师徒之间存在严格的人身依附关系。这种情况一直作为行业潜规则而存在,也普遍被学徒接受。但中华人民共和国建立后党团工会对于学徒的教育以及一系列运动的展开,使得此前敢怒不敢言、顺从并"认命"的学徒,也由于"政治认识的提高"而开始进行斗争,学徒中间出现了"片面的翻身观念"④。青工不虚心向老工人学习技术经验,有时带头冲在前面,而老工人又认为青工不好好生产和学习,有些看不顺眼,这种情况和长期存在的技术保守思想结合起来就使老工人采用"留一手"的办法,因此造成师徒关系恶化,也影响了部分厂(店)对学徒的招收。⑤

客观上讲,上述问题在不同行业的表现有所不同,有些工厂显著存在,有些则表现得不那么突出。如在棉纺织业,养成工与老工人之间的矛盾比较突出,而五金等行业则主要表现为师徒矛盾。青老工人之间固然存在一些天然的代沟,但中华人民共和国成立初期两者间的矛盾之所以不断升级,则主要是源自工人旧格局被打破而新局

---

① 《青年团上海市委青工部关于青工中存在的问题的报告》(1950年),上海市档案馆藏,档案号 C21-2-77-96。
② 新华社华东总分社:《上海棉纺织厂停工及学习情况续志》(1951年6月22日),新华社《内部参考》1951年6月27日。
③ 《青年团上海市委青工部关于青工中存在的问题的报告》(1950年),上海市档案馆藏,档案号 C21-2-77-96。
④ 《青年团上海市委青工部关于青工中存在的问题的报告》(1950年),上海市档案馆藏,档案号 C21-2-77-96。
⑤ 《关于五金工会的一般学徒问题》(1950年),上海市档案馆藏,档案号 C13-2-24-14。

面尚未形成的现实。对于既有问题,当局也尝试以各种方法加以调节。工厂普遍提出了"尊师爱徒""向老工人学习"等口号。① 青年团在发动青工教老工人识字、给老工人拜年等活动的同时,还号召青工诚心诚意向老工人学习技术和经验。后来又专门在入团申请流程上加入"自我检讨及群众提意见"的步骤,组织老工人参与到对团员的鉴定工作中。②

而从调节的效果上看,经过团支部的教育,青老工人之间的紧张关系有所缓解,却仍不正常。调查显示,一些工厂中学徒"很不尊重老师傅",而师傅认为"学徒老三老四,头上长角",师徒之间"你不问,我不教"的畸形关系仍然存在。③ 青工和老工人分别在政治上、技术上占据优势而无法实现"取长补短"的新态势,不仅加剧了工人内部的分裂,也极大地影响了恢复与发展生产。而以民主团结为内容之一的民主改革运动也在这一背景之下铺展开来。

三、老工人的转变

早在1951年9月,上海国营工厂的民主改革运动(以下简称"民改")就已经在全市范围内正式展开,并首先在纺织业解决了拿摩温④的问题。1952年初"三反""五反"运动开展后,很快取代"民改"成为中心运动,而"民改"则下降为次要运动并以与之相结合的方式进行。⑤

---

① 《解放以来青工工作的总结报告》(1950年6月),上海市档案馆藏,档案号C21-1-82-1。
② 《努力克服关门主义,职工建团全面展开》,《青年报》1949年1月25日。维权:《团结老工友》,《青年报》1950年5月30日。《团大隆机器厂支部在民主改革运动中的工作总结》(1952年),上海市档案馆藏,档案号C21-1-187-26。
③ 《上海机器、电机两业目前学徒情况调查报告(草稿)》(1953年),上海市档案馆藏,档案号B127-2-168-9。
④ 拿摩温是洋泾浜英语,英文中对应的是"number one",指的是工厂中工龄比较长、有一定技术的工头。
⑤ 《中共中央转发中南局关于在城市开展"三反"运动的紧急指示》(1952年1月18日),《中共中央关于工矿企业如何进行"三反"运动的指示》(1952年2月4日)。

直至"五反"结束后,"民改"又重新被提上日程。1952年7月9日,中共中央批准了上海市委《关于"五反"运动后在私营工厂进行民主改革补课的指示》,私营工厂"民改"正式展开。

由于其他运动的介入,国营工厂的"民改"和私营工厂的"民改补课"被切割成两个部分。而一旦将两者连缀起来,即可发现一些为学界所忽视的面相。作为与"镇反""三反""五反"穿插进行的运动,"民改"实际上成为一场复合运动①,它继承了此前政治运动的惯性,动员方式也明显受到其他运动的影响。而"民改补课"出现在"五反"运动后期,实际上具有"镇反"补课的性质。它也因此一度被工人认为是"镇反"在工厂的继续,运动前期工厂中间也流传着"民改要整工人了"的说法。②

不过,实际情况却恰恰相反。在"民改"之初,上海市委工业生产委员会专门召集部分工人并说明了民主团结运动的目的与意义,明确表示运动不是为了追究责任,而是帮助工人阶级内部加强团结,"解开过去官僚资本主义分裂政策所造成的工人阶级内部的历史隔阂之结",以更好地发展生产③。当运动一展开,各厂在领导上首先明确了比较迫切而又必须要解决的中心问题,即工人不团结的现象,除了着力清除工人因地域而形成的隔阂,一系列的调查报告也显示,青老矛盾成为工矿企业党团组织关注的重点。④ 不过,随着其他运动的开展,"民改"很快偏离既定轨道。正是在这种情况下,"民改"补课阶段一开始就提出了诸如"民主改革是工人阶级内部的民主团结运动"

---

① 复合运动,或称混合运动,是指政治运动中存在相互交叉,或者大运动套小运动的情况。感谢北京大学历史系刘一皋教授的提示。
② 《恒丰纱厂第一阶段工作总结》(1952年7月30日),杨浦区档案馆藏,档案号11-17-22-79。
③ 《中共上海市委工业生产委员会关于国营工厂技术人员、职员及工头、领班的讲话提纲》(1951年9月20日),上海市档案馆藏,档案号A38-1-150-28。
④ 《上海市国营、公营工厂进行民主改革工作情况报告(草稿)》(1951年11月8日),上海市档案馆藏,档案号A38-1-151。《青年团国营上海第一棉纺织厂总支部委员会关于南织保全部有关目前车间中青工与老工人关系的检查总结》(1951年),上海市档案馆藏,档案号C21-2-217-126。

序章　上海青工：工人谱系上的新生代

"民主团结运动是巩固人民民主专政的必要步骤"等口号。① 这些都表明，上海的"民改"补课继续执行了民主团结为主的原则，并在"民改"的基础上加入了肃清反革命分子为辅的功能，以扫除生产关系等方面存在的阻碍、恢复与发展生产为根本目的。"民主团结"因此实际上成为"民改"与"民改补课"两个运动的衔接点，在此基础上两者得以一起加以讨论。

在以往以揭发与斗争为主要内容的政治运动中，青年工人都因为年纪轻、进厂时间短、思想包袱少、社会关系相对简单，以及工资待遇比较低，对领导干部等都存有"怨气"，最容易被发动起来进行斗争，也因之"最具有革命性"。相形之下，虽然老工人"同样都是工人阶级"，但"保守的占多数"，又由于他们的家庭负担重，因此"单纯的经济观点强"，还常因"经济要求过高"而引起劳资纠纷。正因为上述表现，在中华人民共和国建立初期相关部门的总结和报道中常出现老工人的觉悟比较模糊，或是比青年工人觉悟低等结论。②

运动开展之初，不少干部对老工人仍持"瞧不起"的态度，认为老工人"脑筋不开化"，净谈一些屑屑碎碎的事情，谈不上两句就没有味道了。直到运动开始，还有青工干部为老工人担心，恐怕他们"勿来事"（上海话，意为"不行"）。③ 在这场直接针对工人开展的运动中，老工人也正是以"保守落后"的形象而首先受到干部的特别关注④，并将能否成功动员老工人"讲话"视为"运动真正搞透搞彻底"的标准

---

① 《虹口区私营工厂民主改革"补课"标语口号》（1952年10月5日），上海市档案馆藏，档案号 A22-2-81。
② 《青年团上海市沪东区委员会工厂建团具体工作计划》（1949年8月20日），上海市档案馆藏，档案号 C21-1-23-14。《青年团上海市沪东区委关于青工及青工团的简况》（1950年），上海市档案馆藏，档案号 C21-2-77-1。《中共申新九厂机动分支部委员会关于民主改革运动中几个问题的总结》（1952年），上海市档案馆藏，档案号 C21-1-160-149。陈某生：《做好团结工作》，《新民晚报》1952年4月16日。
③ 《团在学习中的情况》，《停工学习简报》1951年第2期，上海市档案馆藏，档案号 C21-1-119-34。
④ 《中共申新九厂机动分支部委员会关于民主改革运动中几个问题的总结》（1952年），上海市档案馆藏，档案号 C21-1-160-149。

31

之一。① 除了在干部中间统一认识、将发动老工人视为工作成败的关键,以温和为特征的"民改"尤其是"民改补课"也使老工人的优势凸显。

在"民改补课"中,各厂广泛地组织工人开展"诉苦"。"诉苦"不仅仅是共产党人动员工人参与运动的技巧,引导工人进行"忆苦思甜""今昔对比",实际上也是强化新政权合法性的渠道。在此过程中,工龄长、经历丰富、今昔对比感受强烈的老工人本身就具有成为苦主的天然优势,而"老工人"从"落后保守"、闭口不谈到"滔滔不绝",这种转变又反过来印证了工人的"翻身"。在官方档案和文件中,随处可见转变的"老工人"。在这方面,杨思区(今浦东新区)在民主改革中发现的老工人仇启葵,作为"民主改革真的好,老工人聋子都认识到毛主席工厂的好"的典型之一,颇具有代表性。

根据"民改"办公室的描述,仇启葵是一位老技术工人,"在旧社会的长期摧残折磨下",年纪大了,耳朵聋了,眼睛花了,"走起路来摇摇摆摆",因此平时除了默默生产,和人来往较少,"人家也不大注意关心他"。"民改"工作队下厂后,对他进行反复"教育",使他的"觉悟"开始有了提高。他不仅在小组里"诉了苦",在参观了文化宫之后,"谈话(水平)大大提高,情绪高涨"。在"民改"总结大会上他的表现给了干部极大的惊喜,他不仅结合自己的体会诉说了上海如何"和过去大不同",还"深深的(地)谈了自己的感想",他感叹自己"开会一生一世没讲过话,今天讲话再也不受反动派的欺……毛主席的恩我一生一世不能忘"。仇启葵讲起话来情绪热烈,"全厂工人掌声不断",效果极佳②。在上海各厂深入开展诉苦运动的过程中,老工人成为干部努力发现并培养的苦主。在"翻身会""解放会""见太阳会"上也随处可见老工人的身影。不仅如此,老工人死后也依然可以作为

---

① 《上海市国营、公营工厂进行民主改革工作情况报告(草稿)》(1951年11月8日),上海市档案馆藏,档案号 A38-1-151。
② 《上海市杨思区民主改革办公室华昌中队关于老工人仇启葵转变情况的报告》(1952年11月24日)。

典型进行宣传。杨浦区就曾以老工人黄逢金的生前死后的变化,突出了"旧社会把黄逢金一家逼入了地狱,新社会把他一家换了天堂",并以此来说明"新中国的工人生活果然完全变了样"①。

经过反复动员教育,很多"从不讲话"的老工人,"现在一讲也讲了二三小时",其中不少人还成为运动的积极分子,"落后分子、落后车间特别是从未参加过运动的老工人",也都在运动中讲了话。② 上述陈述难免存在一些夸张的成分,但在干部的积极培养和发动之下,"老工人"通过诉苦而发生变化的情况也是客观存在的。

除了一般意义上的诉苦,老工人座谈会还为工人提供了专属的"说话"空间。"民改"的老工人座谈会除了有一般座谈会调查、摸底、动员的作用外,还具有"老工人"特权的象征意义。各工厂召开老工人座谈会,固然是要老工人"暴露"自己的思想,以便进一步为运动扫除障碍,但以老工人而非其他工人为对象的座谈会本身也有暗示其特殊地位的意味。

紧随"诉苦"阶段之后,各工厂企业对于工人进行了全面的调查并收集了相关材料,对年龄、性别、家庭出身、受教育程度等信息进行了全面的搜集和整理,团组织还进一步摸清了团员的家庭情况、政治认识,对在政治历史问题上存有疑问的青年工人初步进行了调查。③ 民主建设阶段则进一步结合劳保复查,在"镇反"的基础上进一步建立起工人的人事档案。除了认定"工人"及其权利之外,"劳动保护卡"实际上以一种"保护工人"的正面姿态再次对工人进行了筛查和分类。填写劳保卡也就成为新政权在工厂中辨别"谁是工人"的必要环节。在这个过程中,党、团、工会也依据年龄、身份等几个类别对工人重新进行了"认领",从而将工人分别纳入各自的体系里。

---

① 《国棉一厂老工人黄逢金的生前死后具体地说明了劳动人民的彻底翻身和生活改善》(1952年),上海市档案馆藏,档案号C16-2-37-6。
② 《上海市国营、公营工厂进行民主改革工作情况报告(草稿)》(1951年11月8日),上海市档案馆藏,档案号A38-1-151。
③ 《上海市国营第一棉纺织厂关于团在民主团结运动中如何进行工作的汇报》(1952年),上海市档案馆藏,档案号C21-1-187-7。

1952年8月,上海国营工厂基本完成了民主改革,私营工厂的民主改革则持续至1953年7月。国营、私营企业民主改革结束后,上海还在搬运、码头、小厂、水上民船等8个方面进行了民主改革,主要清理了搬运业中的封建把头、恶霸势力。到当年11月底,8个方面的民主改革也基本结束。从1951年开始的民主改革中,共有100余万职工参加运动。① 民主改革也被工人称为继"解放"之后的"第二次翻身"。②

　　中华人民共和国成立初期在上海工厂普遍进行的民主改革作为"镇反"的温和补课,其间又不断被疾风暴雨式的"三反""五反"介入。民主改革中各厂所采用的诉苦等动员方法也并非首次在城市中运用,但作为一场直面工人的阶级摸底、清理与分类,民主改革既初步完成了甄别"工人"的任务,也在"工人"内部进一步进行了细分,并直接刺激了"青年工人"作为一个群体的聚合。

　　首先,民主改革运动在加强工人团结的初衷下,保持了一个相对纯洁的"工人阶级队伍",但实际上,与其说是纯洁了这支队伍,不如说是借此机会发现了工人阶级队伍中的不纯洁。民主改革中,很多隐蔽的反革命分子浮出水面。上海沪东和沪西16个重点厂36 260个职工中,参加反动组织者有5 239人,其中1 363人是在忠诚老实、自觉交代阶段暴露出来的。其中参加反动组织的青年团员约占到全体团员的18.8%。③ 另据团市工委对64个厂2 574名团员的调查,参加反动组织的共计563人,占全体团员的21.9%。④ 私营工厂第

---

① 《上海工运志》编纂委员会编:《上海工运志》,第426页。
② 参见王申:《工人阶级的第二次"翻身"——解放初期上海民主改革运动纪实》,《党史文汇》1998年第4期。
③ 中共中央华东局:《华东厂矿企业中清理反革命分子和民主改革的报告和计划》(1951年12月26日),中国社会科学院、中央档案馆编:《1949—1952中华人民共和国经济档案资料选编(综合卷)》,第255—260页。
④ 《青年团上海市工作委员会关于民主改革运动的一些统计资料》(1952年),上海市档案馆藏,档案号C21-1-160-44。《青年团上海市工作委员会关于第一批民主改革厂中团的工作的主要情况与基本经验的综合报告》(1952年),上海市档案馆藏,档案号C21-1-160-48。

序章　上海青工：工人谱系上的新生代

一批民改厂中在入团时就已经向组织进行坦白交待的有177人,在入团后民主改革前交待问题的有189人,过去历次运动中均未主动交待,直到民主改革运动中间才交待的有247人。还有58人在民主改革前交待得并不彻底,民主改革时进一步进行了交待。即便如此,仍有10人属于支部已经掌握了情况,但在民主改革中仍未主动交待。①

尽管在民主改革中暴露的问题工人数量庞大,但按照"严格限制在有血债的首恶分子""切不可打倒一切",以及"对于曾经有过压迫工人的行为或其他轻微劣迹,但并非反革命分子的老的技术工人、技术人员和专家、高级职员等必须注意在运动的各个阶段加以保护"等要求②,忠诚老实、自觉交待的工人大部分得到了宽大处理,他们中的绝大多数被纳入"工人阶级"的队伍之中,只有极少数未能通过审核建立劳保卡的劳动者被排除在"工人"之外。参加运动的13.31万名上海职工中,共清理出反革命分子401人,其中被逮捕的有367人,34人受到管制③,这个比例远远低于"镇反"中反革命分子的数字。同样,这场民主改革教育了青年工人,但对问题青工相对温和的处理方法也给紧随其后的整团运动留下了一定的余地。④ 在几乎人人坦白的背景下,新政权执行了监督"一大部分"、处理"一小部分"的原则,但这并不意味着共产党组织的"敌情意识"有所削弱。相反,这一并不十分"纯洁"的工人队伍也为后续运动埋下了伏笔。⑤

---

① 《市区第一批民改厂团内政治情况统计表》(1952年9月5日),上海市档案馆藏,档案号C21-2-314。
② 《中共中央关于清理厂矿交通等企业中的反革命分子和在这些企业中开展民主改革的指示》(1951年11月5日),中国社会科学院、中央档案馆编:《1949—1952中华人民共和国经济档案资料选编(综合卷)》,第237—243页。
③ 《上海工运志》编纂委员会编:《上海工运志》,第423—424页。
④ 《青年团上海市市郊工作委员会关于青年团上海市杨思区安达纺织厂总支委员会整团工作的检查报告》(1953年3月31日),上海市档案馆藏,档案号A71-2-265-1。
⑤ 参见杨奎松:《新中国巩固城市政权的最初尝试——以上海"镇反"运动为中心的历史考察》,《华东师范大学学报(哲学社会科学版)》2004年第5期。

其次,作为工人进一步组织化的体现,民主建设阶段有不少积极分子入党入团。根据1952年10月团市工委统计,全市30人以上的私营外商工厂企业共有2 677个,其中建团2 015个,发展团员约3.7万人,占青工总数的36.5%。① 从1952年7月到12月,第一、二、三批民改厂发展团员1.2万余人,新发展团员占青工总数的19.4%。截至1952年底,私营工厂团员发展到约5.7万人。其中30人以上有团的单位其团员发展到约3万人,占青工总数的47.8%;新建团单位团员发展到约1.4万人,占青工总数34.4%。② 工厂团组织在运动中不断完善,青工聚集成为更系统的群体,青年团开始作为一个具有青年特色的组织在工厂中扎根,而中华人民共和国成立前政府将工厂中青年组织起来的目标亦初步得到实现,可以说,共产党人在上海工厂争取青年的斗争中首战告捷。

最后,与"青工"相对且共生的"老工人"群体的出现,推动了"青年工人"的聚合。老工人从"落后"到"积极"的变化成为"民改"的成果之一。在"民改"中,老工人的判断标准开始向技术层面倾斜,此前因保守而表现落后的老工人成为被动员的重点对象。老工人工龄长,经历丰富,今昔对比感受强烈,他们借助诉苦等形式扭转了此前不利的位置。在既有的技术优势之外,又进一步获得了更丰富的政治象征意义,成为工人谱系上与"青工"相对的群体。

通过中华人民共和国成立初期一系列的政治运动与党、团、工会的建立,政府完成了革命时期未完成的任务。在工厂企业的民主改革之后,共产党在工厂争取青年的斗争中首战告捷,但工人问题却并未到此结束。

---

① 《青年团上海市委青工部1952年工厂、商店民改工作情况调查表》(1952年1月28日),上海市档案馆藏,档案号C21-2-314。
② 《青年团上海市工作委员会组织部关于第一、二、三批民改厂自1952年7月1日到12月15日的发展情况》(1952年12月),上海市档案馆藏,档案号C21-2-284-49。

序章　上海青工：工人谱系上的新生代

第二节　青工出场：历史巨变中的新生代

一、上海工人的更新换代

从1953年起，中共中央提出了社会主义过渡时期总路线，并根据该路线制定了我国国民经济的第一个五年计划。中央在"一五"计划中，提出了优先发展重工业的方针，明确将上海定位为"需要合理利用已有的工业基础的地区之一"①。在随后确定的上海"一五"计划中，上海市委进一步提出："上海的建设和改造，必须坚决贯彻党在过渡时期的总路线、总任务，并坚决服从国家关于巩固国防、工业合理布局的要求……充分发挥上海工业基地的作用，支援全国重点建设，力争出产品、出资金、出技术、出人才。"②此前以纺织工业占较大比重的上海工业面临转型。1956年7月，上海市第一届党代会上，根据中央对上海的要求，提出了"充分利用、合理发展"的工业建设方针。③1957年中央在制定第二个五年计划时，又明确提出"将上海建成为全国发展新技术、制造新产品的一个工业基地"的要求。1963年，上海再次提出建成"我国一个先进的工业基地和科学技术基地"的目标。④

在社会主义工业化的蓝图上，新上海明确了"两个基地"的定位，不仅成为全国工业基地，还担负着向全国输送技术工人的任务。在

---

① 上海市计划委员会编：《上海市计划报告集（1949—1998）》，上海市计划委员会1998年版，第523页。
② 江苏省档案馆、中共江苏省委党史工作办公室编：《陈丕显文选》第2卷，中共党史出版社2000年版，第120页。
③ 中共上海市委党史研究室、上海市档案馆编：《上海市党代会、人代会文件选编》上册，中共党史出版社2009年版，第54页。
④ 上海市现代上海研究中心编：《上海城市的发展与转型》，上海书店出版社2009年版，第7页。

这样的新形势下,上海工人队伍也开始发生变化。一方面,上海的工人数量迅速膨胀。建国初期,全市职工有 98.17 万人,其中私营工商业和外商企业的职工占到 75.1%。到 1957 年"三大改造"完成,全民所有制企业达到了 82.5%,全市职工平稳增加到 211.78 万人。1958 年"大跃进"期间,职工数量骤增,并于 1960 年达到顶峰。1961—1962 年,上海市执行精简政策,职工人数基本恢复到"大跃进"前水平。从 1962 年开始,全市职工人数略有回升,最终在 1965 年底达到了 272.13 万人(见图 3)。①

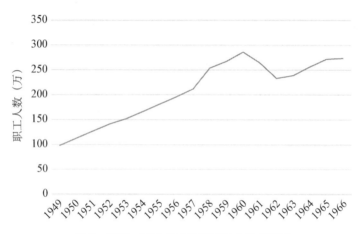

图 3　1949—1966 年上海市职工人数趋势图

数据来源:《上海工运志》编纂委员会编:《上海工运志》,第 347 页。

另一方面,"青年工人"对于上海乃至全国工业建设的意义也日益凸显。根据 1954 年青年团华东工作委员会对上海青工的调查,许多企业中青工占工人总数的 50%,有的甚至达 80% 以上。青工人数多,技术水平却相对较低,这意味着"国家生产计划的完成,国家社会主义工业化的实现,很大程度上取决于青年工人劳动的好坏"②。

---

① 《上海工运志》编纂委员会编:《上海工运志》,第 346—347 页。
② 《提高青工技术水平调查》(1954 年),参见《上海青年志》编纂委员会编:《上海青年志》,第 1325 页。

1956年到1958年,上海新增青工达十余万人。[①] 由于部分统计数据缺失,以及各单位统计标准不一等原因,笔者无法掌握每一年全市青工的确切数字。但通过上海市总工会、劳动局、劳资委等部门若干年份的调查,也大体可以掌握青年工人发展的大致趋势(见图4)。由于统计标准严格以25岁为界,这个数值实际上并不是青年工人的绝对新增数值。如果将因年龄增长而流动出界的青工也考虑进去,青年工人的增长趋势将会更加明显。

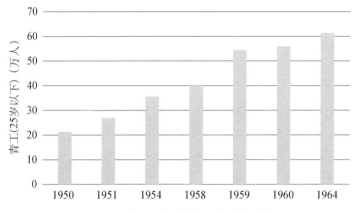

图4 若干年份上海市青年工人人数统计图

数据来源:1950年数据来自《上海各工会青工人数统计表》(1950年7月),上海市档案馆藏,档案号C1-1-33-9。1951年数据来自《上海市青年职工人数表》(1951年6月),上海市档案馆藏,档案号C21-1-137-7。1954年数据来自《上海市团员分布情况统计》(1954年12月31日),上海市档案馆藏,档案号C21-1-388-25。1958年数据来自《李琦涛在上海市青工代表会议上总结报告摘要》(1958年),上海市档案馆藏,档案号C21-2-1147-79。1959年数据来自上海市劳资委的调查结果,参见《上海青年志》编纂委员会编:《上海青年志》,第138页。1960年数据来自《上海市团的组织情况统计简报》(1960年12月31日),上海市档案馆藏,档案号C21-1-806。1964年数据根据当年人口普查25岁以下劳动人口数据推算得来,可能略高于实际青工人数。

[①]《共青团上海市委青工部关于青工技术教育情况的报告》(1962年10月),上海市档案馆藏,档案号C21-1-915-21。

青年人年富力强,知识水平相对较高,可塑性强。越来越多的青年进厂,这不仅是劳动力市场供求关系所决定的,也符合上海工业布局调整,以及培养和输送技术工人的客观需要。而作为准技术工人的学徒工也因之成为上海新增青工的重要组成部分。根据上海市劳动局统计,1956年全市近2 000个国营、地方国营、公私合营工厂,共招收学徒43 162人,其中75%分布在重工业系统。① 1958年,上海市工业、基建部门新增工人18.3万(不包括家庭妇女),其中学徒工占到71%。② 即使在1961、1962年上海市工厂企业执行精简职工政策期间,平均每年仍有1.31万名青年以学徒工的方式进厂。③ 1953—1964年,上海市培训学徒工(包括自训与代训)共计72.829 1万人,其中本市自训学徒工52.070 4万人,这些学徒工普遍在18—25岁之间。④

从大量史料中"新工人中绝大多数是青年""青年工人中新工人所占比例很大"的定性描述⑤,再通过观察若干年份的数据并借助于"学徒工"这一参考系,还是基本可以掌握上海青工的大致情况。实际上,单看数量,青工在整个工人队伍中并不总是占有绝对的优势,但青工中绝大部分属于产业工人,尤其集中于工业、基建等部门。伴随着工人队伍的迅速壮大,"青年工人"无论在数量还是技术层面,对

---

① 《上海劳动志》编纂委员会编:《上海劳动志》,第211页。
② 《关于进一步加强艺徒工作的请示报告(草稿)》(1959年6月16日),上海市档案馆馆藏,档案号C21-1-727-1。
③ 根据上海市劳动局的统计,1961年、1962年全市新吸收学徒工分别为1.226 8万、1.397 6万人。《1964年度劳动工资统计年报资料(四):学徒培训人数》(1965年4月20日),上海市档案馆馆藏,档案号B127-1-787-46。
④ 《上海市技术工人培训情况》(1965年4月20日),上海市档案馆馆藏,档案号B127-1-787-46。
⑤ 《共青团上海市委青工部关于青工技术教育情况的报告》(1962年10月),上海市档案馆馆藏,档案号C21-1-915-21。《共青团上海市委关于乘"反浪费、反保守、比先进、比多快好省"运动之风,进一步保证青年工人思想大跃进的调查材料(草稿)》(1958年9月14日),上海市档案馆馆藏,档案号C21-1-600-7。《社会主义教育中怎么对新工人进行阶级教育的问题》(1964年1月20日),上海市档案馆馆藏,档案号C21-2-2454-1。

于上海完成工业发展的目标、完成"两个基地"的使命都有关键意义。

青年源源不断地进入工厂。尽管作为个体的上海工人在经历着从青年向中、老年的过渡,但直到60年代初,整个上海工人队伍仍保持着比较年轻的状态。据有关部门对工业、基建、交通、邮电四个部门若干年份的粗略统计,35岁以下的职工始终占据全部职工的60%以上(图5)。进入60年代,工业和基建部门中仍以青年工人为多。①

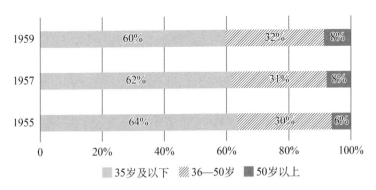

图5 若干年份上海市职工年龄统计图

数据来源:《上海劳动志》编纂委员会编:《上海劳动志》,第140、141页。
《上海工运志》编纂委员会编:《上海工运志》,第366页。

除了新鲜血液的不断注入,上海工人队伍的新陈代谢还表现在新旧成分的更替方面。其中表现最突出的,即是学生进厂。整个50、60年代,学生占据了新工人的20%左右。② 1956年上海出现了高小、初中学生为主的知识青年的进厂潮。1958年"大跃进"之后,除了短暂激增的家庭妇女之外,初中毕业生成为新工人的主要来源。1964年,根据团市委对几个单位典型的调查,80%以上的新工人进厂前具有初中以上文化程度。③ 与此同时,新工人的家庭出身也发生了

---

① 《上海工运志》编纂委员会编:《上海工运志》,第367页。
② 《上海工运志》编纂委员会编:《上海工运志》,第365页。
③ 《社会主义教育中怎么对新工人进行阶级教育的问题》(1964年1月20日),上海市档案馆藏,档案号C21-2-2454-1。

很大的变化。根据团市委对全市 2 000 余名青工的调查,在 1955 年之前入厂的青工中,"两类剥削阶级"(地主阶级、资本家)子女的比例仅占 5.5%,而在 1960 年后入厂的青工中,这一比例增加到 12.2%。①

青年源源不断地进入工厂成为新工人,推动了上海工人队伍的更新换代。一方面,相对于技术水平较高且经历了阶级锻炼的"老工人",青工既是工人阶级中的新生力量,也是"老工人"教育和帮助的对象。在民主改革之后不久工厂进行的"劳动纪律"教育活动中,"大多数老师傅都是遵守劳动纪律的",青工中则出现了一系列负面典型。② 与之相适应,工人中出现的问题也就相应地被归咎于"刚进厂不久,受的锻炼不多,一下还不习惯集体生活"的青工,正是他们"把旧社会的坏习气带了进来,吊儿郎当的,不愿意遵守劳动纪律"③。而青年工人"大多技术水平低,操作不熟练",生产的残次品较多,因此"迅速加紧提高青年工人的技术水平",也就成为厂矿企业中的一项重大的迫切任务。④ 这种情况下,技术水平相对较高的老工人进一步巩固了其"可靠"的形象,青年工人向老工人学习的内容也就涵盖了阶级觉悟、技术水平等多个方面。

另一方面,不同成分、不同出身的青年进入工厂成为新工人,客观上冲击了在建国初期政治运动中已经被整顿和识别了的"工人"队伍。在民主改革运动之后,伴随着一系列政治运动的展开,"依靠老工人、教育青年工人"的逻辑被不断强化,而政府在上海再造"新工

---

① 《共青团上海市委关于上报"阶级斗争在上海青年队伍中的反映""青工队伍状况的一些分析"等四个材料的报告》(1963 年 9 月 5 日),上海市档案馆藏,档案号 C21-1-949-1。
② 《上海部分职工中劳动纪律松弛现象有所改进》,《解放日报》1953 年 7 月 16 日。(林惠昌织工厂工人)杨小弟:《国营红星制车厂领导人员接受批评决心整顿劳动纪律》,《我认识了生产为谁,今后决心遵守劳动纪律》,《解放日报》1953 年 7 月 16 日。
③ 蒋焕:《向老师傅学习,锻炼自己的纪律性——记虬江机器厂青年钳工奚定杰》,《解放日报》1953 年 7 月 26 日。
④ 《提高青年工人的技术水平》,《解放日报》1954 年 5 月 19 日。另见《上海青年志》编纂委员会编:《上海青年志》,第 1325 页。

人"的过程也由此拉开序幕。

二、"运动"青工

1949—1965年间青年工人以工人阶级新生代的角色屡屡出现在轰轰烈烈的政治运动中,并经历了在运动中被再造的过程。"运动"青工的内容涵盖了技术、文化、意识形态等多个层面,在不同阶段,侧重点也有所不同。按照历史前后相继的顺序,这一过程又大致可分为三个阶段。

第一个阶段:"一五"计划期间。这一阶段,再造新工人以具有高度阶级觉悟、全面发展的新型技术工人为主要目标。1954年4月,以鞍钢技术革新展览会为契机,上海汽轮机厂青年工人朱顺余、鞍钢工人王崇伦等联名向全国总工会发出"在全国范围内开展技术革新活动"的倡议。4月21日,全国总工会发布《关于在全国范围内开展技术革新运动的决定》,6月8日,中共上海市委发出了《关于在工厂企业中加强技术领导,开展技术革新运动的决定》。随后,上海总工会发出通知,要求各级工会深入开展技术革新、技术革命活动。青年工人在向老工人学习的基础上,通过组织青年突击队、广泛开展劳动竞赛的方式参与到这场技术革新运动中。1956年,在社会主义改造的高潮中,共有77 565名青年工人组成了4 674支青年突击队。①

在思想教育方面,从1954年10月到1955年7月,团市委在全市青年中间开展了一场"共产主义道德教育运动"。工厂团组织针对青年工人中存在的"好逸恶劳、追求不劳而获"等作风进行了批评。②1956年12月,鉴于当年新工人、青年工人激增的实际,上海市工会联合会召开新工人、青年工人大会,主席钟民要求各级工会向新工人集中进行一次社会主义思想教育。不少工厂以老工人为正面典型,要

---

① 《上海青年志》编纂委员会编:《上海青年志》,第470页。
② 《上海青年报社编辑委员会关于接受马小彦,傅宝娣事例的教训,努力培养共产主义道德品质的讨论计划》(1955年3月),上海市档案馆藏,档案号C25-1-32-19。

求老工人处处以身作则,在日常生产、学习、生活上为新工人做好榜样,同时发动广大老年工人共同做好新工人的团结教育工作。① 会议还一致通过了"给全市新工人、青年工人的一封信",号召全体新工人、青工"奋发前进",为社会主义建设贡献出"一切力量"②。团市委、市青联、市学联等发出联合通知,要求在青年中加强革命传统教育,特别围绕上海工人三次武装起义三十周年的教育活动。老工人通过回忆和作报告等方式对青工进行教育。③

进入1957年,全国范围内社会主义改造基本完成。4月27日,中共中央发出《关于整风运动的指示》,要求全党进行一场以"反官僚主义、反宗派主义和反主观主义"为内容的整风运动。④ 在整风运动中,自1956年底就开始在新合营厂中陆续出现的工人闹事达到高潮。1957年5月,《中国青年报》《劳动报》等相继刊出了学徒延期不能按时转正的说明。上海的工厂企业中首先出现了学徒请愿的风潮。截至5、6月间,这次工潮共波及了全市587个企业,有3万余工人参与了请愿、怠工、罢工等。1957年6月8日,中共中央发出《关于组织力量准备反击右派分子进攻的指示》,全国范围内开展了一场反右派斗争。在处理和解决工人闹事的过程中,上海市人民委员会专门成立临时工作委员会,上海市工会联合会召开了有1.4万余人参加的老工人大会,号召工人阶级团结起来,打退资产阶级右派分子进攻。6月中旬,工人闹事逐渐平息。

7月18日,上海市委确定国棉一厂、上海船厂为试点首先开展

---

① 中国第一机械工会上海委员会:《贯彻上海市新工人、青年工人会议精神,加强对职工进行政治思想教育工作的计划(草稿)》(1957年1月29日),上海市档案馆藏,C13-2-293-32。
② 《做建设社会主义的好战士》,《劳动报》1956年12月15日。
③ 《向青年加强革命传统教育》,《劳动报》1957年3月25日。秋枫:《沪东工人纠察队旗开得胜》,《劳动报》1957年3月22日。《老工人作报告》,《劳动报》1957年3月22日。
④ 《中共中央关于整风运动的指示》(1957年4月27日),中央档案馆、中共中央文献研究室编:《中共中央文件选集(1949年10月—1966年5月)》第25册,人民出版社2013年版,第291—292页。

"整风"。国棉一厂职工率先贴出大字报 1 317 张,提出意见 8 354 条。① 10月,上海市工会代表会议召开,会议提出全市职工用大字报等方式投入整风运动之中。11月,上海市委工业部草拟了《关于在工人中划分坏分子的意见(草案)》,在全市的整风、反右派斗争中,工业系统的部分企业将 4 528 名工人错划为"坏分子"。②

10月,上海市临时工作委员会对工人闹事的情况进行了总结,概括出参与闹事的工人中,"青年工人多""新工人多"的特点,还全面得出"青年工人一般都没有经过严格的阶级斗争的锻炼,加上部分青工和新工人成分和思想不纯。特别是这几年伴随着工人阶级队伍的扩大,部分新工人和青年工人从各阶层带来了不同程度的资产阶级思想和小生产者的习气,经济观点浓厚,劳动观点薄弱,组织纪律性差,少数人道德品质很坏"的结论。③ 在此后的善后工作中,上海总工会组织了大规模的"老工人座谈会",并组织了忆五卅、写厂史等活动。

第二阶段:"大跃进"时期。这一阶段,大搞技术革新、文化革命的突击队员成为理想"新工人"的典型。1957年12月举行的中共上海市一届二次会议上,柯庆施提出了十二项奋斗目标,要求"乘风破浪,加速建设社会主义的新上海"④。1958年3月3日,中共中央发布了《关于开展反浪费反保守运动的指示》,决定在全国开展一场"反浪费、反保守、比先进、比多快好省"的建设社会主义运动("双反""双比"运动)。⑤ 团市委乘"双反、双比"之风,进一步保证青年工人思想

---

① 汪时维主编:《上海纺织工业一百五十年:1861—2010年大事记》,中国纺织出版社2014年版,第89页。
② 《上海工运志》编纂委员会编:《上海工运志》,第50页。
③ 《上海市人民委员会临时工作委员会办公室关于一九五七年五、六月份处理职工闹事问题情况的报告》(1957年10月29日),上海市档案馆藏,档案号 B54-1-5-1。
④ 柯庆施:《乘风破浪,加速建设社会主义的新上海!》,《人民日报》1958年1月25日。
⑤ 《关于开展反浪费反保守运动的指示》(1958年3月3日),中央档案馆、中共中央文献研究室编:《中共中央文件选集(1949年10月—1966年5月)》第27册,人民出版社2013年版,第137—138页。

大跃进,针对青年工人和新工人展开思想调查和教育。

4月,全国青年工人会议在上海召开,会前提出"苦战二十天迎大会,不达先进不甘心"的口号。① 在青工会议前后,上海方面提出了"比干劲、学本领、赶先进、创奇迹,一切为了社会主义"的口号。全市青工中开展了向全国青工会议"献礼"活动,青工中出现了突破定额、创造新纪录、试制新产品的风潮。②

1958年4月5日—12日,全国青工代表会议在上海中苏友好大厦召开,567名青工代表出席会议。团市委书记李琦涛在会上作了题为"上海四十万青年工人在社会主义大跃进中奋勇前进"的发言。会议还通过《向全国青年的倡议书》《向全国老工人致敬信》等,要求继续教育青年工人向老工人学习,全国青工会议将上海青年工人的生产跃进和技术革新运动推向高潮。

1958年5月,中共八大二次会议提出"鼓足干劲、力争上游、多快好省地建设社会主义"的社会主义建设总路线,全国范围内迎来"大跃进"的高潮。9月至10月,上海青年工人也投入到大炼钢铁、"以钢为纲"的运动中。1959年3月3日,全市召开"上海青年工人为实现1959年大跃进立功誓师大会"。5月,在团市委召开的"五四运动40周年纪念大会"上,表扬了青年先进人物和先进集体,授予138个先进个人"上海市红旗青年突击手"和57个先进小组"红旗青年突击队"的称号。③ 从1959年8月到1960年初,在团市委开展的"高速度跨进1960年"和"争当1960年开门红突击手"运动中,青年工人中诞生了更多的红旗突击手和突击队。1960年1月14日,团市委命名上海沪光仪器厂青年工人王林鹤为1960年"开门红"红旗青年突击手,号召青年"大搞技术革新,填空白,攀高峰"④。此外,在技术革新中,

---

① 《上海青年志》编纂委员会编:《上海青年志》,第473页。
② 《上海青年宫献礼馆简要介绍——上海青工为迎接青代表会议的献礼》(1958年4月10日),上海市档案馆藏,档案号C21-2-1147。
③ 《全市青工不断革命乘胜挺进,争当开门红突击手》(1959年12月24日),上海市档案馆藏,档案号C21-1-685-71。
④ 《上海青年志》编纂委员会编:《上海青年志》,第53页。

团市委还树立了丁杏清、陈修林等突击队员标兵以及力生机器厂等青年技术革新突击队标兵。①

在这场以"大跃进"为契机达到高潮的技术革新运动中,各工厂企业始终贯彻"与老工人相结合"的方针,青年工人在革新过程中聘请老工人作技术指导。② 在鼓励青年工人生产大跃进的同时,工厂中还开展了师傅"三帮"(帮思想、帮技术、帮安排生活)和学徒"六好"(政治思想好、学习技术好、劳动态度好、尊师团结好、安全生产好、安排生活好)、"五比"(比思想、比贡献、比学习、比俭朴、比团结)等竞赛评比活动。③

在"大跃进"中间,除了技术革命之外,上海工厂企业中间还掀起了一场文化革命的浪潮。自1950年开始的扫盲运动也在"大跃进"中间进入了高潮。截至1960年1月,据团市委对全市163个工厂44 705个青工的统计,文盲与半文盲的仅占5.6%。④ 在生产跃进的同时,针对青年中间出现"黄色书刊""黄色音乐"的情况,市工联、团市委等部门联合,在全市青年中先后开展了"鲁迅读书运动""红旗读书运动"。通过指导青年学习马克思列宁主义著作、毛泽东著作,组织青年阅读《愚公移山》《为人民服务》等文章,开展一场思想教育运动。在这一系列的读书运动中,上海市工厂企业中有70%的青年工人参与其中,青年工人中间借阅政治读物的风气也初步形成。⑤

此外,"大跃进"期间工人进行文化革命最集中体现在上海工人文学创作方面。截至1959年底,上海已形成70万人的以工人为主

---

① 《关于开展技术革命的情况汇报》(1959年11月11日),上海市档案馆藏,档案号C21-2-1405-3。
② 《关于开展技术革命的情况汇报》(1959年11月11日),上海市档案馆藏,档案号C21-2-1405-3。
③ 《三年来艺徒成长情况》(1961年),上海市档案馆藏,档案号C21-2-1777-17。
④ 《共青团上海市委关于1960年人员统计数字及相关材料》(1960年),上海市档案馆藏,档案号C21-2-1576-21。
⑤ 《"鲁迅奖章读书运动"的总结》(1959年3月25日),上海市档案馆藏,档案号C21-1-641-39。《共青团上海市委宣传部关于红旗读书运动开展情况的报告》(1959年),上海市档案馆藏,档案号C21-2-1396-26。

的群众创作队伍,群众创作作品达五百万篇。① 大量以"工人"署名的短小精悍的通俗文学作品被刊印,同时也起到了促生产的作用。

  第三个阶段:进入 60 年代,中央重提阶级斗争,"革命"的意义凸显,再造新工人以培养革命接班人为最终走向。1961 年 10 月团中央的工作会议上,青少年中的道德风气问题再度被提出来。从 1961 年年底开始,团市委在青年中间开展了新一轮的共产主义道德运动。工厂企业在开展运动的过程中,将矛头指向工厂的"流氓阿飞"(犯罪堕落的青年),开展了提高青年工人共产主义觉悟,改造青年工人世界观和人生观的活动。②

  1962 年,毛泽东在中共中央八届十中全会上提出,在整个社会主义历史阶段资产阶级还将存在,阶级斗争要"年年讲,月月讲,天天讲",要进行社会主义教育。③ 八届十中全会后,中共中央决定在部分农村和城市中开展社会主义教育运动。1963 年 2 月,中共中央工作会议制定了《关于厉行增产节约和反对贪污盗窃、反对投机倒把、反对铺张浪费、反对分散主义和反对官僚主义运动的指示》,随后全国城市陆续开展了"五反"运动。从 1963 年 5、6 月份开始,上海的"五反"运动首先在第一批近 700 家工厂企业基层单位展开。运动一般又分为以阶级斗争为中心的社会主义教育运动,开展反浪费、反贪污盗窃、反投机倒把的斗争,总结经验等几个阶段。运动中,工厂企业将集中性的回忆对比教育定为新工人进厂教育的制度。④ 同时,邀请老工人给青年工人讲厂史,采用"听"(听老工人诉苦)、"看"(看市青年宫举行的阶级教育展览会、看电影、看戏剧)、"忆"(组织青年进行

---

① 参见罗苏:《上海十年工人创作的辉煌成就》,《上海文学》1959 年 10 月号。
② 《青年战线三年来生产活动的总结(草稿)》(1962 年 2 月),上海市档案馆藏,档案号 C21-1-825-74。
③ 中共中央党校党建教研室编:《中国共产党党的建设大事记》,求实出版社 1985 年版,第 84 页。
④ 《共青团上海市委关于上报"阶级斗争在上海青年队伍中的反映""青工队伍状况的一些分析"等四个材料的报告》(1963 年 9 月 5 日),上海市档案馆藏,档案号 C21-1-949-1。

回忆,新旧社会艺徒生活回忆对比)、"议"(针对青年思想组织讨论会)等方法对青年进行阶级教育。①

1964年4月初,第二批、第三批工厂企事业单位以"五反"为主要任务的社会主义教育运动也先后展开。1964年6月,毛泽东在北京举行的中央工作会议上,正式提出培养和造就无产阶级革命事业接班人的问题。7月14日,《人民日报》和《红旗》杂志编辑部发表文章《关于赫鲁晓夫的假共产主义及其在世界历史上的教训》,进一步提出"帝国主义的预言家们把'和平演变'的希望,寄托在中国党的第三代或者第四代身上。我们一定要使帝国主义的这种预言彻底破产"。毛泽东提出接班人的五个条件,强调应当在长期的群众斗争中,考查和甄别干部,挑选和培养接班人。② 上海工厂企业在进行"五反"运动的同时还开展了"反四黄"(黄色书刊、黄色歌曲、黄色故事、黄色唱片)、"倡四红"、"学雷锋、发奋争五好"的活动。工厂团组织安排青工按照《毛主席的好战士——雷锋》一书的章节,深入学习雷锋的幸福观、世界观。同时将"学习雷锋"的运动与开展比学赶帮、争取做"五好"(政治思想好、勤奋学习好、劳动守纪好、尊师团结好、安排生活好)工人的活动结合起来。③

1965年1月,中共中央下发《农村社会主义教育运动中目前提出的一些问题》,农村社教运动和城市社教运动发展为"清政治、清经济、清组织、清思想"的"四清运动"。在阶级教育达到高潮的同时,上海市工业战线还掀起了一个新的"技术革新、技术革命"运动("双革"运动)的高潮。在"双革"运动中,青年工人中再次出现了各种形式的技术革新队伍。纺织系统青年掀起了学赶"小老虎"张季珊,提高改

---

① 《社会主义教育中怎么对新工人进行阶级教育的问题》(1964年1月20日),上海市档案馆藏,档案号C21-2-2454-1。
② 参见《人民日报》编辑部、《红旗》编辑部:《关于赫鲁晓夫的假共产主义及其在世界历史上的教训——九评苏共中央的公开信(之一、之二、之三、之四)》,《人民日报》1964年7月14日。
③ 《共青团上海市委青工部关于下发深入学雷锋,发奋争"五好"的通知》(1964年1月14日),上海市档案馆藏,档案号C21-2-2447-1。

进操作的热潮。十七个棉纺厂中涌现出全市优秀水平或工厂的最高纪录的"小老虎"380个。根据6个局的初步统计,截至1965年,职工提出革新建议9万多项,其中3万多项已经实现。另据3个局所属24个厂的统计,4 550名青年工人提出了2 324项革新建议,实现了1 600项。[①] 1966年4月18日,《解放军报》发表社论"高举毛泽东思想伟大旗帜,积极参加社会主义文化大革命",预示上海青工将进入史无前例的"文革"十年。

小　结

中华人民共和国初期,一系列运动在给上海带来新气象的同时,也将工人的问题推向台前。民主改革运动之后,新政权初步完成了对工人的整顿和识别。进而伴随着团组织在工厂企业的扎根,"青年工人"开始聚合,新政权在工厂争夺青年首战告捷。

从上海执行"一五"计划开始,大量新工人的出现、青年工人队伍的膨胀,悄然改变着上海的工人阶级。一方面,以青年为主的新工人构成了工人队伍的新鲜血液,他们被视为工人阶级的新生代;另一方面,不同成分、不同出身的青年涌入工厂,冲击着被"定型"的"上海工人"形象。由此,上海开始了再造新工人的过程。

1949—1965年,理想化的新工人形象丰富且多变,而青年工人也主动或被动地参与到政治运动之中。"一五"期间,再造新工人以培养具有高度阶级觉悟、全面发展的新型技术工人为目标;在"大跃进"期间,新工人的典型是大搞技术革新、文化革命的突击队员;而进入60年代,在阶级斗争扩大化的背景下,再造新工人的目标是培养革命的接班人。概括说来,再造新工人的标准其实不外乎三个方面,即意识形态、文化水平和技术水平。

---

① 《技术革新、技术革命运动中团的工作》(1965年5月7日),上海市档案馆藏,档案号C21-2-2695-125。

作为一支与"老工人"相对的工人队伍,所谓的"青年工人"实际上由无数个模糊的个体构成。由于政府试图切实塑造出一个理想的"工人阶级",所以"上海青工"的政治文化内涵也就压倒了基于年龄、工龄等客观标准的社会内涵。在对上海青工进行"速写"的基础上,下面笔者将进入"深描"青工的阶段。在即将展开的专题研究中,笔者将把上海青工放在1949—1965年新旧因素互动的背景下,以期展示"上海青工"群体更加立体、复杂的面相。

上篇

新角色，旧成分

> 1956年高潮以后进厂的新工人，全市约有十万人……他们大部分是刚脱下学生装的学生和昨天的农民，不少是过去的小商贩，其余部分则情况更为复杂，有家庭妇女、转业军人、转业的手工、轻工业工人，店员、摊贩等，甚至还有个别少数惯窃、舞女、流浪艺人、已经劳动教养释放分子……由于他们基本上是解放后长大的，初懂人事时就已处在新社会中，对旧社会的黑暗没有感性体验，又未经受民主革命时期各项斗争锻炼，劳动生活尚开始不久，是一支需要经过改造的队伍。
>
> ——共青团上海市委（1958年）[1]

在再造新工人的过程中，共产党人面对的是一个流动的群体，他们年龄不大、出身不同、成分各异，却因为各种各样的原因涌入工厂。在赋予这些人以新角色、去除他们身上的旧成分的过程中，"劳动人民知识化、知识分子劳动化"既是实施改造的指导原则，也是追求的目标之一。

早在革命时期，"知识分子的工农群众化"与"工农群众的知识分子化"即被正式提出。中华人民共和国成立后，这一思路进一步被高度意识形态化，

---

[1] 《共青团上海市委关于乘"反浪费、反保守、比先进、比多快好省"运动之风，进一步保证青年工人思想大跃进的调查材料（草稿）》（1958年9月14日），上海市档案馆藏，档案号C21-1-600-7。

并在1958年"大跃进"中达到高潮。具体到工厂环境中,"劳动人民知识化"主要表现为各级学校向工农打开大门,以及识字运动、职工业余教育在工厂的开展,而"知识分子劳动化"则集中体现在知识青年、知识分子深入工厂,在劳动中接受教育和锻炼。1949—1965年,共产党人再造新工人的举措体现在技术、文化、科学、艺术等多个方面,不同的工人个体做出的选择、经受的体验自然也不尽相同。

  在本书的上半部分,笔者将以"劳动人民知识化、知识分子劳动化"为线索,聚焦于知识青年进厂与文学青年出厂这两种现象,分别讨论"新工人"在技术与文化艺术两个方面的表现。一方是在学校和工厂间流动的"学生工"群体,另一方是出入于工厂和作协的"工人作家"。通过观察这两个青年群体,笔者试图揭示再造新工人的过程中,青年工人的"新角色"和"旧成分"究竟如何纠缠和竞争。

第一章

知识青年进厂与"学生工"①的演变

从1953年起,我国开始执行第一个五年计划。"一五"期间,我国在苏联等社会主义国家的援助下,启动了以"156项工程项目"为主的重点建设工程,产生了大量培养技术工人的需求。另一方面,上海虽然是技术力量相对雄厚的工业基地,但却并非"一五"期间国家投资建设的重点地区。正因如此,"积极培养技术工人,大力支援国家建设事业",就被当局视为"上海工人阶级的一项义不容辞的光荣任务"②。

根据上海市劳动局的统计,1953年上海市为外地输送技术工人13 329人次,而到了1956年,上海输出的技术工人达到了24 211人次。③ 除了抽调成熟的技术工人,代训技术人员是上海支援外地工业

---

① 相对于已经在学界被广泛使用的"农民工"这一概念,"学生工"议题尚未引起广泛关注,因而也缺乏统一的定义。在社会学界的既有研究中,一些学者使用这个概念指代进入工厂兼职或在工作单位实习的在校生。关于此类研究成果较为系统的梳理可参见夏志远:《学生工:中国工人阶级的待形成》,中央民族大学硕士学位论文,2014年。由于社会学者的研究多是基于现时的社会现象而展开的,所以研究旨趣与本章节存在一定的差异。本章所使用的"学生工"概念,主要用于描述"学徒工"介于"学生"与"工人"之间的状态,从特征上讲,"学生工"表现出更为明显的"双重性",这一群体的演变过程是本章讨论的重点,亦不赘述。
② 《积极培养技术工人大力支援国家建设》,《解放日报》1955年5月3日。
③ 《关于劳动力输送外地的材料》(1961年6月),上海市档案馆藏,档案号B127-2-364-1。

建设的另一重要方式。"一五"期间,上海为国家重点工程建设厂矿、企业培训技术人员的总数达 3.6 万人,而其中相当一部分受训人员是年轻的学徒工。① 事实上,培训学徒是上海担负的一项长期任务,在"一五"计划完成后仍旧持续开展。在 1953—1964 年间,上海市培训学徒(包括学徒工和技工学校学生)共计 72 万余人,其中本市自训 52 万余人,为外地代训 20 万余人。②

安排知识青年③入厂工作是培训学徒的重要形式。知识青年进厂既有利于上海技术工人的培养,也有助于各厂生产效率的提高或生产技术的改进,更符合执政党要求"知识分子劳动化"的愿望。然而,知识青年的"工人化"道路实际上崎岖不平。全国和地方层面的宣传基调摇摆不定,而作为工业"海绵"的上海又承受了多重压力,由此生出了许多窒碍。如何帮助这些"旧学生"成为具技术水平和阶级觉悟的新工人,也就成为需要解决的难题之一。

第一节　升学与做工:宣传动员的不同基调

一、"劳动光荣"

中华人民共和国成立初期,新民主主义的教育制度初步完成了顶层设计,教育事业在两条路径上推进:一方面,在普及小学教育、发展中等教育的规划下,有计划、有步骤地推动教育大发展;另一方面,在学校教育中有意识地增加"技术"因素,通过加强职业教育、技术教育,为国家建设输送更多技术人才。作为上述思路的直接反映,

---

① 《中共上海党志》编纂委员会编:《中共上海党志》,上海社会科学院出版社 2001 年版,第 337 页。
② 《上海市技术工人培训情况》(1965 年 4 月 20 日),上海市档案馆藏,档案号 B127-1-787-46。
③ 本章所使用的"知识青年"指的是有高小以上文化水平的青年,其中主要包括毕业生、在校生、失学青年等。

我国教育事业在短时间内取得了令人瞩目的成绩。但与此同时,受限于师资等客观条件,教育事业也逐渐明显呈现出发展不均衡的态势。到了1952年下半年,一些问题开始浮出水面。除了职业技术教育"跟不上国家建设的需要"外①,还突出表现在小学、初中发展迅速,而高中则相对滞后(如图6所示)。

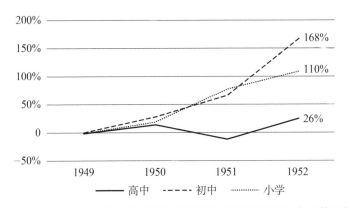

图6 1949—1952年全国中小学在校生增长速度示意图(1949年为基准年)

数据来源:《中国教育年鉴》编辑部编:《中国教育年鉴(1949—1984)》,中国大百科全书出版社1984年版,第1001、1021页。

从1953年3月起,教育部根据"整顿提高、重点发展、提高质量、稳步前进"的基本方针对教育事业进行了调整,并于当年暑期毕业前夕压缩了初中、小学的招生比例,但突如其来的招生紧缩又引发了连锁反应,导致当年不能升学的中小学生,特别是高小毕业生激增。

上海市教育发展的总趋势可被视为全国教育布局的一个缩影。1949年到1952年全市在校小学生增加了83%,中学生增加了76%。② 1953年4月,根据华东文委的指示,上海市教育局重申了必

① 《中共中央批发中央教育部党组等〈关于检讨官僚主义和对今后普通教育方针的报告〉等三个报告给各级党委的指示》(1953年9月24日),何东昌主编:《中华人民共和国重要教育文献(1949—1975)》,海南出版社1998年版,第240页。
② 《上海小学和初中毕业生升学问题大部获解决》,《文汇报》1953年9月14日。

须坚决纠正教育事业中出现的"盲目发展"的问题①,并在教育部的指导下于暑假前夕迅速调整了本市中小学招生比例。在1953年上海市小学毕业生较1952年增加17.2%的情况下,上海市初中招生人数较1952年却减少了39.5%,而当年上海市高中招生规模虽与1952年持平,但由于初中毕业生较1952年有41.4%的增幅,仍有相当大的升学压力。②

面对这场突如其来的"升学危机",上海市教育部门以增招为思路,采取增加学校、扩大班级、增加名额等方法,以尽可能保证大多数学生顺利升学。与此同时,团市委、少先队等部门开展协作,利用报纸、电台等媒介在学生家长中间初步进行了端正升学思想的宣传与教育。③

9月24日,中共中央批转了教育部党组《关于检讨官僚主义和对今后普通教育方针的报告》等文件,要求各地进一步对中小学进行整顿。④ 在"停止盲目发展"小学教育,中等教育(主要是高中)"应按需要与可能作适当的发展"的前提下⑤,中共中央首先对小学毕业生的出路重新进行了规划设计。1953年11月,政务院发布《关于整顿和改进小学教育的指示》,确定了"今后在相当长的时期内,小学学生毕业后,主要是参加劳动生产,升学的还只能是一部分"的基本原则。与此同时,要求学校在平时教育中"不应片面强调学生毕业后如何升学",而应该"强调毕业后如何从事劳动生产",以此纠正学生中存在的歧视体力劳动的错误思想,培养学生热爱劳动的思想与积极参加

---

① 《批判教育行政领导上的官僚主义》,《文汇报》1953年4月16日。
② 《上海通志》编纂委员会编:《上海通志(7)》,上海社会科学院出版社2005年版,第4981—4982页。
③ 《上海小学和初中毕业生升学问题大部获解决》,《文汇报》1953年9月14日。
④ 《中共中央批发中央教育部党组等〈关于检讨官僚主义和对今后普通教育方针的报告〉等三个报告给各级党委的指示》(1953年9月24日),何东昌主编:《中华人民共和国重要教育文献(1949—1975)》,第239页。
⑤ 《中共中央批发中央教育部党组等〈关于检讨官僚主义和对今后普通教育方针的报告〉等三个报告给各级党委的指示》(1953年9月24日),何东昌主编:《中华人民共和国重要教育文献(1949—1975)》,第240—241页。

劳动生产的习惯。①

该指示首次明确提出动员高小毕业生参加劳动生产这一要求，表明劳动教育由"虚"转"实"，从单纯的中学教育环节扩展到毕业生出路环节。12月3日，《人民日报》发表社论，进一步将作为高小毕业生出路的"劳动生产"明确为"农业生产"，将高小毕业生参加农业生产视为农业社会主义改造事业的助推力、解决落榜高小学生出路问题的"基本办法"。②

1953年全国范围内出现的升学危机、高小学生的过剩这一实际问题，迫使学校层面的劳动教育从"道德"和"技术"层面走向生产动员，而动员的范围也从在校生延伸到毕业生。而从动员高小毕业生参加生产到明确参加农业生产作为主要出路，这一微妙的变化则与1953年底农业合作化运动掀起热潮有着密不可分的关系。与中央精神相适应，各地方也开始步调一致地展开宣传，从而开启了有关学生出路问题的第一次舆论转向。

1953年12月，上海市教育局转发了教育部的指示，劳动教育开始在全市范围内展开，但这一过程起初并不顺利。对于上海大多数落榜生而言，最主要的出路还是"升学"。高小学生因为年幼，"怕考不取""怕留在家里"。大多数初中毕业生则抱着"考不进高中是失学"的观念。更多落榜生还是倾向于在家自学，等待时间再考试，而不愿参加劳动。③ 根据上海市教育局的统计，1953学年全市高小落榜生中参加自学的有4310人，从事劳动的仅有1013人。④ 而截至1953年底，上海市实际未升入高中学生人数5348人。其中已自行

---

① 《政务院关于整顿和改进小学教育的指示》(1953年11月26日政务院第195次政务会议通过)，何东昌主编：《中华人民共和国重要教育文献(1949—1975)》，第263页。
② 《组织高小毕业生参加农业劳动》，《人民日报》1953年12月3日。
③ 《关于向小学毕业生(少先队员)和初中毕业生进行宣传教育的意见》(1953年)，上海市档案馆藏，档案号A22-2-194。
④ 《上海市教育局关于1952年度—1953年度各区小学毕业生升学、从事劳动生产及自学情况综合表》(1954年)，上海市档案馆藏，档案号B105-5-901-1。

找到工作或离沪者仅 247 人,参加国防经济建设的有 887 人,最终仍有 4 214 人暂无出路。在工作人员看来,大部分学生不愿意离开上海,就业热情也不高,这些都给他们的动员增加了难度。在动员的过程中"犹豫不决""动摇不定"者不在少数,其中还不乏已经被录取而未报到,或临时变卦者。①

在劳动教育宣传初步展开而高小、初中落榜生逐渐累积的情况下,不仅动员落榜生参加生产难度较大,教育部门要完成升学任务也并非易事。1953 年底上海市教育局党组给市委宣传部的请示报告中,即对华东分配下来的中学招生任务表达了畏难情绪。在感到完成任务"非常吃力"后,该党组重申"劳动教育"是解决这一问题的重要途径,并初步确定了在初中毕业班中进行"毕业后有条件者参加劳动生产,不能参加生产者进行自学"的教育思路②。

除了教育部门、宣传部门在宣传动员过程中所遭遇的上述困难外,作为"接收方"的劳动生产部门也同样面临着一些问题。与全国范围内动员高小毕业生参与农业生产有所不同,上海从执行"一五"计划开始,逐步明确了工业基地和科学技术基地"两个基地"的定位,对于技术工人的需求量激增。进入工厂、参加生产也就自然成为落榜生的主要出路。各个工厂对于高小尤其是初中毕业生相对较为欢迎,认为他们有文化、学技术较快。③ 但在新鲜感渐退之后,工厂对于学生的吸引力逐渐降低,学生心理落差油然而生。对于工厂环境和从事体力劳动尚缺乏实际体验的学生需要相当长的时间来加以调适。与之相似,对于这些新工人的过高期待也使工厂方面产生了极大的落差。彼时上海工厂普遍开展的关于劳动纪律的教育也从侧面证实了这一状况,青年团方面对于青工不佳表现的批评,也说明在劳

---

① 《本届初中毕业未升入高中学生情况总表》(1953 年 12 月 8 日),上海市档案馆藏,档案号 B105 - 5 - 930 - 28。
② 《上海市教育局党组关于对 1954 年不能升学的初中小学毕业生的处理意见的报告》(1953 年 12 月 14 日),上海市档案馆藏,档案号 A22 - 2 - 194。
③ 钱俊瑞:《关于加强思想政治教育问题》(1954 年 1 月 27 日),何东昌主编:《中华人民共和国重要教育文献(1949—1975)》,第 288 页。

动教育的思路下基层实践的多重面相。①

在上海出现的这种新工人之不适在全国并非孤例,来自东北的调查也显示了这一问题的普遍性。调查结果显示,这些新工人最严重的问题就是"轻视劳动""看不起工人阶级",高小初中毕业生刚参加工厂工作就怕脏、怕累。有学生被分配到沈阳一工厂,转岗 30 多次,始终对工作安排不满意,最后还是跑掉了。大多数学生认为"集体性太大""太不自由""受不了"。而相较于高小毕业生,初中生的问题则主要表现为"知识分子"情绪。不少厂领导反映,初中生自以为是,不好好学技术,"不好领导"。体力劳动与脑力劳动的差异性客观存在,"劳心者治人""升学第一"等观念积久而成,有着深刻的社会基础。不仅学生如此,"家长如此","教师也如此"②。本来升学不成进入工厂也是解决生计的一条出路,但作为 1953 年突如其来的升学危机的副产品,多方对这一变化均需要相当长时间的心理适应,而劳动教育在基层的曲折实践才刚刚拉开序幕。

在 1953 年劳动教育初步展开的基础上,1954 年 1 月全国中学教育会议提出"以总路线的精神教育学生"。会议要求各中学明确"政治思想教育"的任务,特别强调要在中学生中间加强劳动教育,并将其提升到爱国主义与集体主义相同的高度。③ 与此同时,乘"反官僚主义"运动之风而出现的教育布局调整也伴随着运动的结束逐渐冷却。在教育部的指导下,上海市教育部门妥善处理了 1953 年升学危机,最终使 70%以上的小学毕业生、80%的初中毕业生顺利升学。④ 对于更多的地方干部而言,1953 年这一"关"过去了。⑤ 正因为如此,

---

① 《上海部分职工中劳动纪律松弛现象所有改进》,《解放日报》1953 年 7 月 16 日。
② 钱俊瑞:《关于加强思想政治教育问题》(1954 年 1 月 27 日),何东昌主编:《中华人民共和国重要教育文献(1949—1975)》,第 288 页。
③ 《教育部关于全国中学教育会议给政务院的报告》(1954 年 4 月),何东昌主编:《中华人民共和国重要教育文献(1949—1975)》,第 316 页。
④ 《上海小学和初中毕业生升学问题大部获解决》,《文汇报》1953 年 9 月 14 日。
⑤ 《中共中央批发中央教育部党组〈关于解决高小和初中毕业生学习与从事生产劳动问题的请示报告〉等文件》(1954 年 5 月 24 日),何东昌主编:《中华人民共和国重要教育文献(1949—1975)》,第 331 页。

1953年教育部出现了"上半年反冒进,下半年反保守"的现象。① 一方面,1953年升学危机被重新诠释,危机的出现被特别归咎于"劳动教育"的缺失和宣传工作的偏差。② 另一方面,各地党委和政府对此次危机的应对被认为是"取得相当大的成绩"③。而与之相应,危机过后,1954年招生计划制定的各项指标继续膨胀。在上海范围内,一度被压缩的初中、小学招生人数出现回弹(如图7所示)。

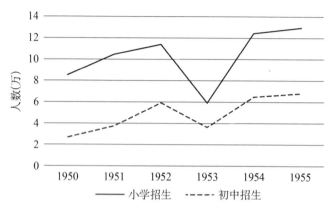

图7 1950—1955年上海市初中、小学招生人数趋势图

数据来源:《上海通志》编纂委员会编:《上海通志(7)》,第4980—4981页。

由于学生被视为可流动的人力资源,1953年的升学危机从"教训"上升为一种"经验"。各部门在处理毕业生的问题上也就显得更加自信,即认为毕业生不怕多,多了可以分流和调控。在1954年教育计划的落实过程中,"初中、高小学生是少,不是多了"的观点应运

---

① 《中央文委习仲勋副主任在全国中学教育会议上的讲话》(1954年1月27日),何东昌主编:《中华人民共和国重要教育文献(1949—1975)》,第286页。
② 《全国普通教育与师范教育工作1953年的基本总结和1954年的方针任务》(1954年4月8日政务院第212次政务会议批准),何东昌主编:《中华人民共和国重要教育文献(1949—1975)》,第298—299页。
③ 《各地党委和人民政府认真解决小学毕业生的升学就业问题》,《人民日报》1954年1月3日。

而生。在"能多招一些学生就可以多招一点"的原则下,"加强劳动教育"也就成为解决"过剩"与"发展"矛盾的有效办法。①

在研究了若干年内毕业生数字之后,教育部认为"今后不仅小学毕业生大部分不可能升学,就是初中毕业生也大部分不可能升学"②。也正是基于这一判断,相较于1953年,主要在高小学生中进行生产动员,在1954年新一轮的劳动教育中,初中毕业生也被选定为基本的动员对象。1954年4月19日,《人民日报》刊发社论,在总结1953年经验的基础上提出要在高小、初中生中间做好升学与生产的宣传教育工作。③ 5月,中宣部专门发布《关于高小和初中毕业生从事劳动生产的宣传提纲》,从理论和实践两个层面将贯彻劳动教育之必要性进行了详细阐释。提纲明确将"劳动光荣"提升到中小学教育重要目的与任务的高度,重申了初中和高小毕业生不能全部升学的现实,进而要求各地在毕业生中间批判轻视体力劳动等错误思想。④ 一场在中宣部指导下,以高小、初中生为对象的劳动教育运动在全国范围内展开。

这场自上而下的宣传浪潮回到上海,不免携带一些地方的特点。首先,曾被教育部点名的"1953年上海高小毕业生的吵闹事件",就是由上海市初中毕业生"领头"闹起来的。因此早在应对1953年升学危机的过程中,上海市教育部门就已将本地初中毕业生作为劳动动员的主要对象。⑤ 其次,考虑自身的工业基地的定位和"一五"期间的

---

① 钱俊瑞:《关于加强思想政治教育问题》(1954年1月27日),何东昌主编:《中华人民共和国重要教育文献(1949—1975)》,第289页。
② 《中共中央批发中央教育部党组〈关于解决高小和初中毕业生学习与从事生产劳动问题的请示报告〉等文件》(1954年5月24日),何东昌主编:《中华人民共和国重要教育文献(1949—1975)》,第331页。
③ 《为今年中、小学毕业生参加生产和升学做好准备》,《人民日报》1954年4月19日。
④ 《中共中央宣传部关于高小和初中毕业生从事劳动生产宣传提纲》,《人民日报》1954年5月29日。
⑤ 《中共中央批发中央教育部党组〈关于解决高小和初中毕业生学习与从事生产劳动问题的请示报告〉等文件》(1954年5月24日),何东昌主编:《中华人民共和国重要教育文献(1949—1975)》,第331页。

实际任务,上海在开展劳动教育与生产动员的过程中,进一步明确了动员郊区学生参与农业生产、城市知识青年(尤其是初中学生)接受技术训练或进厂工作的分流策略,以期符合号召知识青年转型成为新型技术青工的宣传方针。①

"劳动光荣"是劳动教育宣传的主要口号之一。上海有关部门运用报纸、刊物、广播等各种工具,面向学生家长、社会进行了广泛深入的宣传教育。1954年5月,上海市各区以区委学校教育科为主,吸收区文教科、团区委学校工作部、区公安局文保科等单位成立"组织初中高小毕业生从事劳动生产联席会议工作组",直接面向毕业生开展工作。该工作组在与产业单位接洽、对报名参加生产的毕业生审查的同时,重点在毕业生中开展教育动员。其动员的内容之一,即是培养学生树立劳动光荣的思想。②

除此之外,上海市教育局还专门提出以补充教材来贯彻劳动教育的要求。要求教师将补充教材和语文课本联系起来,利用正面教材中典型人物典型事例的分析,使学生体会到劳动最有前途。③ 根据这一精神,中小学教材内容也随之进行了调整。初中课本开始出现诸如《王永准》《筑路》等有劳动教育意义的作品。《王永准》一文以邢台县人民政府副县长为原型,刻画了主人公不怕山区恶劣环境、带领群众艰苦奋斗的形象。《筑路》一文则选自奥斯特洛夫斯基的《钢铁是怎样炼成的》一书,初中课本之所以节选这一部分,主要是为了使学生们了解到主人公保尔"高度自觉的劳动态度",并促使初中学生积极投身"伟大祖国的建设工作"之中。④

---

① 张华英、李秀文、李秀莲等:《给全华东农村高小毕业生的信》,《青年报》1954年5月11日。
② 上海市组织初中高小毕业生从事劳动生产联席会议工作组:《上海市组织初中、高小毕业生从事劳动生产联席会议工作组的工作简报》(1954年),上海市档案馆藏,档案号B105-5-1042-1。
③ 上海市教育局:《怎样通过语文课中的补充教材来贯彻劳动教育》(1954年),上海市档案馆藏,档案号B105-5-997-1。
④ 南京教师进修学院教材中心编:《初级中学语文课本第6册教学参考提纲(初稿)上分册》,江苏人民出版社1955年版,第19页。

第一章　知识青年进厂与"学生工"的演变

在教学材料改革之外,还有教学方式的调整。在学校内,教师以班级会、周会的形式进行口头教育。在学校外,学校的青年团和少先队组织学生参观工人新村、访问劳动模范,通过开展多种多样的实践活动加强学生对于劳动,特别是对于工业生产的认识。① 除了常规教育活动外,组织欣赏具有教育意义的影片、小说等文艺作品也是一种劳动教育的方式,并且这种形式在学生中间产生了深刻的影响。上海不少学校组织师生观看描写苏联培养青年技术工人的电影《走向生活》。② 捷克斯洛伐克电影《卡嘉》中那个克服困难、积极进行发明创造的针织厂女工,也给学生们留下了很深的印象。③

在上海大张旗鼓地进行劳动教育并初见成效的同时,各方在实践中也不可避免地出现了一些新的问题。不管是宣传者还是受众对于"劳动"与"升学"普遍存在模糊与左右摇摆的姿态,不仅地方干部表示宣传"劳动光荣"的尺度很难把握,不少教师在这一问题上亦表现为一种"似是而非"的态度。个别学校还出现了老师将提问题视为"拼命死钻问题",称学生一心想升学,称之为"唯有读书高"的剥削意识在作祟,"应该好好批判一下"。在学校里只讲劳动光荣、不讲认真学习的重要性,批判"唯有读书高"的思想时,某些平素肯刻苦钻研的同学产生了一种错觉和顾虑,已经在学习上产生了不敢钻研的情况。④ 有些教师过分强调劳动生产是学生毕业后"唯一的道路",以至于在某些学生中产生了等待劳动生产而放弃学习的情况。⑤ 而部分原本就不肯吃苦学习的学生,也滋生了不重视学习、放任自流

---

① 《虹口中学积极进行思想教育》,《文汇报》1954年6月17日。
② 张逸:《从影片〈走向生活〉里学习什么?》,《文汇报》1954年6月9日。
③ 小羊:《在生产中学习成功的榜样——介绍影片〈幸福之途〉和〈卡嘉〉》,《青年报》1953年4月14日。青年团华东工委:《青年团华东工委关于协助党动员与组织高小和初中毕业生从事劳动生产及自学的报告》(1954年7月13日),上海市档案馆藏,档案号A71-1-702。
④ 一权:《"刻苦钻研"和"唯有读书高"思想有无共同之处?》,《文汇报》1954年6月10日。
⑤ 中共上海市委宣传部:《关于处理本市高小和初中毕业生问题的情况及意见报告》(1954年7月9日),上海市档案馆藏,档案号A6-2-25-124。

的情绪。①

为此,教育部三令五申,要求各地纠正宣传方面的偏向。上海市教育局也一再要求全市各中学进行自查与纠错。② 劳动教育在实践层面所出现的诸多问题开始在各地逐步得到缓解。一方面,教育局牵头,团市委、宣传部相互配合,在有意愿继续报考的落榜生中间组织自学,以此来平衡升学与劳动的矛盾③;另一方面,"劳动光荣"观念开始取代"升学第一",相当一部分学生意识到毕业后有"生产"与"升学"两条出路可走了,而日趋复杂化的学生心态与社会舆论,也作为劳动教育的副产品继续发酵。④

复杂的学生心态与微妙的社会舆论变化在 1955 年得到继续发展。基于长远的考量,中央在结构矛盾尚未解决的情况下,仍然向各地提出了进一步发展初中教育的要求,"过剩"与"发展"的矛盾自然也在持续加剧。而在地方,在各地"自行设法解决"的原则之下⑤,各地渴望尽快卸掉包袱的想法也更加强烈。有些地区的学生毕业后不参加升学考试,或者是报考中等技术学校而不报考高级中学。有的地区甚至出现了学校"害怕毕业生读了不好处理",而"人为地制造留

---

① 青年团华东工委:《青年团华东工委关于协助党动员与组织高小和初中毕业生从事劳动生产及自学的报告》(1954 年 7 月 13 日),上海市档案馆藏,档案号 A71-1-702。
② 上海市教育局:《关于请及时纠正毕业生在进行劳动生产教育中的偏向问题的通知》(1954 年 7 月 27 日),上海市档案馆藏,档案号 B105-5-1242-33。
③ 中国新民主主义青年团上海市委:《青年团上海市委关于新成区组织上届未升学的高小毕业生组织自学的试点工作报告》(1954 年),上海市档案馆藏,档案号 A6-2-25-124。中共上海市委宣传部:《关于处理本市高小和初中毕业生问题的情况及意见报告》(1954 年 7 月 9 日),上海市档案馆藏,档案号 A6-2-25-124。
④ 青年团华东工委:《青年团华东工委关于协助党动员与组织高小和初中毕业生从事劳动生产及自学的报告》(1954 年 7 月 13 日),上海市档案馆藏,档案号 A71-1-702。《结合群众的实际思想情况进一步开展劳动教育的宣传工作》,《文汇报》1954 年 8 月 6 日。
⑤ 中华人民共和国教育部:《关于不能升学的应届初中毕业生的安置问题的复函》(1955 年 7 月),上海市档案馆藏,档案号 B105-5-1560-21。

级"的极端情况。①

从1955年开始,教育部向各地下发了一系列的指示,一面反复纠正各地在宣传上出现的偏差,一面督促各地注意在校生流动的问题。② 各地出现在校生流动不正常的现象,这不但反映了教育系统和生产系统之间存在协调不畅的问题③,而且折射出各方在处理剩余劳动力问题时暗中博弈的格局。在学生资源过剩的情况下,知识青年成为烫手山芋,各地教育部门和劳动局、工厂等生产部门大致呈现出一种彼此推脱的状态。在实际困难面前,各地各部门自然也就无暇顾及"长远利益"。④ 反过来说,一旦知识青年成为稀缺资源,各方的态势也会随之发生变化,甚至与此前呈现出相反的姿态。关于这一点,1956年上海发生的学生争夺战即为佐证。

二、"升学第一"

1956年1月1日,《人民日报》发表社论,号召全国"为全面地提

---

① 《教育部党组关于初中和高小毕业生从事生产劳动的宣传教育工作报告》(1955年2月11日),何东昌主编:《中华人民共和国重要教育文献(1949—1975)》,第449页。
② 《教育部关于动员组织中小学毕业生投入农业合作化运动并防止中学在校学生流动问题的通知》(1956年1月10日),何东昌主编:《中华人民共和国重要教育文献(1949—1975)》,第550页。
③ 如郑州铁路局与河南省教育厅制订了计划,吸收了部分高小毕业生加以训练,当地劳动部门批评了这种做法,并让双方检讨。山东某工厂与教育厅谈妥,吸收了50名初中毕业生,事后上级机关也叫双方做了检讨。《教育部党组关于解决高小和初中毕业生学习与从事生产劳动问题的请示报告》(1954年5月),何东昌主编:《中华人民共和国重要教育文献(1949—1975)》,第333页。文教部门也曾直言,"我们和许多方面还不通气",见《中央文委习仲勋副主任在全国中学教育会议上的讲话》(1954年1月27日),何东昌主编:《中华人民共和国重要教育文献(1949—1975)》,第286页。
④ 《教育部关于动员组织中小学毕业生投入农业合作化运动并防止中学在校学生流动问题的通知》(1956年1月10日),何东昌主编:《中华人民共和国重要教育文献(1949—1975)》,第550页。

早完成和超额完成五年计划而奋斗"①。1956年各行各业均沉浸在实现提前完成的紧张的氛围里,教育界也不例外。不过,教育部门除了承担初中学生数量实现78.6%的增长、高等教育超额完成19%的指标压力外,还担负着培养知识分子的重任。② 这一年中央对于知识分子态度的转变,使得培养知识分子的重要性凸显。从开源的角度上讲,在师资条件有限的情况下,中等教育被视为短期内可能迅速发展的领域,因之成为教育部关注的焦点。最终,中央一级教育部门作出了1956年"即使全部升学也不能完全满足高级中学和中等专业学校招生的需要"的判断。③ 教育部门本就存在的这种紧张感,更因为初中在校生的非正常流动而加剧。

进入1956年,此前在不少地区就已经出现的"在校生流动"的情况又有了新变化。在"一五"计划的推动下,各方都呈现出大发展的势头,知识青年从"剩余资源"变成了"香饽饽"。除了动员赋闲在家的落榜青年投入生产,一些地区还出现了"由乡干部直接到学校动员学生回家",或者"群众或地方党政机关到学校拉人"的情况④。1956年上半年因劳动就业而退学的共有1 763人,占上半年中学生总数的0.71%。更不乐观的是,家长对学生辍学参加生产的行为表示支持,以为不让退学是"学校故意为难",从而使学校"非常被动"⑤。全国范

---

① 《为全面地提早完成和超额完成五年计划而奋斗》,《人民日报》1956年1月1日。
② 《中华人民共和国发展国民经济的第一个五年计划(1953—1957)(节录)》(1955年7月30日第一届全国人大二次会议通过),何东昌主编:《中华人民共和国重要教育文献(1949—1975)》,第494页。《当前高等教育工作的几个主要问题——高等教育部长杨秀峰在第一届全国人民代表大会第三次会议上的发言》(1956年6月20日),何东昌主编:《中华人民共和国重要教育文献(1949—1975)》,第641页。
③ 张奚若:《目前国民教育方面的情况和问题》(在第一届全国人民代表大会第三次会议上的发言)(1956年6月20日),何东昌主编:《中华人民共和国重要教育文献(1949—1975)》,第640页。
④ 《教育部关于动员组织中小学毕业生投入农业合作化运动并防止中学在校学生流动问题的通知》(1956年1月10日),何东昌主编:《中华人民共和国重要教育文献(1949—1975)》,第550页。
⑤ 《上海市教育局,请转知有关企业单位注意国务院关于克服当前中小学生辍学现象的通知》(1956年10月31日),上海市档案馆藏,档案号B105-5-1947。

围内,一场关于知识青年的争夺战在教育部门、农业生产部门全线铺开。① 不过,这种因农业合作化高潮而引发的知识青年争夺战在上海却表现得相对平静。

从1956年1月开始,上海市教育局即已收到并转发教育部防止中学在校学生流动的相关通知,并传达了辽宁、吉林等地处理中学学生流动的经验。② 虽然上海市此前也曾出现中小学毕业生6人前往甘肃寻找工作的个案,但市教育局2月份的调查却显示,上海市各初中在校学生因参加农业生产而流动的情况并不明显。③ 事实上,直至1956年初,上海市教育局还在为如何动员不能升学的毕业生参加生产而担忧。在当年3月教育局发布的《对初中毕业生进行思想教育的提纲》中,仍以毕业生不能全部升学,不能升学不是多余的,纠正全面升学的观点作为基本精神。④ 上海市教育局之所以在完成发展指标方面表现冷静,并在宣传上也表现出一定的滞后性,多少是因为上海市在知识青年资源储备方面有着自信的底气。直到1956年毕业季之前,高小毕业生一直稳步增加,而经过若干年的积累,上海也已经滞留了大量未升学和未就业的初中毕业生(见图8)。另一方面,按照上海市教育历年的发展情况,上海在中学生的"出入"问题上基本上处于自给自足的状态,农业合作化高潮对学生的影响并不大,上海当年考生生源数目达5万余人。对照当年教育部下达的5.1万初中生的招生任务,上海市教育部原本认为任务"基本上

---

① 《教育部关于动员组织中小学毕业生投入农业合作化运动,并防止中学在校学生流动问题的通知》(1956年1月10日),何东昌主编:《中华人民共和国重要教育文献(1949—1975)》,第550页。
② 《教育部关于动员组织中小学毕业生投入农业合作化运动,并防止中学在校学生流动问题的通知》(1956年1月10日),何东昌主编:《中华人民共和国重要教育文献(1949—1975)》,第550页。
③ 《上海市人民委员会关于劝阻青年学生盲目流动的通知》(1956年3月15日),上海市档案馆藏,档案号B105-5-1947-3。《上海市教育局关于呈报应届初三毕业生数的报告》(1956年3月31日),上海市档案馆藏,档案号B105-5-1947-4。
④ 《关于对初中毕业生进行思想教育的提纲》(1956年),上海市档案馆藏,档案号B105-5-1953-13。

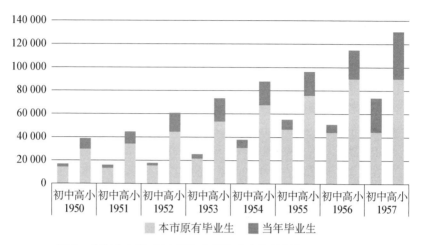

图 8　上海市小学、初中历年实际毕业生统计图(1950—1957)

数据来源:《上海市各类普通教育历年实际毕业生数统计(1950—1957)》,上海市档案馆藏,档案号 B105-7-185-126。

可以完成"①。

然而,上海市教育局的镇定和自信并未维持多久。从 4 月份开始,来自工业系统的"支援全国""满足全市工厂、技工学校"的要求,一下子改变了形势,生源争夺战最终在上海爆发。② "学生争夺战"当时是全国范围内的常态,但其他地区的生源竞争主要表现为农业部门与教育部门抢夺人力资源的竞争(因农业合作化高潮而出现),而上海的"学生争夺战"主要表现为工业部门与教育部门的竞争。如前所述,上海是全国的工业基地之一,同时又担负着工业技术支援全国的任务,协同劳动部门安排剩余的高小、初中毕业生送入工厂或技

---

① 在教育部门后来的总结中,有干部提到了此前不重视动员的情况。《对历届初中毕业生自学小组同学动员报告提纲》(1956 年 6 月 30 日),上海市档案馆藏,档案号 B105-5-1953-50。上海市自学辅导工作委员会:《关于目前初中、高小毕业自学学生的情况及今后工作的意见》(1956 年 6 月 28 日),上海市档案馆藏,档案号 B105-5-1948。

② 上海市自学辅导工作委员会:《关于目前初中、高小毕业自学学生的情况及今后工作的意见》(1956 年 6 月 28 日),上海市档案馆藏,档案号 B105-5-1948。

训练班,此前也一直是上海教育部门解决毕业问题。但因为工厂的吸纳能力有限,所以此前进入工厂的学生的数量较少。而自1955年底开始,在中央各部及各地工业部门先后发布提前完成第一个五年计划的命令后,工业部门对于新工人的需求随之激增。

在上海市大招工的风潮中,尽管劳动部门一再强调优先录取复员军人、失业工人等①,但出于对"技术工人"的巨大需求,"知识青年",尤其是文化程度较高的初中生实际是工厂招工的绝对重点。自1955年12月下旬到1956年1月中旬,在不到一个月的时间内,即有28个工业单位向上海市劳动局申请招收知识青年,结果共招收9 886人。1956年第一季度上海工业部门向劳动局申请招收知识青年计2万多人,其中有一半来自外埠。② 相较于合法的生源竞争,非法的生源争夺或许才是真正的威胁。上海市大部分中学出现了由于各工厂、企业等单位招收技工或工作人员而引起学生要求退学、休学的情况。在吸收学生的过程中,很多工厂开始绕过劳动局,采取私自动员在校生进厂的方式进行。③ 为此,从4月份开始,上海市教育局对各中等学校发出了"防止在校生流动"的警告。④

在工业部门强势介入之后,原本冷静的上海市教育局危机意识凸显,而相关的调查结果更加剧了教育部门的不安。调查显示,经过若干年"劳动光荣"的灌输教育,以及社会上逐渐形成的"升学难"的舆论氛围,越来越多的学生和家长在毕业出路的问题上,开始采取更加"务实"的态度。1956年毕业季来临之前,一般同学不像往年那样紧张,"担心自己的前途"。从数字上看,要求直接从事劳动生产的学生占有一定的比例,还有学生计划报考中等技术学校,而相当一部

---

① 《本市下半年将有十万人就业》,《劳动报》1956年8月3日。
② 《关于招收知识青年动员工作请示报告》(1956年),上海市档案馆藏,档案号B127-2-824。
③ 《关于防止中等学校在校学生流动问题的通知》(1956年4月27日),上海市档案馆藏,档案号B105-5-1947。
④ 《关于防止中等学校在校学生流动问题的通知》(1956年4月27日),上海市档案馆藏,档案号B105-5-1947。

学生并不热衷于直接报考高中。① 相似的情况还见于里弄关于社会青年(待学待业的青年)的调查。根据团市委的调查,在里弄开展自学的社会青年中,"要求就业的多于要求升学的","报考中等技术学校的多于报考高中的"。其中,在初中毕业自学学生中,要求就业的占到45.7%,要求升学的则占32.8%,在升学和就业之间"摇摆不定"的占21.5%。②

从中央到地方,各级教育部门都不同程度地感到了"学生不足"的压力。因此,在1956年毕业季前后,全国范围内宣传基调出现了逆转,即从此前大力宣传"劳动光荣"完全倒向"升学第一"。显然,教育事务的宣传再次出现了矫枉过正的情况。

1956年5月12日,《人民日报》刊发社论,指出"应届初中毕业生和往年初中毕业生应当首先满足高中招生的需要,动员初中毕业程度的青年报考学校",并要求"各地应当采取积极措施,扩大招生范围和学生来源"③。而在同期劳动部出版的《劳动》杂志上进一步强调要把初中生培养成为技术员、干部,甚至提出"不应当做一般工人使用"④。从5月开始,团市委机关报《青年报》先后转载了《人民日报》"动员初中毕业程度的青年报考学校"的社论,还发出了"根据祖国建设需要,上学去"的倡议⑤。与此同时,上海市委转发了中共中央《关于高等中学、中等专业学校招生工作的通知》,要求全市各部门配合教育局,将宣传重点由3月份批判"全面升学"迅速改为动员学生"全部报考",并防止本市学生流出,鼓励学生"就近报考"⑥。紧随其后,

---

① 《1956年应届初中毕业生思想情况简报》(1956年),上海市档案馆藏,档案号C21-2-870-36。
② 上海市自学辅导工作委员会:《关于目前初中、高小毕业自学学生的情况及今后工作的意见》(1956年6月28日),上海市档案馆藏,档案号B105-5-1948。
③ 《动员初中毕业程度的青年报考学校》,《人民日报》1956年5月12日。
④ 《要合理使用初中生》,《劳动》1956年第9期。
⑤ 《动员初中毕业程度的青年报考学校》,《青年报》1956年5月15日。《根据祖国建设需要,上学去》,《青年报》1956年5月18日。
⑥ 《对各校进行指导毕业生升学工作的初步意见》(1956年6月21日),上海市档案馆藏,档案号B105-5-1953-41。

第一章　知识青年进厂与"学生工"的演变

上海市各个部门投入到宣传之中。团市委直接面向广大自学青年进行"升学指导",妇联则分头进行家长工作,电台、《青年报》等部门展开协作,为青年升学大造舆论。为防止知识青年向工业部门的流动,上海市教育局还请劳动局在放榜前对初中毕业自学青年的输送"严加控制"①。

距离学生报考仅剩下短短一两个月时间,短期内迅速逆转的宣传要求,进一步加剧了这种紧张感,各方在动员学生报考学校的过程中因忙乱而产生了饮鸩止渴的效果。除了营造出"初中生应该升学,而不应该当一般工人"的舆论外,相关干部在动员的过程中还立足于宣传形势大好,除了宣传"今年不仅有大量的升学机会"外,为了解决学生的后顾之忧还随意承诺,即使考不上也有"大量的就业机会"②。在对历届初中毕业生自学小组同学开展动员时,也一反此前对"唯有读书高"等观点的批评,反而开始公开提倡"读书高",并将其转载于《青年报》,公开对青年学生进行宣传。③

实际上,在这场"学生争夺战"中,上海工业部门与教育部门所获得的支持力度并不能等量齐观。尽管双方同样具有"为国家建设和发展"的合理理由,但教育部门对于"升学第一"的宣传实际上来自中央层面的支持,也因之得到了上海市委的肯定,多个部门也与之密切配合。相形之下,上海市工业部门在竞争中实际上处于势单力薄的境地,这也使得工业部门不得不在宣传方面更加不遗余力。

与教育部门开展的教育说服不同,工业部门对学生的动员采取了一定的策略。在这种思路的引导下,出现了工厂建厂计划还未确定就先招工人的情况,不少工厂单纯以"物质福利"为号召,"信口许愿"。除了动员失学青年,工业部门还将目光投向在校生。对于稍有

---

① 上海市自学辅导工作委员会:《关于目前初中、高小毕业自学学生的情况及今后工作的意见》(1956年6月28日),上海市档案馆藏,档案号B105-5-1948。
② 《对历届初中毕业生自学小组同学动员报告提纲》(1956年6月30日),上海市档案馆藏,档案号B105-5-1953-50。
③ 《"毕业与志愿"简报》(1956年7月11日),上海市档案馆藏,档案号B105-5-1953-125。

意愿参加工业生产的在校生,工业部门来者不拒。有的只要学生自己说明一下已不在学校读书,工厂方面就可吸收他,"也不需要退学证明书"。而对于学生擅自离校参加工业生产的情况,学校也无可奈何。学校劝说学生回校学习,学生和家长却都认为学校不对,"甚至闹对立",学校很"被动"①。

除了工厂,工人技术学校(以下简称技工学校)也在 1956 年如雨后春笋般出现,从而为这场争夺战又增添了些许"火药味"。技工学校由失业工人技术培训班扩充发展而来,前者最早以没有技术的失业人员、社会青年和转业摊贩等为培训对象。由于生源不足,技工学校一度主要用于培训在岗青年工人以重新回炉,这些青年工人大多是"学生出身",他们既愿意参加培训,又是领导眼中的剩余劳动力,因而被送去技术学校学习。② 从 1956 年起,劳动部颁发了《工人技术学校标准章程(草案)》,要求各技工学校配备专门的生产实习场地、教室等教学设施,并要求以年龄 18 至 23 岁、初中毕业文化程度、政治清楚和身体健康的学生作为招生对象。③

一系列将技工学校正规化的举措使得上海的技工学校得到迅速发展,但也引发了不少问题。截至 1956 年 8 月,上海地区的 20 所技工学校中,有 13 所是在半年内仓促上马。大部分学校的工作处在"混乱"之中。④ 技工学校招生放在普通中学、中等技术学校之后,再加上社会上不少人对技工学校认识不足,因而招来的学生普遍文化程度较低,"部分品质很差"。1956 年上海市劳动局所属第一工人技术学校公开招生,从 4 000 多人中录取了 400 人,文化程度相当低。⑤

---

① 《关于中学流动现象的调查报告》(1956 年),上海市档案馆藏,档案号 B105 - 5 - 1947。
② 《青年团上海市工作委员会关于抽调青年工人参加技术学校学习影响生产问题的函》(1952 年),上海市档案馆藏,档案号 C21 - 2 - 243 - 9。
③ 《上海劳动志》编纂委员会编:《上海劳动志》,第 216,222 页。
④ 《关于召开技工学校工作会议的请示报告》(1956 年 8 月 6 日),上海市档案馆藏,档案号 B127 - 2 - 202 - 29。
⑤ 《关于上海工人技术学校训练班工作情况及意见的报告》(1957 年),上海市档案馆藏,档案号 B127 - 1 - 1375 - 3。

根据劳动局对当年 14 个技工学校毕业生的统计调查,学生的年龄均在 25 岁以下。其中,文化程度为高小的占 23.3%,初中的占 70.2%,高中的占 1%。① 技工学校学制一般为 2 年,任务是培养 4 级以上的年轻的全面发展的技术工人。技工学校毕业生也理应成为工厂新血液的骨干。但实际上,报名技校对于毕业生而言,只是"升学"和"就业"之后的第三个选择。②

1956 年过快发展的技工学校也有感于不利的招生形势,因而在争夺生源的过程中,屡屡出现夸大实际条件、进行虚假宣传的情况。有些学校在房子、教师没有保证的情况下就先招学生,甚至出现了学校还没盖好就先招生的情况。部分技工学校在宣传时,随意盗用其他学校的院刊,展示不符合实际的学校设施和条件。③ 加之从中央到地方,对于这一新事物仍处于试验阶段,对技工学校学生的定位、待遇、升级等问题均未有明确规定,导致各校认识模糊,从而各行其是。除了实习条件差、大部分学校毕业后不能达到培养要求外,技工学校的从属关系也并不统一,有的行政上归工厂领导,党团组织却从属于大学。④

相较于此前"劳动光荣"的宣传教育,短短两个月间铺天盖地的以"升学第一"为核心的动员教育发挥的作用可能有限。但工业部门、教育部门、新鲜出炉的技工学校在"学生争夺战"中出现的宣传偏差,以及全国范围内宣传导向在 1956 年出现的逆转,其影响却无疑是深远的。

---

① 《上海市劳动局党组关于目前上海市工人技术学校情况和对存在的几个问题的意见的报告》(1956 年),上海市档案馆藏,档案号 B127-1-265-1。
② 《上海市劳动局党组关于目前上海市工人技术学校情况和对存在的几个问题的意见的报告》(1956 年),上海市档案馆藏,档案号 B127-1-265-1。
③ 《关于最近时期群众到国务院请愿事件的报告》(1957 年 1 月)。
④ 《上海市劳动局党组关于目前上海市工人技术学校情况和对存在的几个问题的意见的报告》(1956 年),上海市档案馆藏,档案号 B127-1-265-1。

三、学生"涌入"工厂

相较于1953年,1956年上海市教育部门所面临的考验更称得上是"危机"。包括党委、团委在内的党政部门缺少应对宣传导向翻转的准备,要想在短短二三个月内统一认识,几乎是一个不可能完成的任务。中央一再下达的指示、多方对于知识青年的竞争、技工学校的仓促上马等因素叠加共振,使得这一时期上海的宣传陷于前所未有的混乱之中。正如教育部门自己所意识到的,过去一个阶段初中班主任的主要成绩,在于使学生意识到了"学习的根本目的在于参加劳动生产,中小学毕业生不能全部升学是正常现象"①。而这一个阶段,上海市教育部在宣传过程中出现了急刹车,学校的宣传和动员则几乎朝着与此前完全相反的方向推进。

关于这一点,教育局所树立的升学典型、延安中学初三学生蔡永清的自述可为佐证。根据蔡的自述,他首先报考的是中等技术学校,因为他认为,一方面,"现在在校学习,为的是将来参加劳动,学习和劳动是一致的",而技术学校只要三年就可以毕业了,升高中再升大学需要七八年的时间,是一种时间上的浪费。另一方面,他想着"祖国正在进行大规模的经济建设,需要大批大批的建设人才",而从中等技术学校毕业后他就能参加劳动,参加国家的建设。出于上述考虑,他"终于决定升入中等技术学校"。不过,在老师的指导下,又听了教育局局长的报告之后,他的思想"开始有了转变"。他认识到虽然这样的选择"没有什么不好的地方",可是自己毕竟考虑得"片面",他批评自己"只考虑到个人的一些利益",最终认识到作为"一个毛泽东时代的青年","当祖国需要我们到那(哪)里去,我们就应到那(哪)

---

① 《对徐汇区初三班主任讲话的提纲》(1956年),上海市档案馆藏,档案号 B105-5-1953-116。

里去",所以他最终放弃报考中等技术学校的想法,而是决定升高中了。① 作为一个教育局所树立的正面典型,蔡的"转变"固然有宣传的成分,但他心态上的变化却从侧面反映出上级部门在升学问题上的游移不定,以及思路上的反复。

除了放弃中等技校的蔡永清之外,教育局还推出了家庭经济困难却放弃工厂工作机会、克服困难而争取升学的初中生陈关荣。② 无论是蔡还是陈,能够对教育部门亦步亦趋、"思想上真正发生变化"的学生只是少数,更多的学生及其家长则是依据自己对于形势的观察,并从自身的立场出发进行选择。在这方面,教育部门多年来推动的"劳动教育"产生了相反的效果,加之无力升学的青年逐渐堆积,都使相当一部分家长和学生对"升学"逐渐失去信心,使得此前一直致力于批判"升学第一"的上海市教育部门反而发出了"社会上还缺乏鼓励青年升学的舆论"之感叹。③

从1953年底开始宣传"劳动光荣"以来,从中央到地方,教育部门在"升学"与"劳动"之间寻找平衡的宣传实践存在一定的偏差。1956年宣传基调上的逆转,以及社会舆论乱象丛生的局面,固然是当年新形势下各方仓促调整的结果,但也与几年之内各地在宣传方面出现的偏差不无关系。也正因为如此,1956年宣传风向的逆转进一步刺激了本就对两个出路缺乏清醒认识的学生。团市委的相关调查,恰显示了彼时学生复杂的选择与心态。根据对"升学"与"劳动"的不同态度,学生大致可分为以下几类。

第一类是坚持要升学的学生。其中大多数是那些成绩较好、家境不错、年纪较小的学生。此外,还有一些学习较好、家庭经济情况"也还好",但年龄较大的学生。这些学生认为初中毕业知识太少,不

---

① 延安中学初三班蔡永清:《我的志愿》(1956年),上海市档案馆藏,档案号B105-5-1953。
② 三联(峡)中学初三陈关荣:《克服困难,争取升学》(1956年),上海市档案馆藏,档案号B105-5-1953。
③ 上海市自学辅导工作委员会:《关于目前初中、高小毕业自学学生的情况及今后工作的意见》(1956年6月28日),上海市档案馆藏,档案号B105-5-1948。

宜直接参加工作,"要学些技术再来做工作"。他们的大多选择是中等技术学校。而这些人大多从报刊上得知当年升学问题不大,因而相当"笃定"。第二类是要求参加生产的学生。这些学生大多年龄较大、家庭经济较困难,抱着"解决生计、分担家庭压力"的想法要求参加生产。第三类则是学习较差的学生,他们对升学兴趣不大,或是认为"学习很苦",而对劳动却缺乏足够认识,认为"劳动很轻松",认为自己赚钱自己用,可以实现"经济独立"。这一类学生一般都愿意参加机器生产,他们认为"按机器那么有意思",希望到工厂去做技工,而其中大部分多少是受到工厂的宣传与"物质"条件所吸引。①

不同类型的学生的心态从侧面表明,此前"劳动光荣"宣传教育的效果的持续性十分有限。虽然"做工"的风气较之前大有改观,但志愿参加工业生产的学生大多是因为自身条件所限、为了获得更多"实惠"才选择这条道路。他们中大多抱着"荒年饿不死手艺人,有技术到处可以吃饭"的观念。

当然,除了个人理性选择动机的影响外,电影、歌曲、文学作品中不畏困难的劳动者形象,多少也使学生产生了过于浪漫的印象。如当时有一首歌叫《劳动最光荣》,是美术片《小猫钓鱼》的插曲,可以说是家喻户晓。歌曲刻画了小蜜蜂、小喜鹊等劳动时的欢乐场面,生机盎然的画面、活泼跳跃的节奏除了歌颂劳动光荣,也展示了"劳动的快乐"②。而在电影中也不乏这样的场面:工人穿着光鲜洁净的制服,在机器上轻松地操作机器,面带喜悦的神色。这些都给学生留下了"按机器那么有意思",或"浩浩荡荡地开进工厂,而工厂鸣着汽笛,开着大门,热情地迎接着他们走向伟大的劳动生活"的印象③。文艺作品所渲染的、浪漫化的工厂景观,是此前宣传"劳动光荣"的副产品。有不少学生没有深思熟虑,单凭一时的幻想、虚荣或者对于某个

---

① 《1956年应届初中毕业生思想情况简报》(1956年),上海市档案馆藏,档案号C21-2-870-36。
② 金近、夏白词,黄准曲:《劳动最光荣》,甘霖、李茂蓉、陈卓华编:《声乐教程(一)》,西南师范大学出版社2014年版,第123页。
③ 张逸:《从影片〈走向生活〉里学习什么?》,《文汇报》1954年6月9日。

新鲜事物的好奇,便轻易决定了自己的志愿。① 加之工厂、技校在争夺战中的夸大宣传与物质许诺,使得学生入厂动机更趋复杂。

除此之外,1956年对"升学第一"的宣传还使一部分学生产生了一种特殊的心态。相当一部分希望升学而一时没有条件的学生认为,"反正进了工厂做工人也可以读业余中学,将来也能考大学"。这一想法在学生中间相当普遍。② 教育部门在宣传过程中把初中生"捧得"过高,如党报党刊提出要将初中生培养成为技术人员、干部,而非工人,这就使得一些学生滋生了"大才"思想,相当数量的学生尤其是初中生,将做工看作是解决生计的"暂时选择",虽然进入工厂,但对升学仍持观望态度。而一旦发现想象与现实之间存在巨大差异,一部分学生的"吃亏上当"心态也就油然而生。③

尽管劳动部很快叫停各单位、工矿企业对知识青年的超额招收,并要求各单位对新工人进行合理分配、"人尽其才"④,但上海各工厂招收知识青年的情况仍旧滚雪球般地发展,并在1956年普通中学放榜之后达到高潮。1956年的"不升学危机"事后证明不过是升学泡沫破裂的表现。在学生报考前对生源不足的宣传虽然铺天盖地,但实际上1956年暑期初中、高小不能升学的毕业生仍有27 072人,其中初中生数量是高小学生的两倍。加上此前上海已经积存的高

---

① 电影对于学生志愿的影响最突出的在"拖拉机手"的想象上,诸如苏联电影《幸福的生活》反映集体农庄的电影的放映,使得做拖拉机手成为一个时期女学生的理想工作。(上海市人民政府教育局副局长)杭苇:《为祖国建设需要而升学》,《文汇报》1952年6月11日。此外,一些文学作品也反映了这一美好憧憬与现实之间的差距。胡万春的小说《工人》的主人公阿兴是一个从学校毕业分配进工厂的新工人,他怀着对工人的憧憬和在学校学到的"自豪感"成为工人,却并不知道什么是"工人"。
② 《关于中学流动现象的调查报告》(1956年10月13日),上海市档案馆藏,档案号B105-5-1947。
③ 中华人民共和国劳动部:《关于目前初中生的招收、使用情况及存在问题的报告》(1956年7月18日),上海市档案馆藏,档案号B105-5-1948。
④ 中华人民共和国劳动部:《关于目前初中生的招收、使用情况及存在问题的报告》(1956年7月18日),上海市档案馆藏,档案号B105-5-1948。

小学生9万余人,初中毕业生5万余人,知识青年再次成为过剩资源。①

对于落榜的学生而言,参加工业生产成为他们的第一选择。此时,初中毕业生要求参加劳动的人数过多和劳动部门输送人数较少之间的矛盾凸显出来。但由于1956年多个部门都将主要精力放在"升学"的宣传上,劳动局对于大量学生,特别是初中生要求参加工作的形势实在疲于应付。直到9月,由市委统一领导,市委工业生产委员会、教育局、劳动局及团市委等单位组成工作组,仓促间安置了一批初中生。对于不能吸收的毕业生,除了动员支援外地或安排垦荒外,都以代训学徒工的形式加以安排。② 最终,1956年,全市在近2000个工厂中,招收学徒43 162人,还有一部分则被吸收进技工学校。其中重工业系统占到75%,轻纺工业占22%,建筑业占3%,其中又有44.1%是为内地新厂代训的学徒工。③

第二节 新工人,旧学生

一、工厂里的"学生"

在教育系统之外,我们再将目光转移至工业系统。据保守估计,1956年上海市工厂企业新增工人14万人左右。④ 在所有的新

---

① 《上海市各类普通教育历年实际毕业生数统计》,上海市档案馆藏,档案号B105-7-185-126。《上海市中等技术学校招生工作会议记录》(1955年6月),上海市档案馆藏,档案号A23-2-77。
② 《关于中学毕业生的安排情况与建议(草案)》(1956年9月15日),上海市档案馆藏,档案号C21-2-2035-51。《关于今年输送不能升学的初中高校毕业生从事劳动生产的初步意见》(1956年),上海市档案馆藏,档案号B127-2-824。
③ 《上海劳动志》编纂委员会编:《上海劳动志》,第211页。
④ 《上海市工会联合会关于上海工厂企业新工人、青年工人会议记录》(1956年12月13日),上海市档案馆藏,档案号C1-2-1819。《上海工运志》编纂委员会编:《上海工运志》,第219页。

工人中,占比最大的是刚"脱下学生装的学生",且主要占据工业和基建部门。① 电机厂 1 705 名新工人中有 1 182 人是学生出身,机床厂 816 名艺徒中有 603 人原是学生。② 机械厂新工人的来源和成分,最大多数也来自失学青年,其中绝大部分又是高小和初中毕业生。③ "一五"末期,上海培训学徒的任务加重,成为全国"培养技工的学校"④。在 1956 年新增的工人中,绝大多数是自训或代训的学徒。⑤ 1956 年,上海市培养的学徒共 42 316 人,相当于前四年总数的一倍以上,学徒分布在全市 1 200 多个机电、交通、轻纺、化工等工厂学习,其中各厂自训的有 24 107 人,代训的有 18 209 人。根据劳动部门对托训的 14 514 名艺徒的调查,其中绝大多数是青年,具备初中文化程度者 2 131 人,高小文化程度者 11 014 人,初小文化程度者则有 1 369 人。⑥

对于急需培养技术工人的上海工业部门来说,文化水平较高的知识青年进厂原本是一种积极现象,但是,1956 年大批知识青年进厂乃是有关部门在调控失衡的情况下仓促应对"危机"的结果。同时,1956 年"升学危机"前学校与工业部门都更热衷于动员知识青年进厂,而对于"新工人"的培养与教育却一度有所忽视。初入工厂的

---

① 《上海市工会联合会关于上海工厂企业新工人、青年工人会议记录》(1956 年 12 月 13 日),上海市档案馆藏,档案号 C1-2-1819。另见《上海工运志》编纂委员会编:《上海工运志》,第 367 页。
② 《共青团上海市委关于乘"反浪费、反保守、比先进、比多快好省"运动之风,进一步保证青年工人思想大跃进的调查材料(草稿)》(1958 年 9 月 14 日),上海市档案馆藏,档案号 C21-1-600-7。
③ 《上海市工会联合会关于召开上海市工厂企业新工人、青年工人会议情况的报告》(1957 年 1 月 11 日),上海市档案馆藏,档案号 C1-2-1819-201。
④ 《关于上海市艺徒培训中政治思想工作情况的调查报告》(1957 年 2 月 14 日),上海市档案馆藏,档案号 C21-2-865-4。《上海——培养技工的学校》,《青年报》1956 年 8 月 28 日。
⑤ 《关于上海市艺徒培训中政治思想工作情况的调查报告》(1957 年 2 月 14 日),上海市档案馆藏,档案号 C21-2-865-4。
⑥ 《关于上海市艺徒培训中政治思想工作情况的调查报告》(1957 年 2 月 14 日),上海市档案馆藏,档案号 C21-2-865-4。

知识青年面临着诸多考验,心态调适尤其不易。一方面,各个工厂对于高小、初中毕业生比较欢迎,工厂领导普遍认为他们知识水平高,能够更好地掌握技术,有助于缓解本厂技术工人缺乏的情况[①],工厂对于这些人表现出热烈欢迎的姿态。另一方面,在"欢迎会"结束之后,工厂的运转立即进入正常状态。部分工厂热衷于招收知识青年进厂,进厂之后对他们的技术培养却较为缓慢,而这些青年人普遍急于学好技术,尽快升级,双方之间难免发生摩擦。[②]

上述情况,早在1953年上海各工厂对青工开展劳动纪律教育的过程中就已经初步暴露出来了。[③] 这些此前已经被各地工厂陆续发现的问题,在1956年达到高潮。被仓促安置进入工厂的学生普遍出现了"水土不服"的情况。他们大多还是保持着学生时代的习惯与趣味,与工厂环境格格不入,与老工人矛盾不断。他们更因为想象与现实的差距而产生了"失望"的情绪,进而对工作产生消极抵抗的态度,因此在工厂中形成了一个"学生"的小圈子。这些学生所自发形成的文化圈远远超出"阶级"的划分标准,而"知识青年"在进入工厂艰难调适的同时,也很大程度上影响了工厂的生态,也给工厂带来了新的景观。这些青年给工厂带来了"学生气",其他青工耳濡目染的也不在少数。根据上海市总工会、团市委等部门后来披露的材料反映,这些新工人的"学生气"主要表现在以下几个方面。

首先是升学思想。早在《人民日报》发表"关于动员初中毕业程度的青年报考学校"的社论后,全国就开始出现了已经进厂的初中生"拿着报纸社论集体要求报考,不满足就到中央请愿"的情况。除了新招收的工人"坐立难安",一些已经从事生产的技术工人、干部和已经从技校毕业的学员也纷纷要求重回学校,"报考"并升学,"工作情

---

① 钱俊瑞:《关于加强政治思想教育问题》(1954年1月27日),何东昌主编:《中华人民共和国重要教育文献(1949—1975)》,第288页。
② (国营上海衡仪器厂青工)左元淳、赵生全、刘长俊:《国营上海衡仪器厂领导上不重视对艺徒的技术教育》,《青年报》1953年2月27日。
③ 《青年团上海市委关于光华电线厂团员青年工人劳动纪律及经济主义思想的情况调查》(1953年),上海市档案馆藏,档案号C21-2-363-67。

绪不稳定"①。在上海,上述情况也较为普遍。有些学生出身的新工人,只有"抽象的光荣感",认为工厂不温暖,"把做几年工视为跳板",认为"将来可以考大学","要有出息,就得当工程师、艺术家"。上海工具厂有团员表示自己对工厂并无"感情",中午半小时时间也不愿留在厂里,"宁愿去荡马路"。对于进厂做工,有些青工原本就不大情愿,现在听说可以升学,积极要求"去考大学"。新华印刷厂有的青年夜间读书,还有的忙于学代数、学俄文,认为体力劳动者没出息,要争取做脑力劳动者,把目前的职业当做"过渡职业",全力准备将来考取学校。② 真正抱着为祖国经济建设而进入工厂的学生数量有限,更多的则是在读书时"理想很多","最喜欢的是升学,其次是劳动"。而进入工厂后,深深感到"现在和过去的确不同",进而打了退堂鼓。③ 江南造船厂40个女艺徒中,40%以上不愿当工人,想转业当护士或回学校读书。④

其次是知识分子情绪。相当一部分学生出身的新工人看不起产业工人。有的女工将饭盒放到书包里,"装成学生模样"。有的青工特地买了旧西装,配了眼镜,外出时"谎称自己是技术员",有的则涂改自己的工卡为"技术工人"。他们中还有不少人自诩文化水平较高,忽视劳动实践的作用,看不起老工人的实际经验。还有的学生与老工人住在一起,觉得学习不方便,作息时间不一致,矛盾不断。⑤ 机

---

① 中华人民共和国劳动部:《关于目前初中生的招收、使用情况及存在问题的报告》(1956年7月18日),上海市档案馆藏,档案号B105-5-1948。
② 《上海市工会联合会关于新工人、青年工人会议收集的青年工人某些不良现象的材料》(1956年12月20日),上海市档案馆藏,档案号C1-2-1819-167。
③ 《上海市总工会关于钟民等同志在上海市工厂企业新工人、青年工人会议上讲话记录稿》(1956年12月13日),上海市档案馆藏,档案号C1-2-1819。
④ 《关于上海市艺徒培训中政治思想工作情况调查报告》(1957年2月14日),上海市档案馆藏,档案号C21-2-865-4。
⑤ 《上海市总工会召开上海市工厂企业新工人、青年工人会议情况报告》(1957年1月11日),上海市档案馆藏,档案号C1-2-1819-184。《杂务清洁工人为啥苦闷》,《劳动报》1957年7月8日。《共青团上海市委组织部关于郭吉青申诉案的复议决定》(1961年9月11日),上海市档案馆藏,档案号C21-1-863-207。

床厂有724个学徒不安心工作,觉得做工没有前途。有学徒将机器厂工人称为"铁鬼",觉得工人身上都是铁腥气,"很龌龊"①。大隆机器厂有些女学徒怕手上磨出茧子,"跳舞时不光彩"。上海自行车厂有些初中生认为做工不能发挥光和热,是浪费他们的青春,认为车工是机械化,"最吃香",钳工属于手工业,劳动强度高,"也不合理想"。被分配学锻工铸工的学生则认为"这样终身就完了"。盈泰翻砂厂20个学徒进厂后,次日一下子溜走了7个,他们认为这项工作"冬冷夏热""又脏又苦""没出息",还是"另找出路"为妙。②

再次是对体力劳动估计不足。很多学生进厂之初很兴奋,觉得参加国家工业建设很光荣,但是对劳动生产"认识抽象化"。而一些工厂当初招工时过分宣传"前途的美好",夸大工业生产的机械化程度等,使得一些青年学生出身的新工人原先把工厂"想的(得)很美丽",如有电器化的大车间,有宫殿式的俱乐部,还有花园式的运动场。③ 有青年在电影里,"看到做工只要按按按钮",或者从书本上看到"工人阶级的伟大",但是在工厂中却无法体会。④ 甚至还有部分人以"领导阶级"自称,以为既可以"得意的(地)当学生",又可以"光荣的(地)当工人","既有出路","又有钞票"⑤。这一时期劳动部门和团市委在树立学徒典范的过程中,无一不采取"不适应—适应—取得成绩"的叙述逻辑,也从侧面证明了这些问题是普遍存在的。

---

① 《上海市总工会关于钟民等同志在上海市工厂企业新工人、青年工人会议上讲话记录稿》(1956年12月13日),上海市档案馆藏,档案号C1-2-1819。
② 《关于上海市艺徒培训中政治思想工作情况调查报告》(1957年2月14日),上海市档案馆藏,档案号C21-2-865-4。《华东工程管理总局关于一九五七年五、六月份处理工人闹事问题的小结》(1957年10月5日),上海市档案馆藏,档案号B54-1-5。
③ 《华东工程管理总局关于一九五七年五、六月份处理工人闹事问题的小结》(1957年10月5日),上海市档案馆藏,档案号B54-1-5。
④ 《上海市工会联合会关于上海工厂企业新工人、青年工人会议记录》(1956年12月13日),上海市档案馆藏,档案号C1-2-1819。
⑤ 《上海市工会联合会关于召开上海市工厂企业新工人、青年工人会议情况的报告》(1957年1月11日),上海市档案馆藏,档案号C1-2-1819-201。

第一章　知识青年进厂与"学生工"的演变

学生出身的新工人初入工厂，新角色与旧成分之间产生矛盾，这本来是一种正常现象。但无论是事前各方的宣传基调，还是事后工厂对新工人的安置，都存在一些失当之处。在争夺劳动力的过程中，很多工厂企业抱着储备资源的想法超额招工。尽管新工人呈现出过剩的情况，但大部分工厂担心把他们放走了，"万一明年工厂的任务扩大了，又要到哪儿去找人？"①不仅部分工厂出现了初中毕业生在工厂打杂的现象，还有中技生被分配进厂之后也因无事可做而被闲置。②

这种情况在兼有工厂与学校双重性质的技工学校中也存在。劳动部门对于技工学校的定位是"既有工厂的性质，又有学校的性质"③。技工学校的双重性质也使技校学生有了既是学生、又是工人的双重面目。加之有关部门对技工学校的性质认识模糊，学校学生有时被称为学员，有时被称为学生。尽管不少学生是抱着"学习"的目的走进了技工学校，但在实际过程中，技校学生下厂，充当工人使用的情况十分普遍。有技工学校出现了"剥削学生""唯利是图"的现象，只知道"用学生创造价值"，不在乎"学生又学到了什么"，或随意调工种，对此，学生感到"很痛心"，纷纷表示技工学校"骗人"④。而技校老师却抱怨浪费青春，领导干部闲到"数草纸"的地步。⑤

从1956年6月到12月间，全国范围内发生了多起由初中生组成的技工学校学生请愿事件。这些学生的诉求集中在转入中等技

---

① 刘宾雁、陈伯鸿：《上海在沉思中》，《中国青年报》1957年5月13日。晓谷、蔡林荣：《不要让他们再浪费青春了》，《青年报》1956年7月27日。《中技学生在打杂，了解半天不解决》，《青年报》1956年9月25日。
② 《钟民号召新工人加紧锻炼，成为工人阶级优秀战士》，《劳动报》1956年12月14日。《杂物清洁工人为啥苦闷》，《劳动报》1957年7月8日。《这不是"大材小用"的典型吗？》，《青年报》1957年7月4日。
③ 《关于上海工人技术学校训练班工作情况及意见的报告》(1957年)，上海市档案馆藏，档案号B127-1-1375-3。
④ 《青年团上海市委关于范希彭同志介绍有关技校情况的材料》(1956年)，上海市档案馆藏，档案号C21-2-856-116。
⑤ 《一个技工学校的怪事》，《劳动报》1957年1月4日。

学校学习和提高生活待遇方面。国务院在转发相关文件时,批评了学生"轻视体力劳动的观念",但同时也坦言"我们有些言论、措施还在助长这些行为"①。这些所谓的"言论措施"恰指的是前文所述的"升学第一"的宣传偏向。而学生进入技工学校,他们中有的人被闲置,学不到技术,还有的人提前下厂,成为普通工人,加之技校宣传与实际之间的落差较大,这多少可以解释为何从中央到地方频繁发生技校学生请愿事件。

无论问题产生的原因多么复杂,针对已经在各工厂企业出现的层出不穷的新情况,相关部门无疑要通过对新工人进行教育和做思想工作予以解决。1956年12月,上海市总工会专门召开关于新工人、青年工人的会议。会上,上海市总工会、团市委要求各工厂企业将教育新工人作为一项重要任务。会议还一致通过了《给全市新工人、青年工人的一封信》,号召全体新工人、青工"奋发前进",为社会主义建设贡献出"一切力量"②。会后,不少工厂依托"依靠老工人、教育青工"的思路,先做好老工人的工作,号召老工人处处以身作则,再发动青工在日常生产、学习、生活等方方面面都向老工人学习。③ 团市委、市青联、市学联等部门还联合发出通知,要求全市在青年中加强革命传统教育,以纪念上海工人三次武装起义三十周年为契机,发动老工人以开展回忆和作报告等方式教育青工。④ 不过,就在工厂企业对新工人展开教育的同时,一系列问题与矛盾也在不断发酵,并最终以一种更激进的方式呈现出来。

---

① 《关于最近时期群众到国务院请愿事件的报告》(1957年1月)。
② 《做建设社会主义的好战士》,《劳动报》1956年12月15日。
③ 中国第一机械工会上海委员会:《关于贯彻上海市新工人、青年工人会议精神,加强对职工进行政治思想教育工作的计划(草案)》(1957年1月29日),上海市档案馆藏,档案号C13-2-293-32。
④ 《向青年加强革命传统教育》,《劳动报》1957年3月25日。秋枫:《沪东工人纠察队旗开得胜》,《劳动报》1957年3月22日。《老工人作报告》,《劳动报》1957年3月22日。

二、学徒工：学生与工人的内部合作

从 1956 年下半年开始，上海市工厂企业中开始零星出现工人闹事的情况。工人闹事在 1957 年 5、6 月份达到高潮，于 9 月基本平息。① 在事后总结时，学徒请愿、工人罢工被混淆，并以"工人闹事""上海工潮"笼统地加以概括。② 实际上，不同工人在工潮中表现出不同的闹事手法，也因此呈现出一些值得关注的特点。其中 1956 年底上海仪表厂发生工人请愿事件，虽最终得到控制，但代表了另一种以往不为学界关注的闹事形态。事件过程是，上海机器制造学校的毕业生 12 人被分配到上海仪表厂，他们对工资和定级感到不满，但起初并没有请愿的意愿。后在"同学聚餐"时得知分配到自行车厂的同学生活困难，此事激起他们的愤慨。后由分去上海仪表厂的几位同学牵头，联合上海自行车厂、上海工具厂等"兄弟厂同学们"共同到上海市劳动局申诉。③ 虽然此次闹事规模较小并经各厂调解而平息，但其所表现出来的诸如利用"学缘"关系发动请愿等特点很快在上海工人新一轮的闹事风潮中再次出现，其中表现最明显的即是"学徒请愿"。

1956 年度上海劳动部门共组织了 14 510 名知识青年，放在近 1 200 个国营、地方国营、公私合营机电工厂中进行生产培训，当时确定学习期限为一年，要求达到三级万能技工水平，根据下厂日期的先后，这些青年将在 1957 年各个月度结业，其中为各地输送 7 589 人，

---

① 中共上海市工业工作委员会党史资料征集办公室编：《中国共产党上海市工业系统党史大事记(1949.5—1987.12)》，上海人民出版社 1991 年版，第 47 页。
② 参见高爱娣：《1956—1957 罢工潮及党和工会的反思》，《学海》2012 年第 4 期。沈智、李涛主编：《上海劳动志》，上海社会科学院出版社 1998 年版。Elizabeth J. Perry, "Shanghai's Strike Wave of 1957," *The China Quarterly*, No. 137 (Mar. 1994), pp. 1–27. 林超超：《合法化资源与中国工人的行动主义：1957 年上海"工潮"再研究》，《社会》2012 年第 1 期。
③ 一机部设计二分局：《关于上海机器制造学校毕业生见习期问题的报告》(1956 年 12 月 22 日)，上海市档案馆藏，档案号 B127 - 2 - 953。

地方留用5568人。① 由于1956年各行各业普遍存在招收过多、人力过剩的情况,加之1957年上海市执行精简机构,国务院和人民委员会1957年1月份分别发出了《关于有效地控制企业、事业单位人员增加,制止盲目招收工人、职员现象的通知》。② 而在中共八届二中全会确定了"适当收缩,保证重点"的原则之后,各部很多基建任务先后推迟或变更,劳动力出现了大量剩余,因此对在沪代训学徒按期接收也产生困难。初步同意按期外调的有4759人,不能按期接收的有1930人,要求解除合约而明确表示不能外调的还有400人。到了1957年初,上海方面面临的形势已经相当严峻,即使是暂时确定可以按期外调的单位也不能保证是否会有新变化。如此一来,原本预备做地方留用的学徒,也因为外调问题无法解决,不能马上宣布留用。加之上海已经出现钢材不足的情况,培训的学徒还存在工种行业不配套等问题,"生产很不正常"③。

1956年的上海市劳动局还在为输出技术工人倍感压力,1957年上海面临的考验则是如何吸纳大批学徒。在这种情况下,上海成为一块工业海绵。到了1957年初,上海市劳动局在对现有学徒的技术水平进行评估的基础上,制定了1956年度生产培训学徒期满结业处理方案。要求各单位"从内部统一认识",采取"暂时不考工",一年期满后"一律不评等级、不开工资、适当提高其津贴标准"等措施,希望以此缓解大量无法输送的学徒问题,而这一方案秘而不宣。④

1957年4月17日,国务院发布了关于延长学徒学习期限的规定。5月8日,团中央机关报《中国青年报》率先刊登了学徒延期不能

---

① 《上海市临时工作委员会(处理人民内部矛盾问题)关于处理闹事的情况报告》(1957年1月)。
② 《上海市临时工作委员会(处理人民内部矛盾问题)关于处理闹事的情况报告》(1957年1月)。
③ 《1956年度生产培训艺徒期满结业处理方案》(1957年),上海市档案馆藏,档案号B127-2-953。
④ 《1956年度生产培训艺徒期满结业处理方案》(1957年),上海市档案馆藏,档案号B127-2-953。

第一章 知识青年进厂与"学生工"的演变

按时转正的说明。① 上海市总工会机关报《劳动报》随即转载。② 消息传来,在上海的工厂企业中很快引起反响,掀起了第一轮学徒请愿的高潮。据上海市劳动局不完全统计,仅仅在10天左右时间内,全市各区人委受理的学徒工请愿人数超过了1 100人,另有许多工厂内部发生了学徒工闹事的情况。③

此前技工学校对如何培养学徒认识模糊,工厂企业虽尝试通过订立师徒合同的方式完善学徒制度,但满师时间与条件也存在标准不一等问题。④ 另外,1956年涌入工厂的学徒普遍抱着第二年在技术上可以达到三级,可以马上分配工作的想法。⑤ 此时,学徒不能按期转正的消息传来,无疑成为学徒更大规模闹事的导火线。

国务院在1957年4月17日发布的关于延长学徒学习期限的规定中,还进一步明确了"学徒"的范围,即"在生产、工作中培训的学徒或练习生,在工人技术学校、工人技术训练班培训的学员或学生,都属于学徒的范围"⑥。这一概念的厘清,将以往因身份模糊而被屏蔽在"学潮""工潮"之外的技工学校学生纳入到"学徒"范畴之中。这也给我们讨论学徒请愿风潮提供了一个新的切入口。

政府对于工人、学生的联合闹事一直保持着警惕。1957年6月6日,毛泽东在起草《中央关于加紧进行整风的指示》时,曾一再强调,"机关学校出大字报的消息,报纸不应登载,以免影响中等学校及工厂","对于工厂和中等学校,目前不要整风,但要主动下楼"。此外,毛泽东还特别提到,因暑假将至,京沪及各地大学生将回家,"其中有些

---

① 《为什么徒工今年不出徒》,《中国青年报》1957年5月8日。
② 《国务院发出通知,延长学徒学习期限》,《劳动报》1957年5月10日。
③ 《上海市劳动局关于五、六月份处理职工闹事问题的工作报告》(1957年7月15日),上海市档案馆藏,档案号B127-2-64-24。
④ 《听听学徒的呼声》,《劳动报》1956年10月7日。
⑤ 《关于上海工人技术学校训练班工作情况及意见的报告》(1957年),上海市档案馆藏,档案号B127-1-1375-3。
⑥ 《国家劳动部关于对学徒延长学习期满及工人技术学校毕业生定级的意见》(1957年8月20日),上海市档案馆藏,档案号B127-1-1378-8。

人将到处活动",他提示各地干部"应争取主动","并准备适当应付"①。

实际上,不同于裴宜理对于"上海工潮中并未实现学生和工人联合"的观察,如果将上海工潮中的"学徒闹事"与同样持久的技工学校学生请愿事件综合来考察,即可发现一种更隐蔽的"学生"与"工人"的内部合作,而兼有学生与工人双重身份的学徒在闹事的过程中恰表现出一种学工一体的合作方式。② 这些被视为新工人的学徒普遍采用"请愿"的方式,且过程中多能做到有组织、有步骤,更在以下方面表现出"学生"的特点。

首先,学徒在闹事过程中多以"地缘、学缘"为纽带开展串联,甚至称观战学习为"留学"。③ 不少学徒有感于"同学"之间工资之差异进而发动闹事。永安一厂招收的中学生工资高低不一,这种现象引起了工资较低的中学生与247个学徒工的不满,进而联合起来闹事。④ 上海电焊机厂技校学员也是因为同时进厂有两种待遇,感到"很不满意",遂集体闹事。⑤ 还有不少已经进厂的技校学生不仅在本厂闹事,还抱着"自己不能学习,也不让别人学习"的想法回原学校闹事。⑥ 一些工厂的学徒奔波来往于各厂,通过开展厂际之间的合作扩大影响,部分区出现了20个厂、300余名学徒集体请愿的情况。⑦ 合营棉纺

---

① 《中央关于加紧进行整风的指示》(1957年6月6日),中共中央文献研究室编:《建国以来毛泽东文稿》第6册,中央文献出版社1992年版,第491—492页。
② Elizabeth J. Perry, "Shanghai's Strike Wave of 1957," *The China Quarterly*, No. 137 (Mar. 1994), pp. 1-27.
③ 《上海市机电工业局劳动工资处关于本局处理闹事问题的小结》(1957年8月),上海市档案馆藏,档案号B54-1-5。《工厂闹事的新趋向》,上海市人民委员会办公厅编印:《情况反映》(1957年6月6日)。
④ 《永安一厂存在闹事苗子》,上海市人民委员会办公厅编印:《情况反映》(1957年5月29日)。
⑤ 《七个国营、老合营厂技工学校部分学员要求提高待遇闹事》(1956年11月19日),中共上海市委重工业工作部办公室编印:《情况简报》第23期,上海市档案馆藏,档案号A36-2-135。
⑥ 上海市临时工作委员会编印:《动态》(1957年6月11日)。
⑦ 《劳动科五、六月份处理职工闹事问题的工作小结》(1957年),上海市档案馆藏,档案号B54-1-5。

厂的中技生以沪东申六、沪西永三两个厂为中心,发动进入此两个厂的同学代表在中山公园和黄浦公园集会,随后到处印发信件,号召大家一致行动。他们的活动从合营厂扩大到国营厂,在上海之外,还与天津、郑州等地相联系。①

其次,学徒普遍通过读书看报及时掌握讯息,并广泛采取"请愿"的方式。这些学徒密切关注国内动态,他们不仅通过解读党报党刊第一时间听闻风声,对于党报党刊前后叙述中出现的矛盾亦能清楚掌握。上海电机厂技校钳工205班学员在阅读了"匈牙利事件"的当晚,全班26人即联名写信要求改善生活,与"学潮"的情况极为相似。② 不少学徒对于政策有一套自己的解读。在请愿的过程中,他们往往对干部步步紧逼,令其底气不足,难以答复。③ 除此之外,有技校学生仿照《解放日报》的样子,搞了综合性报道,在全校同学中广播,以此扩大影响。还有学徒利用工会会场召开座谈会,邀请报纸记者出席,让报纸披露他们开会的情况。④ 另有不少技校学生通过与记者保持密切联系,及时掌握其他工厂的情况,随时更改闹事方式。⑤

再次,学徒善于利用年龄与阶级保护伞,使用"纠缠"等方式博取同情。劳动局第一工人技校原本计划对闹事学员家长进行访问工作,却反而被学生借此机会向家长诉苦,争取同情。蓬莱区部分学徒乘团区委上团课时,向报告人提出延期问题并要求团干部当场答复,

---

① 《上海棉纺织工业公司关于处理职工闹事问题的工作小结》(1957年),上海市档案馆藏,档案号B54-1-5。
② 《七个国营、老合营厂技工学校部分学员要求提高待遇闹事》(1956年11月19日),中共上海市委重工业工作部办公室编印:《情况简报》第23期,上海市档案馆藏,档案号A36-2-135。
③ 《部分艺徒酝酿闹事》,上海市人民委员办公厅编印:《情况反映》(1957年5月25日)。
④ 《水产学院学生坚决要求建造游泳池》,上海市人民委员办公厅编印:《情况反映》(1957年5月28日)。《市机电工业局各专业公司闹事情况统计》(1957年),上海市档案馆藏,档案号B54-1-5。
⑤ 《第一技工学校闹事学生酝酿推派代表赴京请愿》,上海市人民委员办公厅编印:《情况反映》(1957年6月9日)。

结果团课成了学徒请愿会,令区委书记、区长猝不及防。学徒闹事后,不少工厂"怕关系搞僵",派出干部进行调节。结果企业领导在作解释,学徒"东讲一句""西说一句""嘻嘻哈哈",抓住一句岔子就哄堂大闹。还有学徒写信给政协,威胁要用"向社会各界散发呼吁书"的方式"去讨饭"①。

实际上,站在技工学校学生的立场上,对于自己是否是"学徒",大部分人也呈现出一种矛盾的心态。一方面,不少学生对学校很眷恋,对改称为"学徒"不满意,认为如改称为学徒,就要算离开技工学校划给工厂领导了。② 另一方面,"学徒"身份对一部分生活困难的青年而言,又意味着待遇的提高。而在究竟是学徒还是学生的问题上③,不仅技校学生认识模糊,有关部门在陈述时也不甚清楚,他们时而称之为"学生",时而称之为"学徒",有时则称之为"学员"。④ 从延期升级的角度上讲,将技校学生与学徒混为一谈,当然可以将问题简单化,但双方在实际待遇中的差异又无疑给这场风波埋下了定时炸弹。

三、青老工人再分野

进入7月以后,由于反右派斗争与社会主义教育运动的开展,闹事风潮逐渐冷却。9月全民开展"整风"之后,"工潮"渐趋于平静。上海"工潮"从1956年下半年开始出现,到1957年5、6月份达到高潮,涉及全市587个工厂企业,有3万余工人参与其中。⑤ 参与的工人身

---

① 《上海市临时工作委员会关于一九五七年五、六月份处理职工闹事问题情况的报告》(1957年),上海市档案馆藏,档案号B54-1-5。
② 上海市人民委员会办公厅编印:《情况反映》(1957年5月25日)。
③ 上海市人民委员会办公厅编印:《情况反映》(1957年5月29日)。
④ 《部分艺徒酝酿闹事》,上海市人民委员会办公厅编印:《情况反映》(1957年5月25日)。
⑤ 中共上海市工业工作委员会党史资料征集办公室编:《中国共产党上海市工业系统党史大事记(1949.5—1987.12)》,上海人民出版社1991年版,第47页。

第一章 知识青年进厂与"学生工"的演变

份多种多样,既有工会干部,也有普通工人,既有学徒、临时工,也有老工人。① 这场涉及面广、参与人数多的"工人阶级"的闹事风潮,再次将"依靠谁"的问题推到政府面前。

1957年10月27日,作为处理"工潮"的主要机构,上海市临时工作委员会出具了一份情况说明,全面回顾与总结了这场"工潮"。在总结中,上海市临时工作委员会对参与群众进行了分析,得出了参与闹事的群众中"青年工人多""新工人多""老工人特别是老年工人一般表示比较冷静"的结论。②

实际上,上海"工潮"中并非不存在老工人闹事的现象,在一些区还存在老工人作为闹事主力的情况。③ 不过,老工人闹事被首先关注并加以解决。在由市委召开的座谈会上,上海市委第一书记柯庆施、全国总工会主席赖若愚亲自与老工人代表谈心,"态度非常诚恳虚心亲切",最终以"不少老工人检讨"而告终。④ 至于被认为是闹事主力的青年工人,他们之所以积极参与到闹事之中,原因则是多方面的。除了"整风"的推动,以及团市委设置青年监督岗鼓励工厂青年与官僚主义进行斗争这些大环境的影响,一些青年工人把闹事看作出风头又有钞票进账的事,不少人也有积极分子的心态作祟,以为斗了领导就是整风积极分子,故意用一些"左"的言行炫耀自己,少数人"哗众取宠""学时髦"。⑤ 此外,如前文所述,1956年教育战线的宣传基调出现逆转,工厂招工乱象丛生,上海工业部门因政策变化而不得不承担巨大压力,以及学生仓促间涌入工厂,所有这些问题都将青工推向闹事的边缘。在这个问题上,从中央到地方均有所

---

① 参见林超超:《合法化资源与中国工人的行动主义——1957年上海"工潮"再研究》,《社会》2012年第1期。
② 《上海市临时工作委员会(处理人民内部矛盾问题)五、六月份处理职工闹事问题的工作总结(二)》(1957年),上海市档案馆藏,档案号 B54-1-5。
③ 《上海市临时工作委员会及各局、区委等处理职工闹事问题的工作总结》(1957年)。
④ 《痛斥资产阶级右派的谬论,决心搞好生产》,上海市人民委员会办公厅编印:《情况反映》(1957年6月10日)。
⑤ 《上海市临时工作委员会(处理人民内部矛盾问题)五六月份处理职工闹事问题的工作总结》(1957年)。

反思。①

上海市总工会在事后总结到,"坏的思想作风不是共产党工人阶级本身所有的,是从旧社会带来的,是从资产阶级那里传染过来的"②。上海市临时委员会也根据青工在工潮中的表现,全面得出了"青年工人一般都没有经过严格的阶级斗争的锻炼,加上部分青工和新工人成分和思想不纯。特别是这几年伴随着工人阶级队伍的扩大,部分新工人和青年工人从各阶层带来了不同程度的资产阶级思想和小生产者的习气,经济观点浓厚,劳动观点薄弱,组织纪律性差,少数人道德品质很坏"的结论③。

除了上海,其他工业城市也爆发了类似的"工潮",而工人的闹事,也直接推动着政府重新对工人阶级进行划分。1957年4月间,在"整风"运动中,中共中央发出了《关于研究有关工人阶级的几个重要问题的通知》,将正在"整风"中的"工人阶级"划分为三类:第一、二类分别是1949年前后入厂的老工人,中央认为他们已经或多或少地接受了1950年代初历次政治运动的阶级斗争教育;第三类则是1954年后入厂的新工人,也是中央认定的重点教育对象④。

不过,在"工潮"发生之后,中央对于工人阶级的划分出现了变化。9月,邓小平在《关于整风运动的报告》中,对"一千一百几十万产业职工"进行了划分,他提到"解放前的老工人占百分之三十五左右",尽管承认"老工人也发生问题",但他认为应该特别慎重处理,并概括得出了"历次运动证明,老工人都是党和社会主义事业的基本依靠"的结论。此外,邓小平还认为,"占工人中百分之六十五左右的新工人中,农民、学生、城市贫民出身的占一半以上,他们的小资产

---

① 《上海市临时工作委员会(处理人民内部矛盾问题)五六月份处理职工闹事问题的工作总结》(1957年)。
② 《上海市工会联合会关于开展群众性的社会主义教育的材料》(1957年),上海市档案馆藏,档案号C1-2-2220-48。
③ 《上海市临时工作委员会(处理人民内部矛盾问题)五、六月份处理职工闹事问题的工作总结(二)》(1957年),上海市档案馆藏,档案号B54-1-5。
④ 《在工矿交通企业中进行整风和社会主义教育》,《人民日报》1957年8月22日。

阶级思想作风比较浓厚,还有百分之三左右(有些单位超过百分之五)的新工人是原来的地主、富农、资本家、伪军警和游民分子,他们的剥削阶级意识和坏习气尚未得到应有的改造"。据此,他特别指出,"在工厂中整风和进行社会主义教育运动,改造新工人的思想,要着重依靠老工人和工龄较长、受政治教育较多的工人……必须充分发挥老工人的积极作用……去团结和教育新工人,特别是青年工人"①。

12月,赖若愚代表中华全国总工会第七届执行委员会向第八次全国代表大会作了工作报告,在报告中,赖若愚也沿用了这一分类标准,他将1949年前的工人称为"老工人",认为他们是"依靠对象"。此外,他还进一步指出,"在65%的新工人中,有一半以上是农民、学生、城市贫民出身的,他们绝大部分是青年,有朝气,肯学习,容易接受新事物。但是小资产阶级思想作风比较浓厚"②。

通过对比不难发现,短短几个月间,实际上中央对于"依靠谁"的问题重新进行了回答,相对于此前将经历了建国初期历次政治运动的工人也视为"老工人",此时,"老工人"的范围实质上被缩小了,只有1949年前进厂的工人可作为"依靠对象"。而相较于中央的划分标准,在上海相关部门的各类总结中,1956年则成为对工人归类的重要时间点。不少工厂将工人分为三类,解放前进厂的老工人,1955年之前进厂的工人,以及1956年后进厂的新工人。正是由于新工人在上海工潮中的不佳表现,他们又被工厂视为需要接受教育的主要对象,因而这一划分标准与"工人闹事"不无关系。③

与重新划分工人阶级同时出现的另一个现象,是学生、青年工

---

① 邓小平:《关于整风运动的报告——一九五七年九月二十三日在中国共产党第八届中央委员会第三次扩大的全体会议上(之二)》,《人民日报》1957年10月19日。
② 赖若愚:《团结全国人民,勤劳节俭,建设社会主义的新中国!——中华全国总工会第七届执行委员会向第八次全国代表大会的工作报告》,《人民日报》1957年12月3日。
③ 《职工思想情况和若干基本情况的调查参考提纲》(1957年),上海市档案馆藏,档案号A46-2-181。

人、新工人三种原本并不完全重合的群体在1956年的时间点上产生了碰撞。正如《人民日报》所概括的,上海工厂学徒的成分已有了很大变化。"首先是学生增多了,特别是中学生越来越多……他们大都沾染了比较浓厚的轻视体力劳动的剥削阶级思想,读书人气味很重,清高而且骄傲,缺乏体力劳动的习惯,瞧不起文化虽差、但有劳动经验的老师傅。"其次是"学徒中的家庭成分也大大变化了,学徒中资本家、地主家庭出身的子弟,和各种小资产阶级家庭出身的子弟,一天天增多。这些人当然带来了更多剥削阶级的脏东西"。而目前工厂学徒中轻视体力劳动等种种不良倾向的蔓延,和这种学徒成分的变化"又是有关的"①。

工人闹事风潮平息之后,日益增多的,出身、来源复杂的"新工人"成为众矢之的,而与新工人关系密切的青年工人也被推到风口浪尖。而将1949年前进厂的工人称为"老工人",也就意味着这一称谓既不是由"年龄"确定的,也不以绝对的"工龄"为标准,而是具有政权更迭的政治象征意义。在接下来以"青年工人""新工人"为对象的教育运动中,上海市工矿企业都表示要"坚决依靠老工人",通过召开"老工人座谈会"等形式,广泛对青年工人进行教育,全市范围内再次出现了宣传"老工人"的高潮。②

在老工人座谈会中,不少老工人"回忆过去旧社会痛苦生活""痛哭流涕",他们"一致肯定解放后几年来共产党的伟大成绩",成为中共反击"右派"的有力武器。③ 而相当一部分本就对青工福利待遇提高较快感到不满,与青工相处也不甚融洽的老工人更是以此机会对青工开展广泛的批评。不少老工人认为青工"自恃文化程度高""不知足",很"骄傲";还有的老工人批评领导过去对青年工人"太放纵"

---

① 季音、习平:《学徒制度确实需要修改》,《人民日报》1957年12月2日。
② 上海市工会联合会:《五、六月份上海部分职工闹事的情况报告》(1957年9月7日),上海市档案馆藏,档案号B54-1-5。《充分发动和依靠老工人》,《劳动报》1957年11月26日。
③ 《工人要求痛斥资产阶级右派分子的谬论》,上海市人民委员会办公厅编印:《情况反映》(1957年6月10日)。

第一章 知识青年进厂与"学生工"的演变

了,在他们看来,青工"只知道瞎吵瞎闹,做起生活来吊儿郎当"①。想起自己"经常会给老师傅打和骂"的经历,老工人不由地联想到"现在的青工都有毛货衣服,我做工做了几十年,那(哪)里有什么毛货衣服",心理自然难以平衡。② 有老工人觉得"比比真是不对了"③。还有老工人在抱怨"现在的青工是不晓得我们的苦"的同时,也不忘批评"青工都想要工资高、待遇好,一点不称心,就不得了"④。甚至老工人在看电影《青年先锋》时也会忍不住抱怨一两句,"年轻人容易迷失方向"⑤。

青工的"劣迹"成为老工人的谈资,市委也号召青工"老老实实,放下架子"⑥。在"归罪青工"的同时,新一轮"向老工人学习"的高潮也反过来推动了"老工人"神圣化。在此后的表述中,新工人与青年工人共同作为被教育的对象,几乎被等而视之,在一种简单化的历史逻辑中,两个概念也进一步地合流。"工潮"平息之后,上海部分工人中劳动纪律败坏、工作时间睡觉、事故增多、质量下降等问题时有发生,对青年工人的教育问题成为持续关注的焦点。⑦ 而一直受到干扰而无法进行的教育补课工作,则伴随着1958年的到来也再次迎来了新形势。

---

① 《闹事平息后干部、群众和闹事头子的一些思想情况》,上海市人民委员会办公厅编印:《情况反映》(1957年7月8日)。
② 《杨金贵谈话记录》,《老工人口述》第76号,上海社科院历史研究所藏。
③ 《访问朱泉发谈话记录》,《老工人口述》第122号,上海社科院历史研究所藏。
④ 《谈学海、丁同富同志谈话记录》,《老工人口述》第87号,上海社科院历史研究所藏。
⑤ 张仕霖:《工人今天有了幸福的新生活》,《大众电影》1957年第15期。
⑥ 《上海市临时工作委员会(处理人民内部矛盾问题)五、六月份处理职工闹事问题的工作总结(二)》(1957年),上海市档案馆藏,档案号B54-1-5。
⑦ 华东纺织管理局办公室:《棉纺厂情况反映》(1957年6月28日),上海市档案馆藏,档案号B54-1-5。《部分青工严重违反劳动纪律,大隆厂老工人严正提出批评》,《劳动报》1957年7月30日。《不愉快的"特写镜头"》,《劳动报》1957年7月31日。《不能这样败坏劳动纪律》,《劳动报》1957年10月5日。《一部分青工违反劳动纪律现象严重》,《青年报》1957年7月19日。

第三节　半工半读与"学工"长成

一、知识青年再入工厂

在经过了1956年的升学泡沫破裂之后,教育界再次回归了"中学毕业生不可能全部升学,是个正常现象"的宣传轨迹,这种呈现出波动性的宣传动员策略进一步加深了家长、学生对政策是"松紧带"和1957年"冒退"的不良印象。[①] 1957年底中共上海市第一届代表大会第二次会议上,柯庆施提出了"乘风破浪,加速建设社会主义的新上海"的目标。1957年11月25日上海确定了"二五"目标,要求全市工业总产值达到176.3亿元。但到了1958年5月,在"大跃进"的形势下,市经济计划委员会重新修订了"二五"主要工业指标,新指标为原指标的两倍以上。[②] 在数字高压之下,许多工厂企业"乱了阵脚""急得吐血",直呼指标"冒进",只能"有啥搞啥"[③]。与之相适应的,由于国家放松了劳动管制,不少工厂企业又进入了大招工时期,且招工时秉持着"宁多毋少""宁早毋迟"的原则[④]。在这种背景下,全国范围内又迎来了新一轮的"学生争夺战",由于支援全国的需要,上海再次扮演了海绵的角色。

[①]《柯庆施恳切勉励中学生》,《劳动报》1957年4月28日。《今年教育事业"冒退了"了？不景气了?》,《青年报》1957年3月19日。《我国今后教育按常规发展》,《文汇报》1957年3月16日。

[②]《上海计划志》编纂委员会编:《上海计划志》,上海社会科学院出版社2001年版,第81—82页。

[③] 中共上海市委工业工作部办公室编印:《工厂整风情况简报》(1958年3月10日)。《当前干部和群众的主要思想动向》(1958年4月19日)。《新业电工机械厂领导保守右倾,"双比"运动停滞不前》(1958年4月19日)。

[④]《中共中央关于立即停止招收新职工和固定临时工的通知》(1959年1月5日),中共中央文献研究室编:《建国以来重要文献选编》第12册,中央文献出版社1996年版,第9页。

第一章 知识青年进厂与"学生工"的演变

与1956年的情况有所不同,此次"参战"的双方并不限于本市教育部门与工业部门,外埠工厂企业也纷纷来沪"抢人"。从1958年各校出现的在校生退学潮来看,私自招收在校生的情况多出现在外埠联合招收的活动中。外地在本市招工的单位相当多,他们主要招收的对象是学生,起初是以技术工人及初中以上非在职学生为主,后来则转而瞄准高中生,包括应届毕业生也不放过。① 由于各地单位来上海招工的情况很多,进一步加剧了资源紧缺之感,不少单位都以高工资为噱头,而采用的方法也是五花八门。有工厂开始在饭馆里"活动",后来发展到里弄。还有不少单位大搞"地下活动",如"用学生串联学生",在这个旅馆接头,那个旅馆填表,"很快把学生带走"。有单位甚至派人直接"在人民公园里发车票",鼓动知识青年拿上车票跟他们走,还教青年以"上山下乡"为借口欺骗家长。为此,上海市劳动局工作人员不得不在火车上进行拦堵。不少外地工厂采取"用学生找学生的办法"私招学生,同时也影响了在校学生的学习情绪,不少学生"要求校方同意离校参加工作"。甚至有同学"考试都不考了","思想很混乱"。上海市招生委员会还接到中学和社会青年的电话,告知他们因为"要走了"而"不考了"。上海市教育局三令五申"高校招生未录取之前,不准录用",外埠招聘学生的热情依然不减。②

除了"参战者"有所不同,相较于1956年工业部门在宣传动员战中处于较被动的位置,此次大招工中,则是学校表现出力不从心的姿态。外埠工业企业在招工方面固然表现得不遗余力,学生及其家长的积极互动也是促成这种招工乱象的重要原因。

彼时社会上广泛进行的"上山下乡"的宣传,无疑引起了一部分学生和家长的恐慌,他们认为"上学也要劳动""不如早点工作"。加之学校里普遍加大了劳动比重,学生开展"勤工俭学""义务劳动",劳

---

① 《制止乱挖职工现象》,《劳动报》1958年8月9日。
② 《劳动部、上海市劳动局、上海市监察局关于制止从农村私招在职工人、临时工及在学学生等问题的批示、报告、电报、函》(1958年6月2日),上海市档案馆藏,档案号B127-2-732。

动时间比较多,没有工资却还要"出学费",很多家长认为上学"很不划算"。相较于因为各种原因未能升学的高中程度的社会青年,上海市在校高中生或出于对升学的失望,感到"现在不比过去","当学生不合算",或从实惠的角度认为"投考工厂可以拿薪水,还可以进红专大学",不少高中学生选择退学。① 一些学生原来寄希望于成为"专家""工程师",但是现在认为大学也要走半工半读,并且教育方针上也谈到将来的工农就是知识分子,知识分子也要工农化。照这样看来,同样是劳动和学习,还要付学费,"算来算去做工好"。还有的学生认为"当学生不合算"。相形之下,"工厂里的学徒在学习期间,也没有什么贡献,但每日有津贴"②。劳动与教育相结合的宣传也引起学生的恐慌,关于本市即将开始缩减人口,以及一些学校要"迁校"的流言在学生中间也颇有市场。③ 还有不少学生家长通过解读柯庆施的报告,得出了本市工业大发展的讯息。④ 面对本市与外埠的大招工,相当一部分家长和学生认为"逢着招工机会不可错过"。卢湾区出现个别同学不上课"闹旅馆",发展到"看到夹皮包的就问,要不要人,要就跟人家走"的地步。还有同学"苦战一夜"在上海大厦"按户打门"寻找关系,结果终于找到,回校后他还在其他同学中"宣扬一番",随即又带走几位同学。⑤ 仅仅在1958年5—6月份之间,上海全市外流高中生达2 000人左右。⑥

---

① 《黄浦区委文教卫工作部关于中小学退学参加工作的情况报告》(1958年11月25日),上海市档案馆藏,档案号A23-2-1641。《当学生吃亏》,《青年报》1958年12月5日。
② 《早点做工的真实原因》,《青年报》1958年12月5日。
③ 《卢湾区目前部分学生要求离校退学情况报告》(1958年11月18日),上海市档案馆藏,档案号A23-2-1641。
④ 《蓬莱区关于谣传学校外迁和学生退学问题的情况汇报》(1958年11月21日),上海市档案馆藏,档案号A23-2-1641。《东昌区关于在学学生大量退学问题处理意见的请示报告》(1958年11月18日),上海市档案馆藏,档案号A23-2-1641。
⑤ 《卢湾区目前部分学生要求离校退学情况报告》(1958年11月18日),上海市档案馆藏,档案号A23-2-1641。
⑥ 《当前本市高中学生外流情况报告》(1958年7月5日),上海市档案馆藏,档案号A23-2-1641。

第一章 知识青年进厂与"学生工"的演变

这种对于知识青年的争夺场景与 1956 年如出一辙,工厂也再次迎来了知识青年进厂的高潮。"大跃进"时期,全国各地新建、扩建了大批厂矿企业,上海各工业部门为各地培养技术工人被作为一项重要的政治任务。截至 1958 年底,上海市在训的学徒有 7.7 万人,其中从社会上招收的学生有 3.3 万人。本市以及外埠对于技术工人的巨大需求,都促使本市各工业部门对知识青年的需求激增。除了从社会上招收未能升学的知识青年外,还出现了在初中三年级和高中在校生中抽调 6 万人的情况。① 根据上海市劳动局统计,1958 年上海市新增加工人 18.3 万余人(不包括家庭妇女),其中学徒占 13 万人(自训 4.6 万,代训 8.4 万),他们绝大部分是来自城市或乡村的学生、待学待业的社会青年。②

上海市劳动部门对于各单位招收的知识青年有一定的要求,其中学历要求一般并不高,而明确规定招收对象须"政治历史清楚"。按照"政治历史清楚"的标准,"反革命坏分子和右派分子以及准备劳动教养的分子,反革命和反社会主义分子的子女,且本人品质恶劣",均属"不清楚"者。③ 但在大招工的情形下,知识青年的争夺战愈燃愈烈,部分用人单位从培养技术工人的实际出发,对招收对象的选拔却表现出轻政治、重学历的倾向,对于拟招收青年的政治审查也没有严格进行。④ 不少单位出现了"擅自招收社会知识青年",甚至"把不愿

---

① 《关于1958年第4季度培训技工的请示报告》(1958年),上海市档案馆藏,档案号 B127-1-292-1。《关于1958年本市工厂企业培训学徒和社会青年分配问题的请示报告》(1958年6月8日),上海市档案馆藏,档案号 B127-1-292-1。《1958年来本市学徒培训工作基本总结》(1961年10月23日),上海市档案馆藏,档案号 B127-1-1399-1。
② 《关于进一步加强艺徒工作的请示报告(草稿)》(1959年6月16日),上海市档案馆藏,档案号 C21-1-727。
③ 上海市劳动局党组:《关于工厂企业招收一部分学徒的请示报告》(1958年6月22日),上海市档案馆藏,档案号 B127-1-293-2。
④ 《中央工业工作部关于加强对新工人的教育和整顿新工人队伍的意见》(1959年5月8日),中华全国总工会办公厅编:《建国以来中共中央关于工人运动文件选编》(上册),中国工人出版社1989年版,第707—709页。

意上山下乡的知识青年都招去了"的情况。①

高等教育部于1958年颁布了关于政治审查的标准。1959年7月,中央审批了高教部党组关于高等学校录取新生政治审查标准的补充意见,这一新标准较之前有所放松。② 尽管如此,1959年上海市高三毕业生未被高等学校录取的仍有3 432人,其中因政治条件不合格被拒录者1 746人,多于因成绩不合格而未被录取的人数。在未通过政审的学生中,本人属于反、坏、右或曾被判刑者占32.6%,而直系亲属、亲密的社会关系属五类分子被镇压判刑而本人思想界限不清、表现落后者占77.4%。③

1960年中央批转《中央组织部、统战部关于右派分子工作的几点意见的报告》,再次强调各地对右派分子子女的入学和就业,"除机密性的专业、单位外,不宜限制和排查"。不过,上海教育部门在招生录取过程中,对于这一原则采取了"从严掌握""宁紧勿松"的态度。即使对于招生委员会审查通过的学生,也有不少高校不予以录取。不少干部在评价学生时,对政治品质、思想落后、生活作风等问题的界限认识不清。有的把不参加里弄活动说成是"思想落后",将喜爱打扮、讲究吃喝、谈恋爱、生活上自由散漫,都归结为"思想和道德品质有问题",或是对于直系亲属中稍有政治疑点的考生即不予录取。根据1960年4月的统计,上海资产阶级子女数量32万人,其中80%在学校。黄浦区13个中等学校里的资本家子女中团员占26%,有的还担任了团的干部。④

---

① 《劳动部、上海市劳动局、上海市监察局关于制止从农村私招在职工人、临时工及在学学生等问题的批示、报告、电报、函》(1958年6月2日),上海市档案馆藏,档案号B127-2-732。
② 《共青团上海市委关于上海市高等学校暑期招生工作中有关资产阶级子女的若干政策问题给中共上海市委的请示报告及批转》(1960年),上海市档案馆藏,档案号C21-1-792。
③ 《有关1959年本市高中毕业生质量情况的一些资料》(1959年12月26日),上海市档案馆藏,档案号B105-7-567-17。
④ 《共青团上海市委关于上海市高等学校暑期招生工作中有关资产阶级子女的若干政策问题给中共上海市委的请示报告及批转》(1960年),上海市档案馆藏,档案号C21-1-792。

而这样一来,越来越多的资产阶级子女被高校拒之门外,成为有知识的"社会青年"。也正因为如此,当年工厂企业招收知识青年的渠道又有所增加,即吸纳由于反右派斗争以及政府知识分子政策发生变化,或由于未通过学校政治审查进而无法升学的学生。

与此前相比,工厂吸收的知识青年发生了一些变化,越来越多的高中学生取代高小、初中学生进入工厂成为学徒。而这些人的涌入,也更新了青工的队伍。1958年"大跃进"之后,青工在进厂前是学生成分的逐年增多,且文化水平逐渐增高。① 在这方面,上海市先锋电机厂作为劳动局调查的典型厂之一,很好地说明了这一变化。截至1961年5月,该厂共有职工3 522人,其中青工1 085人,学徒374人。相较于1956年,1958年进厂的374学徒中,贫农中农子弟下降为15.9%,工人子弟上升为52.66%,资本家子女增长到9.3%,这一数字是1956年的4倍。1958年以后进厂的学徒,全部是学生及社会青年,其中初中、高小毕业生占70%以上,社会青年也多数是停学待业的学生。他们离开学校不过一两年。而从1956年之后,该厂新工人中不再有初小学生,从1958年开始,进厂的高中生逐渐增多。②

上海市初中、高中在校生逐年增多,加之不能升学的资产阶级子女不断积累,使得知识青年始终作为过剩资源存在,也悄然更新了"社会青年"的队伍。1959年,团市委统战部的调查显示,全市有社会青年10万人,其中历年来未升学的高、初中知识青年8 500余人。而到了1961年上半年,全市街道社会青年共有13万人左右,其中知识青年5万人。③ 1962年根据全市统计,社会青年中资本家子女占9.7%,小业主子女占6%。在开展上山下乡动员后,这个比例还会更高。这些青年普遍家庭经济条件优渥,抱着"反正等得起"的想法,赋

---

① 《共青团上海市委青工部向团中央汇报的提纲》(1963年12月26日),上海市档案馆藏,档案号C21-2-2450-1。
② 《先锋电机厂学徒问题的调查材料之一——概况及八个学徒的调查》(1961年5月),上海市档案馆藏,档案号C21-1-833。
③ 《上海青年志》编纂委员会编:《上海青年志》,第1301页。

闲在家。① 到了1963年,上海市社会青年基本上已经成为一支具有一定文化程度的知识青年队伍,其中初中毕业生占到53%,高中毕业生及以上占23%,二十岁以下占80%。他们普遍"留恋上海,重工轻农"②。

尽管一支拥有较高文化水平的知识青年队伍逐渐膨胀,1956年、1958年出现的大招工的情况却一去不复返。1959年之后全国农业情况开始恶化,粮食短缺。因原料紧缺,不少工厂减产或停工。知识青年的出路再成问题,中小学中以学习为主的呼声重新出现。③ 1961年、1962年上海工厂企业执行精简政策。其中1961年全市减少职工15.8万人,1962年全市减少职工20.8万人。④ 与此同时,两年间有两万余名知识青年进入工厂成为学徒,部分缓解了资源过剩的情况。但相较于庞大的知识青年队伍,工厂的吸纳能力始终有限。⑤

1963—1965年,上海市初高中毕业生仍在逐年增长。1965年较1963年增长1.22倍,三年间初高中毕业生达22万人。而未能升学的初高中学生占到待安置青年的80%。他们成为社会青年的绝对主力,也组成了一支劳动力储备大军。⑥ 无论是未能升学的知识青年还是失学的社会青年,这些人并非不愿意劳动,而是一直在找工作。上

---

① 《共青团上海市委统战部对当前社会青年中资产阶级子女的情况的调查和今后工作打算》(1965年),上海市档案馆藏,档案号C21-1-1115。
② 《关于招收学徒、安排社会青年的报告提纲》(1963年11月),上海市档案馆藏,档案号A11-1-78-1。
③ 《谈谈今年高校的招生和报考工作》,《青年报》1959年3月27日。
④ 《共青团上海市委青工部关于工厂精简工作的情况说明》(1962年6月10日),上海市档案馆藏,档案号C21-2-1959-4。《上海劳动志》编纂委员会编:《上海劳动志》,第203页。
⑤ 《1964年度劳动工资统计年报资料(四):学徒培训人数》(1965年),上海市档案馆藏,档案号B127-1-787-46。
⑥ 《1963—1965年上海市社会青年安排情况(草稿)》(1963年),上海市档案馆藏,档案号B127-1-801。《关于1963—1965年上海市社会青年安排情况的若干简要说明(草稿)》(1963年8月16日),上海市档案馆藏,档案号B127-1-801。《关于社会青年就业问题的宣传参考材料(草稿)》(1963年11月16日),上海市档案馆藏,档案号A11-1-78-72。

第一章　知识青年进厂与"学生工"的演变

海市民中间持续存在着"本市明年大发展,今年大招工"的传言,他们到处打听本市招工消息,有关部门来信来访大量增加,很多人心情紧张。而站在劳动部门的角度,除了一再宣传"面向农村,面向外地"的安置原则外,对于安排知识青年进厂也表现得力不从心。①

从1963年起,上海市生产建设的发展以"增产不增人"为精神,计划3年间补充的劳动力以学徒为主,普通工仅增加0.9万人。② 上海大招工无望的情况下,加之大量社会青年被动员上山下乡,成为"工人"显然是一部分"讨饭也要留在上海"的知识青年最好的选择。相当数量的知识青年抱着不愿"和上海永别""上海当工人名气好听"、进厂当学徒"一年就有一百九十二元"等想法,滞留在上海,"观望等待"③。在此背景下,有限的招工名额导致招收学徒的条件水涨船高。1963年11月,市劳动局颁布了《关于招收学徒工作的方案》,招收的对象为"上海市区常住户口的非在职在学的社会青年",同时提出了"政治历史清楚""年龄在16—25岁""初中毕业文化程度(特殊工种也吸收高中毕业生和高小毕业生)""未婚"等要求。④ 1965年上海市冶金工业局招收学徒则以全部安排高中生为宜。⑤ 而各地在委托上海招收学徒的过程中,所提的要求也不断提高,其中不乏提请的数量很大,对于派去的学徒却总不满意,或者吸收学徒数字不断缩水,甚至最后"都不要了"的情况。⑥ 而这些无法输出的学徒,最终还

---

① 《关于社会青年就业问题的宣传参考材料(草稿)》(1963年11月16日),上海市档案馆藏,档案号A11-1-78-72。
② 《关于1963—1965年上海市社会青年安置情况的若干简要说明(草稿)》(1963年8月16日),上海市档案馆藏,档案号B127-1-801。
③ 《当前社会青年的思想动态》(1965年5月20日),上海市档案馆藏,档案号C21-1-1094-173。
④ 《关于社会青年就业问题的宣传参考材料(草稿)》(1963年11月16日),上海市档案馆藏,档案号A11-1-78-72。
⑤ 上海市冶金工业局:《1965年学徒招生计划》(1965年),上海市档案馆藏,档案号B112-4-1347。
⑥ 中共上海市委中小学毕业生工作委员会办公室编印:《招收工作简报》(1958年9月3日),上海市档案馆藏,档案号C23-2-132-19。

是需要上海这块工业的海绵来吸收。

正是基于上述情况,按照中央的要求,上海方面进一步明确了招工的原则。即一旦出现工人"真正不够"的情况,就以"招徒工"的方法解决,对外则始终以"不招徒工"为宣传基调。[1] 根据统计,1964—1965年全民单位固定职工中有21.93%来自学生。[2] 其中1965年全市工业企业中学徒人数达到6.33万人,占全部职工的5.3%,做学徒也几乎成为知识青年进入工厂的唯一渠道。[3]

多种合力作用之下,上海市工厂中青年工人,特别是学徒的成分在悄然发生着变化。从他们的家庭出身上看,突出表现在"两类剥削阶级"的子弟不断增加。根据团市委对全市2 000余名青工的调查,在1955年之前入厂的青工中,"两类剥削阶级"子女的比例仅占5.5%,而在1960年后入厂的青工中,这一比例增加到12.2%。[4] 相对于招生部门严苛的政治审查,工厂招收工人的审查则相对宽松。即便出身不好,只要"技术好""肯吃苦",也可以在工厂中赢得自己的生存空间,工厂成为容纳被高校拒之门外的出身不好的知识青年的重要空间。但这些出身各异、成分复杂的知识青年进厂,又反过来加剧了工人阶级队伍的复杂性。伴随着知识青年进厂,一轮又一轮关于青工的教育也只能在循环中继续前行。

无论是1958年乘"反浪费、反保守、比先进、比多快好省"运动之风,对青工开展的思想教育,还是几乎每一年都在进行的共产主义教育,抑或是60年代对青年工人开展的阶级教育,从目的和任务上讲,均在技术水平和意识形态两个层面不断推进。不过两个教育目标在不同时期表现得并不平衡,从1962年八届十中全会召开到1964年

---

[1] 《陆定一副总理讲话记录(记录稿)》(1965年11月20日),上海市档案馆藏,档案号B105-8-624-1。
[2] 《上海工运志》编纂委员会编:《上海工运志》,第366页。
[3] 《上海劳动志》编纂委员会编:《上海劳动志》,第211页。
[4] 《共青团上海市委关于上报"阶级斗争在上海青年队伍中的反映""青工队伍状况的一些分析"等四个材料的报告》(1963年9月5日),上海市档案馆藏,档案号C21-1-949-1。

明确提出革命接班人问题,政府对于"争夺下一代"的危机意识加剧,而对于新工人的培养,也使后者开始压倒前者。1964年全面贯彻的"半工半读"教育制度在这方面表现得尤为显著。

二、半工半读下的"学工"

关于如何培养又红又专的新型技术工人这一问题,从工厂企业里明确师徒关系、制定师徒合同到发展技工学校,中央到地方均进行了一个长时期的积极探索。1956、1957年上海爆发的学徒闹事风潮,迫使相关部门重新审视一直处于调整状态下的"学徒制"。学徒培养制度所存在的诸多问题在技工学校出现财政困难之后逐渐凸显,而中央提出的"勤俭办学"和"一面劳动,一面读书"的思路也使得各地加快了改革学徒制度的步伐。① 1957年底,《人民日报》刊登了一篇关于上海锅炉厂、上海机床厂、上海工具厂的调查报告,该报告细数"学徒制度"存在的几大弊病,认为"学徒物质待遇偏高",不少徒工存在着浓厚的经济主义和单纯技术观点,不但"只肯学技术,不肯学政治",而且"只肯学他们认为有出息的轻松的技术,不肯学劳累的肮脏的技术",从而得出"学徒制度一定要修改"的结论②。这一份调查报告形成于上海工潮平息后不久,既是中央对于学徒制度的一种反思,也有着对学徒闹事进行善后的意味。

与此同时,作为培养技术工人的另一种途径,技工学校的任务和目标也发生了很大的变化。1958年4月,劳动部在上海召开了全国技工学校工作会议,要求各地为适应国家建设的需要,重视对技术工人的培训工作。③ 会议还集中提出了技校学生操作技能,特别是技术熟练程度,"不能胜任"的问题。指出,"不少学生的社会主义思想觉

---

① 《提倡勤工俭学,开展课余劳动》,《中国青年报》1957年5月5日。《一面劳动,一面读书》,《人民日报》1957年6月5日。
② 季音、习平:《学徒制度确实需要修改》,《人民日报》1957年12月2日。
③ 《积极提高技工学校教学质量,培养更多更好的技术工人》,《解放日报》1959年4月17日。

悟不高,缺乏工人阶级的优良品质及坚强的革命意志",学生毕业时,只愿意到现代化的大企业或者生产环境舒适的企业去工作,"而看不上中、小企业或者生产设备简陋的企业",还有不少学生不爱劳动,不遵守纪律,骄傲自满,"看不起老工人和计较生活待遇"。会议据此提出,今后技工学校的任务是"培养具有社会主义觉悟、必要的技术理论知识、全面的专业操作技能和身体健康的新的熟练技术工人"①。

这次会议明确了技工学校的任务,即"主要是培养技术工人,而不是生产"②,劳动部还批评了将技校改为中技校或工厂的行为。③但仅仅一周之后,根据中共中央关于高等学校及中等专业学校下放的指示精神,上海市委成立了技工学校党委,逐步将电力、海员后备两个技校撤销,将第一机械工业部在上海的第一、二、三技校改为厂属,由厂党委领导。劳动局所属第一、第四技校和第一、第二电焊技工训练班改为工厂,直接划归市机电工业局,党组织则交由区党委负责。其他主要工人技校也分别进行合并、搬迁,其中大部分下放至工厂领导。④ 这次技工学校的改革,在劳动部门和教育部门的双重改革下丧失了一部分意义。技工学校的定位仍未明确,而学校学生仍在学生与工人之间徘徊。与此同时,另一种教育制度的实践,也推动了新的"学生工"群体出现。

1958年1月22日,《人民日报》报道了西安第一航空技工学校

---

① 《劳动部所属技工学校工作会议对于改进目前技工学校工作的几个问题的意见》(1958年3月),上海市档案馆藏,档案号B127-1-1380。(劳动部劳动力调配局局长)邢予洪:《全国技工学校工作会议总结报告》(1959年4月13日),上海市档案馆藏,档案号B127-2-1191。

② (劳动部劳动力调配局局长)邢予洪:《全国技工学校工作会议总结报告》(1959年4月13日),上海市档案馆藏,档案号B127-2-1191。

③ (劳动部劳动力调配局副局长)袁耀华:《关于技工学校工作中几个主要问题的意见——在全国技工学校工作会议上的报告》(1959年4月6日),上海市档案馆藏,档案号B127-2-1191。

④ 中共上海市技工学校党委员会:《中共上海市技校委员会、市劳动局党组关于技工学校改为工厂、下放、迁移等问题的报告和市委工业部的批复》(1958年4月20日),上海市档案馆藏,档案号A35-1-3。

第一章　知识青年进厂与"学生工"的演变

"执行勤俭办校方针,实行半工半读达到自给自足"的消息①。很快,上海电机制造学校给电机制造工业局和工业部工教司去函,表示要试行半工半读。② 5月29日《人民日报》再次提出"举办半工半读学校的意义",还称赞这一办学形式可以加快步伐培养大批工人阶级知识分子,在我国教育事业发展道路中开辟了一个新的方向,同时还报道了天津国棉一厂实行半工半读的情况。③ 1958年5月30日,刘少奇在中共中央政治局扩大会议上的讲话中,正式提出了两种教育制度、两种劳动制度,认为半工半读的学校教育制度和半工半读的劳动制度,可以解决学生要求升学,而青年工人技术不足的问题④。

上海方面对此高度重视,上海市教育局两次召开座谈会,和部分工厂、企业党委、行政领导就此交换了意见。随后,全市以上海化学工业局、上海电缆厂、上海锅炉厂、国棉一厂、国棉十七厂作为首批试点进行半工半读试验。⑤ 1958年,在教育行政部门与工厂的协作下,全市范围内吸收了一批高中毕业生,统一分配到各大型工厂,举办了半工半读专业学校。⑥ 6月17日,上海市第一个半工半读学校——上海国棉十七厂半工半读工人学校开学。⑦

尽管上海的半工半读学校较快地发展起来,但也面临着技工学校发展之初的诸多问题。在上海进行试点的半工半读学校在招收范围和培养目标方面尚缺乏明确的认识。有的工厂对外招收初中生,

---

① 《西安第一航空技工学校勤俭办校的做法,体现了社会主义办学的原则》,《人民日报》1958年1月22日。
② 《上海电机制造学校关于试行半工半读并争取在五年内做到自给自足的报告》(1958年2月3日),上海市档案馆藏,档案号A29-2-54-18。
③ 《举办半工半读的工人学校》,《人民日报》1958年5月29日。
④ 《我国应有两种教育制度、两种劳动制度》(1958年5月30日),中共中央文献研究室编:《建国以来重要文献选编》第11册,中央文献出版社2011年版,第293—296页。
⑤ 《上海市教育局关于在工厂企业筹备半工半读工人学校的情况报告》(1958年),上海市档案馆藏,档案号B105-7-440-1。
⑥ 《上海市教育局关于本市半工半读学校的情况报告》(1958年),上海市档案馆藏,档案号B105-7-1052-7。
⑦ 《上海第一所半工半读学校开学》,《文汇报》1958年6月17日。

举办半工半读中等技术学校,还有的工厂则是单独举办培养本厂干部、工人的半工半读学校。此外,还存在一类地区性的半工半读高中班,附设普通中学,吸收小型工厂的干部、工人入学。而半工半读学校也几乎遭遇了和技工学校一样的命运。一开始学生入学动机即是各种各样,有的因为考不上高中,或是考取了外埠不愿意去,认为有机会读书总比在家里好,"把这个学校当做安身之处";还有的学生则是没有钱读高中,看到这个学校免费还有津贴就来了。虽然其中也不乏出于对技术学校的满意而来的学生,但其中绝大部分人对学校半工半读的性质缺乏认识,从而对于这样新型的学校,在各方面都感到"不习惯"。[1]

1958年9月19日,国务院发布了关于教育工作的指示,明确指出在发展教育事业的过程中,全国将有三类主要的学校,在全日制学校、业余学校之外,还存在一类半工半读学校。[2] 截至1960年10月,上海全市技工学校发展到25所,其中大部分由各大型工厂举办,在校生1.4万余人。这些学校基本实现了半工半读,学生直接参加工业生产,做到"既是学生,又是工人"[3]。60年代初期,在经历了一段沉寂之后,直到1964年中共中央发出贯彻刘少奇"两种教育制度""两种劳动制度"的指示,尤其是7月刘少奇来上海专门作了指示之后,"半工半读"遂成为培养技术工人和工人阶级知识分子的主要教育制度,进入了迅速发展的阶段。

半工半读这一新教育制度的推广不仅作为培养技术工人的一种途径而存在,也与60年代重提阶级斗争有关。半工半读被认为是培养"既能从事体力劳动,又能从事脑力劳动的新人"的重要方式。通过贯彻半工半读的教育制度,可以在青年中"挖掉修正主义的一个重要根子,防止资本主义的复辟"。实行半工半读也就成为培养革命事

---

[1]《上海市教育局关于上海化工厂半工半读技术学校的情况报告》(1958年),上海市档案馆藏,档案号B105-7-440-41。
[2]《中共中央国务院关于教育工作的指示》,《劳动报》1958年9月20日。
[3]《全市技工学校发展迅速》,《文汇报》1960年10月19日。

第一章 知识青年进厂与"学生工"的演变

业接班人的一个"有战略意义的革命措施",是关系到"将社会主义革命进行到底,实行共产主义的大问题"。也正是基于上述认识,上海方面在推行半工半读时不仅将其视为一种"根本的教育制度",同时也是一种"根本的劳动后备制度"。①

尽管中央推行半工半读势在必行,上海有关部门在推行半工半读方面也不遗余力,但在推行的实际过程中也遭遇了两种完全相反的意见。工人出身的干部和老工人从帮助学生尽快实现工人化的角度多表示"拥护",他们认为学校里出来的人只想当干部,到车间来时,"两手老是插在口袋里""眼睛朝天""架子十足""只看不做",而半工半读学校的学生,一开始就参加体力劳动,"出来后就不会这样了";另一些人则对此制度能否培养出技术人才表示怀疑,认为"学不学,工不工,工读两耽误""还不如技工学校"②。更多的反对声音来自学生本身,学生中间流传着半工半读学校"三不如""四不像"的说法,即认为半工半读学校不如普通中学,不如技工学校,不如中专学校;学校不像学校,工厂不像工厂,学生不像学生,工人不像工人。有学生接到录取通知单时,一看是半工半读学校,"心情沉重",认为"读大学的希望从此成了泡影"。还有的学生认为学校"不正规,没有前途"。更有学生认为半工半读这一名称"不好听",向老师建议,不如把"半工半读"四个字去掉。③

对于半工半读教育制度,不仅学生中间广泛存在疑问,对于半工半读学校要培养什么人,它的教学计划怎样与之相适应等"新问题",

---

① 《关于本市工厂企业试办半工半读技术学校有关问题的意见》(1964 年 11 月 28 日),上海市档案馆藏,档案号 B103-3-470-73。《上海市教育局关于中华造船厂半工半读技术学校的情况汇报》(1964 年 12 月 28 日),上海市档案馆藏,档案号 B105-8-603-1。
② 《上海市教育局关于中华造船厂半工半读技术学校的情况汇报》(1964 年 12 月 28 日),上海市档案馆藏,档案号 B105-8-603-1。《正确看待半工半读学校》,《文汇报》1964 年 12 月 5 日。《何谓正规?》,《青年报》1964 年 12 月 12 日。
③ 《我校是怎样对学生进行着政治思想教育的(新业电工机械厂半工半读中等技术学校发言稿)》(1965 年),上海市档案馆藏,档案号 B105-8-623-55。《半工半读教育制度前途远大》,《文汇报》1964 年 9 月 12 日。

教育者之间也是言人人殊。不少学校认为培养的是"工人,又是技术员",对于"培养工人",有现成的学徒培训经验,而培养技术员则要求很高,"心中无数,只能向中专学习"。但在学制、课程上又均存在一些不合理的设置情况下,"学生不知道从何学起,从何问起",也就难以实现学以致用。不同学校对如何组织学生劳动,怎样才能体现半工半读的精神,使学生成为"社会主义的新人"存在分歧,"劳动"与"学习"相结合的理论在实践中仍然遭遇尴尬。①

面对社会上,特别是工人中间对半工半读问题的争议,老工人再次扮演了"教育和端正"学生认识的角色。中华造船厂在开学后集中两周对学生进行了入学教育。内容既有本厂老工人作主题为"怎样做个红色接班人"的报告,还有作为学生家长的老工人谈厂史。除了引导学生以"九评""九大"的观点看当前阶段,组织学生参加厂里的阶级斗争,发动工人干部讲厂史、老工人谈本厂今昔对比,还组织学生观看《家庭问题》和《千万不要忘记》等电影,借此在学生中进行"兴无灭资"的教育。在教育形式上,可谓是丰富多样。② 与此同时,老工人对青年工人的日常教育也达到了巅峰。正如京华化工厂典型经验所显示的:

> 夏天,当老工人同青年一起休息,喝上清凉的汽水时,老工人就对比过去喝肇嘉浜的泥浆水的情形;青年工人借互助金时,管理互助金的老工人就告诉他们,解放前不要说工人发生困难借不到钱,连找个工作也不容易。当青工们坐在清清爽爽的食堂里吃上热菜热饭时,老工人又说,以前工人端碗汤蹲在满是灰尘的场地上吃饭。一人一事,一花一木,都引起了老工人无限的回忆,都自然而然地忆苦思甜,天天讲,时时讲,成为一种经常性

---

① 《上海市教育局关于中华造船厂半工半读技术学校的情况汇报》(1964年12月28日),上海市档案馆藏,档案号 B105-8-603-1。
② 《上海市教育局关于中华造船厂半工半读技术学校情况的汇报》(1964年12月28日),上海市档案馆藏,档案号 B105-8-603-1。

第一章　知识青年进厂与"学生工"的演变

的活的阶级教育。①

鉴于半工半读学校既是工厂又是学校,学生既是工人又是学生,厂校一家等特点,根据天津的经验,这些学校的学生又以"学工"命名。② 截至1965年,上海市半工半读中等学校由200所发展到817所,学生由3.3万人增加到8.4万人,工业中学和半日制初中由186所发展到214所,学生由1.5万人发展到2.2万人。③ 这些学校主要招收初中毕业生,学习年限4—5年,招收高小的学制则为6—7年。④ 1965年下半年,半工半读学校再次迎来大发展。不到半年时间,上海市即新办了学校402所,招生4万余人,截至1965年年底,全市共有各类各级半工半读学校802所,学生8万人。⑤

除此之外,上海在培养技术工人方面还配合了其他多种举措,截止到1965年,全市有技工学校26所,学生13 000余人,招收初中毕业生,学制3年,培养目标为中级技术工人,毕业后统一分配。职业学校到1964年发展到124所,学生12 000余人,招收初中毕业生,用以培养具有一定专业知识和实际操作技术的工人。学校在教学和劳动方面一般按照四六比进行安排。工业中学186所,学生15 000余人。招收高小学生,拟为工厂企业培养劳动技术后备军,毕业生大部分由工厂吸收为学徒。⑥

这些学校和半工半读学校一样,以培养既是工人又是学生,既能

---

① 《思想上教、生产上带、生活上管——京华化工厂怎样依靠老工人教育青年工人》(1964年4月18日),上海市档案馆藏,档案号 A38-2-723-95。
② 《实行半工(农)半读,培育一代新人》,《人民日报》1964年12月14日。
③ 《上海市半工半读教育制度的发展情况报告(草稿)》(1965年),上海市档案馆藏,档案号 B105-8-609-36。
④ 《上海市半工半读、半农半读学校情况》(1965年2月20日),上海市档案馆藏,档案号 B105-8-609-1。
⑤ 《上海市教育局关于推行半工半读教育制度的情况和问题》(1965年8月27日),上海市档案馆藏,档案号 B105-8-609-53。
⑥ 《上海市半工半读、半农半读学校情况》(1965年2月20日),上海市档案馆藏,档案号 B105-8-609-1。

从事体力劳动又能从事脑力劳动的青年工人为目标。而在"学生"与"工人"之间挣扎了若干年的学徒,并未因为新的教育制度而摆脱了"学生工"的身份。相反,一个新的称谓——"学工"的出现也从侧面印证了"学生工"的存在,上海方面对于技术工人的培养在探索中前进。与此同时,半工半读学校本身存在的问题仍在持续发酵,除了一直存在的没有明确的培养目标、师资少、兼职教师多、质量不高等问题外,有些单位还把学生单纯当劳动力使用,学生劳动量大,劳动时间长,负担重。① 而半工半读学校存在的上述问题实际上又将我们拉回到那个似曾相识的1956年。

小　结

1955年2月2日,《青年报》以整版篇幅揭露了上海中学生马小彦堕落犯罪的事件。② 根据党报的后续报道,1956年经过劳改之后的他"怀着无限兴奋和感激的心情,走进了愉快劳动的大家庭",进入国营上海第二纺织机械厂,成为一个学车工的学徒。进厂的第一天,老工人、先进生产者丁阿友握住马小彦的手,嘱咐他在劳动中改造自己。③ 党报上刊登的这一故事虽不免有宣传的意味,但其内在的含义在有限的时空中发酵,从而具有了一些值得回味之处。兼有知识青年与"劳改青年"身份的马小彦得到了宽恕和帮助,并且乘工厂大招工的机会成为学徒,他进入工厂不仅是学习技术,更是用劳动改造自己。

对于一支理想化的工人阶级队伍而言,像马小彦这样的出身各异、表现不同的青年卸去旧成分涌入工厂,并不足以影响工人阶级的

---

① 《上海市教育局关于当前工厂企业举办的半工半读中等学校存在的问题和改进意见(草稿)》(1965年9月29日),上海市档案馆藏,档案号B105-8-609-61。
② 《马小彦的堕落》,《青年报》1955年2月2日。
③ 关成、龙寿:《马小彦进厂第一天》,《劳动报》1956年12月2日。

纯洁。不仅如此,在工厂这个"革命熔炉"里,党、团、工会等组织还将帮助他们去除旧成分,体力劳动则会将无数个马小彦加以改造,使之成为理想的新工人。如果说丁师傅这样的老工人代表了既有觉悟又有技术的理想工人形象,那么马小彦则是亟待改造的青年工人、新工人的代表。

不过政府所面临的环境和情况却远较这个故事复杂得多。在工厂企业思想政治工作薄弱,而工人队伍又增长很快的背景下,改造旧学生、再造新工人的过程也因为形势的一再变化而面临诸多困难。教育与工业等领域在政策上游移不定,知识青年在多方的夹缝之中时而过剩、时而紧缺。伴随着"各有各的打算"的知识青年涌入工厂,共产党人培养"又红又专的新型技术工人"的过程充满变数。

1956年的知识青年进厂"潮"以及工厂里"学生"的出现,虽然只是特定时期短暂的现象,或在短暂的时期内被政府所关注,但对于共产党人再造"新工人"却颇具有意义。作为"知识分子劳动化"政策在工厂的实践,无论是前期将知识青年培养成新型技术工人的目标,还是后期提出的半工半读的教育制度,都从理论上肯定了"既是学生又是工人"的"学生工"的存在。知识青年进厂一方面推动了上海工人阶级的更新换代,工人知识化初见成效;另一方面,一个日趋复杂的"青工"群体也同时在形成。而在另外的两个空间中,"劳动人民知识化"也在工厂中编织着另一个新角色与旧成分交缠的故事。

第二章
文学青年出厂与"工人作家"的培养

在上一章结束了对工厂、学校的考察后,本章将会把注意力聚焦于工厂、作协,探讨"劳动人民知识化"政策在这两个空间塑造另一种"新工人"的过程及其遭遇。1949—1965年,上海工厂出现了数以万计的文学青年。据学者统计,在刊物上曾发表过文学作品的工人作者有二三百人,在全国范围内小有名气的工人作者也约有50人。① 相较于其他工业城市,上海工人文学创作的辨识度极高,这得益于工人作家群的出现。从广义上说,工人作家既指工人出身的作家,也指主要从事工业题材创作的作家,而真正使上海的工人创作享誉全国的无疑是前者。以胡万春、唐克新、费礼文为代表的上海第一代工人作家不仅一度跻身当代文坛主流,成为与"老作家"相媲美的"青年作家"的代表,更以其独特的阶级面貌成为政府培育"工人知识分子"的样板。

培养"工人作家"并非中华人民共和国成立后才提出的新问题,但这个问题在中共"以城市领导农村"的新任务,以及"工人阶级作为城市领导阶级"这一具体条件之下显得更加紧迫。一方面,培养"工人作家"可以唤起工人的阶级意识,提高其阶级地位;另一方面,"拿起笔来能创作、放下笔来能劳动"也是新中国孕育的"新工人"的特质。

---

① 任丽青:《上海工人阶级文艺新军的形成:暨工人小说家论》,上海大学出版社2010年版,第2页。

第二章　文学青年出厂与"工人作家"的培养

第一节　先"工人"后"作者"

一、"文学青年"在厂

早在中华人民共和国成立之初,上海市工人联合会就曾提出工人在获得一定文艺写作技术后,成为工人作家这一设想。① 不过,在当时整个职工队伍中文盲、半文盲比例过高的情况下,培养工人作家的计划并未全面铺开。1950年7月,上海市第一届文学艺术工作者代表大会(以下简称文代会)召开,培养工人文学创作者开始被提上日程。

上海工人文艺活动开展之初,并未得到所有工人的积极响应。根据文联针对国棉系统的调查,一般老工人均无文娱活动,下班回家要洗衣做饭带小孩,家庭负担较重。青年工人业余时间相对充裕,工厂里的文艺组,青工约占三分之一。② 将青年工人组织起来并开展健康的文娱活动,一直是工厂团组织的重要工作。相较于看"黄色小说"、听"黄色音乐"、"跳舞"(详见第四章)等娱乐方式,中华人民共和国成立初期上海工人的文艺活动形式多样,内容也比较丰富,既在一定程度上填补了青年工人们较为枯燥的业余生活,也起到了教育青年工人的作用。

在整个职工队伍中,青年工人的文化水平总体较高,其中接受过小学基础教育的青年工人占到一半。③ 工厂里的青年工人几乎人人喜爱文艺作品。后来从事文学创作的水渭亭回忆起自己在小学时代

---

① 《对一年来上海工人文艺运动的意见》(1950年),上海市档案馆藏,档案号C52-1-347-29。
② 柯蓝:《做了什么?发现了什么?——上海工人文艺运动九个月来的检讨》(1951年3月),上海市档案馆藏,档案号B172-1-56-29。
③ 《上海各工会青工人数统计表》(1950年7月),上海市档案馆藏,档案号C1-1-33-9。

"就很喜欢看小说",书里的人也总是使他"久久不能忘怀"①。胡万春儿时则痴迷于"绘画""音乐",还有过"揩油"看连环画、电影院门口蹭音乐的经历。后来偶然间在陕西北路的一个旧书摊上,看到高尔基的《童年》和《人间》,之后就对小说深深着迷。②

不过,当时工人文学创作的状况却并不能适应青年工人的阅读需要。知识分子写的工人往往被认为"不像工人",语言中夹杂着"知识分子腔"。相当一部分作品中,工人的形象并不光辉,一些作家"把工人写成二流子",或描写工人如何从落后到进步,这些内容都不符合"工人阶级是领导阶级"的定位,自然也不能为工人所接受。③ 当时还只是普通工人的唐克新提到专业作家的作品,颇有怨言,他认为"作家们似乎看不到或不关心工人群众中轰轰烈烈的斗争和英雄的事迹"。而"写出来的工人不像工人"的观感也在很大程度上推动了工厂中的文学青年直接参与文学创作。④

尽管有了一些创作的动力,但这些文学青年能够从单纯的喜爱阅读发展到拿起笔来进行创作,关键还在于政府有意识地发现与培养。根据上海市委的指示,上海各报刊的文艺部门不仅大力在厂矿企业中发展工人通讯员,鼓励他们以通讯、特写等短小的文艺形式初步接触文学创作,还专门开辟了发表工人作者作品的文学园地。1951年8月,上海市文化局、总工会、文联、人民广播电台四个单位组织创办了《群众文艺》杂志。⑤《群众文艺》革新之后进一步明确了"以城市工人为主"的原则,基本上成为刊登工人习作的

---

① 水渭亭:《一些粗浅的感想》,《文艺月报》1959年3月号。
② 胡万春:《永远向苏联文学学习》,《萌芽》1957年第21期。胡万春:《是亲爱的党哺育了我》,《上海文学》1959年10月号。黄碧:《胡万春爱音乐》,《新民晚报》1962年1月14日。
③ 《记工人作家文艺座谈会》,《文艺月报》1951年4月号。
④ 《上海工人对文艺工作者提出的要求》,《人民日报》1952年6月23日。《华东各地青年先进生产者四十九人昨天和作家们见面并举行座谈》,《新民晚报》1954年10月19日。
⑤ 《上海市文化局与总工会等联合组织的上海市工人文艺工作委员会的组织草案、委员名单、方针和任务》(1951年8月),上海市档案馆藏,档案号B172-1-54。

刊物。① 中国作协上海分会（以下简称上海作协）的机关报《文艺月报》创刊不久，也开辟了用于刊登工人作者文章的"习作"专栏。② 除此之外，《劳动报》《青年报》《解放日报》等报纸副刊，还以组织工人开展文学创作比赛的方式发现"新苗"。③

1951年，在通过工人写作讲习班培养一般工人作者的基础上，上海方面还成立了以培养工人作家为目的的"工人写作培养所"，开始组织少数有写作前途的产业工人，委托《群众文艺》编辑部开展半年到一年的脱产来进行专门的写作训练。④ 随着各部门的全面介入，上海的工人文学创作日渐活跃。但由于缺乏统一的领导机构和明确的活动方针，各部门对工人文学创作的性质认识模糊，在工人文学创作属于"业"还是"余"等问题上存在一定的争论。⑤

从1953年起，我国开始执行国民经济的第一个五年计划。上海明确了全国工业基地的定位，承担了支援全国重点建设的任务。在此背景下，上海工人文学创作的性质也逐渐明晰。4月，上海市委发出了"关于加强工人业余文娱活动领导"的指示，首次明确了开展工人文娱活动的基本方针，即在"业余、自愿、群众性的原则下，密切配合党的政治任务，以群众喜闻乐见的形式进行宣传教育，鼓舞和发挥工人的劳动热忱和创造力，活跃工人内部文化生活，以达到推动生产、发展生产的目的"⑥。次月，市委宣传部在派出工作组前往工厂调

---

① 《上海市文学艺术界联合会工人文艺工作委员会关于群众文艺改进问题的请示报告》(1951年9月4日)，上海市档案馆藏，档案号B172-4-114-1。
② 《关于〈文艺报〉的通讯工作》，《文艺月报》1950年5月号。
③ 《关于上海工人文艺工作的概况及对一九五二年工作的初步意见》(1952年)，上海市档案馆藏，档案号A22-2-92。
④ 柯蓝：《胜利的基石——介绍上海"红五月"工人文学创作竞赛优胜作品并祝上海工人写作培养所成立》，上海市工人红五月文学创作竞赛评奖委员会辑：《红旗插在第二组》，劳动出版社1951年版，第2页。
⑤ 柯蓝：《做了什么？发现了什么？——上海工人文艺运动九个月来的检讨》(1951年3月)，上海市档案馆藏，档案号B172-1-56-29。《上海市工人文艺工作的方针和任务》(1951年10月)，上海市档案馆藏，档案号B172-1-54-12。
⑥ 中共上海市委党史研究室编：《中共上海历史实录1949—2004》，上海教育出版社2004年版，第100页。

研的基础上,再度重申了市委下达的基本方针,强调在组织工人开展文艺活动时,"不要强迫命令","只要人家愿意,就可以培养"①。与之相适应,无论是上海市文化局还是文联、作协,在辅导工人作者从事文学创作时都对"作家"这一称呼保持着高度的警惕,防止工人作者出现"以为自己不错了"的骄傲自满情绪。②

　　1953年9月24日,全国第二次文代会在北京召开,时任文化部副部长的周扬在报告中一方面强调文艺工作者在辅导工农群众业余文艺活动时,要注意活动的"业余"性质,另一方面提出"正确地帮助和指导工农群众创作,发现和培养工农作家、艺术家",是"文学艺术方面的最重要的任务之一"③。这次会议所传达的既要注意业余、更要培养专业的会议精神与上海方面刚刚确定的工人文艺活动方针存在一定的冲突。全国第二次文代会后,上海市委宣传部文化艺术处坦言,对于"如何培养工人作家,开展工人文学活动的方针是什么,领导上的要求如何"等问题,处于"过去的工作计划是否正确也无把握,将来如何也不知道"的状态,只是开始有了"工人创作要在生产以外进行",开展工人群众的写作活动与培养工人作家应分别开来等认识。④

　　也正基于上述模糊认识,上海方面并未在全国第二次文代会后立即着手培养工人作家,而是延续了业余作者的培养思路,强调工人文艺活动是业余性质的活动。有关方面对某些工人"自以为有一套",不愿在本厂搞文艺活动,偏想参加市一级、区一级文艺团体,进

---

① 《中共上海市委文化艺术处召开的座谈会议记录及丁景唐在工人文艺训练班音乐舞蹈班开学典礼上的讲话记录》(1953年),档案号A22-2-183。
② 《华东、上海人民广播电台工人文艺创作组电台大组关于第四十四次学习讨论工人创作水平问题的摘要材料》(1953年),档案号B92-2-102-22。
③ 周扬:《为创造更多的优秀的文学艺术作品而奋斗——一九五三年九月二十四日在中国文学艺术工作者第二次代表大会上的报告》,《人民日报》1953年10月9日。
④ 《中共上海市委文化艺术处关于工人文艺写作问题的工作提纲、汇报》(1953年),上海市档案馆藏,档案号A22-2-182。《中共上海市委文化艺术处召开的座谈会议记录及丁景唐在工人文艺训练班音乐舞蹈班开学典礼上的讲话记录》(1953年),上海市档案馆藏,档案号A22-2-183。

而"影响生产"的好大喜功的态度进行了批评。① 文联、报纸副刊和电台在选拔培养对象时进一步明确了几个基本标准：首先了解对方是否是个好工人,再考察对方是否具有文学创作才能。在发现潜在培养对象时,要优先选拔产业工人,培养对象以二十岁左右的青年工人为主。②

二、文化"翻身"

从相关部门培养工人作者的结果上看,率先崭露头角的工人大多在1949年前进厂,他们从学徒、养成工做起,后成为产业工人,实质上属于青年"老工人"的范畴,也因之虽被视为青年工人作家,却又具备一定的政治象征意义。其中,胡万春,原名胡阿根,1929年出生在上海的工人家庭。他1946年进厂,先是在上海钢铁六厂做学徒,后进入上海钢铁二厂做工。1951年胡万春开始进行文学创作时,他的个人成分仍是钢铁工人；唐克新,原名唐克舜,1928年出生在江苏无锡,1949年前在工厂做过童工、伙夫,1950年他以国营上海第六棉纺织厂工人的身份开始发表作品；费礼文,1930年出生在安徽合肥,1949—1950年在中和机器厂做工,1953年他以上海柴油机厂铣床工人的身份首次发表作品。

这些青年工人在进行创作之初往往以"新旧社会"对比或"忆苦思甜"作为主题,而引导他们进行创作,也是对这些青工进行阶级教育,唤起其阶级意识的重要途径。费礼文曾回忆起他第一次执笔的经历,一开始他的创作并不顺利,但老师在辅导他的时候,并没有同他谈作文,而是"从解放前一直谈到解放后"。老师问他,"解放前,你为什么只读三年书,不读下去呢？"费礼文回答说,"那时我父亲做店员,赚几个钱,一家人连饭也吃不饱,哪有钱来缴学费,只好不读了"。

---

① 丁景唐:《对于工人业余文艺活动的意见》,《文艺月报》1954年12月号。
② 《中共上海市委文化艺术处关于工人文艺写作问题的工作提纲、汇报》(1953年),上海市档案馆藏,档案号A22-2-182。

老师又进一步追问,"现在呢?"费礼文想到,"现在,我们工人当家做主人啦!学校向我们开门了"。在老师的启发下,他终于想到了学文化的好处,"过去我们厂里只造锄头、铁耙,现在要造柴油机啦!我们如果没有文化,掌握不了技术,怎么能够造那些机器呢……"此番谈话之后,费礼文"没花多少力气",就完成了初次写作。①

"翻身"不仅仅给工人作者的创作提供了思路和视角,原本文化水平不高、在1949年前不曾和作家产生任何关联的产业工人拿起笔来,甚至发表作品,这一变化本身就作为工人阶级"翻身"的明证而存在,这一点在原本多是文盲或者半文盲的产业工人身上体现得更加明显。

当《劳动报》的记者找到胡万春,要他当通讯员时,胡万春感到异常"吃惊",他觉得自己是个"湮钢锭的粗坯","那(哪)能写文章呢"?在记者的不断鼓励下,他一面写,一面查字典,最终完成了一篇篇小新闻。1951年7月4日,他在《劳动报》上单独发表了一篇名为"长寿面、条条香"的稿子。自此之后,他写稿的热情更加高了。有一次,他所在的工厂出现了一起操作事故,一位轧钢工人违反了操作规程,把胳膊压断了。胡万春很着急,于是就此事写了一篇通讯稿。只过了两天,《劳动报》就在很重要的版面上将其登了出来。胡万春没想到自己一个"大老粗"的名字居然上了报,厂里的工人兄弟们都"哄"了起来,大家都为他感到高兴,老工人还称他为"秀才"。尽管这篇稿子只是胡万春口述的作品,但是在工友眼里这仍然是"一件了不起的事"②。后来在每一场政治运动中,胡万春只要感受到了"使人不能沉默的事情",心中就像有千言万语在奔腾,"好像要从口腔里跳出来似的",他总会迫不及待地将最感动人的事和人写出来。③

唐克新首次发表文章时仅有22岁,他只有小学文化,不到千字

---

① 费礼文:《我的第一篇作文》,《劳动报》1956年6月29日。
② 胡万春:《是亲爱的党哺育了我》,《上海文学》1959年10月号。
③ 《中国作家协会上海分会关于上海青年文学创作情况的初步总结(草案)》(1956年),上海市档案馆藏,档案号C52-1-156-1。

的短文中有一二百个错别字和空格,这样的稿子后来"居然"发表了,编辑同志还说不错,鼓励他"以后多多地写"①。曾经看到作协"爱神花园"里的"普绪赫塑像"都会"吓了一大跳"的费礼文,在编辑的帮助下也开始不断发表作品。尽管一开始他只是撰写一些简短的通讯稿,但仍有许多其他工厂的工友给他写信,他们热心地给他提意见、给他鼓励。② 不少小伙子以前以为写文章的都是"穿马褂、穿长衫、戴礼帽的",看到自己的作品也发表了,才知道"喔唷,我也好写了","拿锤子的也能写作了"③。

也正是通过上述途径,上海培育了第一批具有一定创作能力的业余工人作者,他们起初发表的文字都比较粗糙,篇幅也较短小,但他们的文章见诸报端,所引起的效应却是前所未有的。能够发表文章的工人虽是少数,工厂中文学青年进行"创作"的风气却由此推动起来。正是在这种环境下,更多的热爱文艺、有一定文化基础的青年工人"在工人群众的怂恿、《劳动报》和人民电台记者们的引导下,颤巍巍地拙笨地举起笔来"④。

从1950年7月上海第一次文代会到1953年4月上海市委发出"关于加强工人业余文娱活动领导"的指示,上海工人文学创作活动方针经历了第一次调整。在主导业余文学创作的文联、报社、电台等多个机构的培养下,上海诞生了以唐克新、胡万春、费礼文、金云(上海启新纱厂)、樊福庚(上海电话公司)、郑成义(上海达丰染织厂)、徐锦珊(国棉二十一厂)、姜浪萍(上海海运局)等为代表的第一代工人业余作者。

上海工人作者群的出现,再次印证了工人阶级"在共产党和人民

---

① 唐克新:《攀登无产阶级文学高峰》(1960年),上海市档案馆藏,档案号C23-1-50-34。
② 王秋陵、汪国会:《青年工人费礼文在文艺创作上的成长》,《文艺月报》1955年11月号。《费礼文访谈录》,转引自任丽青:《上海工人阶级文艺新军的形成》,上海大学出版社2010年版,第214页。
③ 赵介纲:《劳动青年要做革命文学的主人》,《萌芽》1956年第12期。
④ 魏金枝:《我为我们的工人作者祝福》,《上海文学》1962年5月号。

政府的领导下翻了身,成为国家、民族的主人"这一事实①。他们遵循着"先工人后作者"的路径,利用业余时间开展学习与写作。他们的作品大多呈现出一种"工人写工人"逻辑,作品内容来自工厂的真人真事。胡万春的成名作《骨肉》《过年》等是根据自己在国民党统治时期的"悲惨"童年而创作。他的自传体小说引起了身边有相似经历的工人的强烈共鸣。费礼文的小说《一年》取材自杨树浦发电厂的真实历史,唐克新的成名作《车间里的春天》《种子》等也均是以工厂车间为叙事空间,围绕青老工人展开的。

这些青年工人正因为有体会、有情感,所以创作出不少脍炙人口的作品。他们的文学创作并不停留在抒情和消闲的层面,而是具有相当的现实意义。他们的作品往往能够适应政治运动的需要,起到了教育青年工人的作用。胡万春的小说《青春》就刻画了厂里不同类型的青年工人,除了教育青年不要浪费青春,他在小说中还发出了"把自己的青春献给祖国建设事业"的呼吁,恰恰配合了彼时正在青年中进行的共产主义道德运动。② 唐克新在《古小菊和她的姊妹》中刻画了幼年父母双亡、从小就进厂做养成工的19岁女工古小菊。古小菊刻苦钻研新技术,不仅自己搞好生产,还慷慨地将新工作法告诉兄弟厂。这一正面形象鼓舞了正置身于技术革新运动中的青工。徐锦珊笔下的"小珍珠"(《小珍珠和刘师傅》)则是一个纯洁而且热爱自己事业的青年女工,哪里需要她就到哪里去。小说的最后,"小珍珠"主动提出代替师傅支援外地。徐锦珊通过这一文学形象也鼓舞了青年工人支援外地的热情。

这些青年工人文化程度并不高,进行文学创作之初遇到很多困难,这对他们来说也是一个主动学习文化的过程。而不少工友为了阅读工人作者的作品,还出现了购买《劳动报》《解放日报》等报纸的热潮。这一过程配合工厂的识字运动,共同推动了工人知识化的

---

① 魏金枝:《我为我们的工人作者祝福》,《上海文学》1962年5月号。
② 《中国作家协会上海分会关于上海青年文学创作情况的初步总结(草案)》(1956年),上海市档案馆藏,档案号C52-1-156-1。

进程。

就在工厂识字运动蓬勃开展、工人文化水平不断提高、工人文学创作在业余文艺战线上迅速发展的同时,诸多元素却在另一个空间中不断发酵。文艺界形势的不断恶化使作协不得不担负起培养"青年作家"的任务,而原本在厂的"文学青年"也逐渐走出工厂,并偏离了"先工人后作者"的轨道。

第二节 文学青年出厂

一、作家中的新生代

在完成了对工厂的考察之后,我们将注意力转向上海作协。上海作协作为市委宣传部直接领导的专业作家团体,与作为群众性业余团体的上海市文联在行政上是平行关系。在上海方面以业余为主的培养思路下,以"专家团体"自居的上海作协,此前很少插手工人作者的培养,而是将其视为文联方面的任务。尽管从一开始就将培养工农出身的青年作家视为与改造老作家并行的作家培养路径,但在持续进行自我改造的背景下,上海作协将主要精力投入组织专业作家深入工农兵中体验生活、进行创作的工作中,客观上也没有足够精力涉足辅导工人文学创作的活动。[①]

从1954年开始,上海作协这种自顾不暇的境况显得更加突出。从《人民日报》揭发《文艺报》编辑思想上的问题、文艺界集中批判《红楼梦》研究中的资产阶级唯心主义思想,到批判胡适、胡风的反动思想,一系列的揭露和批判在不断冲击"老作家"队伍的同时,也使得新生力量的培养问题显得更加紧迫。上海的作家队伍中不断有人受到

[①] 《对一年来上海工人文艺运动的意见》(1950年),上海市档案馆藏,档案号C52-1-347-29。全国文协上海分会:《上海文协一年来的工作概况(1949年5月—1950年5月)》(1950年6月30日),上海市档案馆藏,档案号C52-1-347-35。

影响,上海作协也被推向风暴中心。在市委宣传部的敦促以及已经变化的环境下,上海作协党组书记孔罗荪不得不公开表态,要求有经验的老作家必须"切实地""辛勤地"扶植和培养新生力量。① 尽管表态积极,但作协方面的实际表现却不能让人满意,不仅在培养新作者的工作中表现得有心无力,在培育工人作者方面也乏善可陈。截至1955年底,上海作协的180个会员中,30岁以下的仅有7人,青年工人会员也只有1人(唐克新于1955年加入华东作协,华东作协系上海作协前身)。很多工人作者的成名作,如胡万春的《青春》、徐锦珊的《小珍珠与刘师傅》等都曾遭遇作协机关刊物《文艺月报》退稿。②

进入1956年,在全国青年文学创作者会议(以下简称青创会)即将召开的背景下,青年作家与作品出现了供不应求的局面,部分出版社还因竞争胡万春手稿而"破坏团结"、争执不下。③ 作为培养青年作家的主要机构,上海作协方面无疑承受着更大的压力。在接受了为青创会撰写上海青年文学创作活动总结的任务后,作协方面明确了以工人作者为重点梳理青年文学创作活动的思路。在初步总结中,作协罗列了上海市文化局、文联、电台、报社等机构培养工人作家的成绩。也正是因为意识到了自己的不作为,作协不得不以"青年作者一般文化程度不高,缺乏文学常识,写作能力不齐",不能"凭空地去请专家来讲'文学大课'"为自己开脱。④ 显然,在培养青年工人作家的问题上,上海作协已经将自己逼到了非行动不可的地步。

与此同时,作为各界积极迎接青创会、总结青年文学创作成绩的

---

① 罗荪:《斗争需要力量》,《文艺月报》1954年12月号。
② 《在建设社会主义文学旗帜下胜利前进——中国作家协会上海分会第二次会员大会开幕词》(1956年5月),上海市档案馆藏,档案号C52-1-4-27。
③ 《新文艺出版社关于中国青年出版社不顾我社约稿关系、一定要出版胡万春的短篇集、希望该社改变约稿做法的函》(1956年1月26日),上海市档案馆藏,档案号B167-1-154-15。《中国青年出版社关于新文艺出版社有关胡万春的短篇集给上海市人民委员会出版事业管理处函的答复并请该社今后纠正轻率的工作作风的函》(1956年2月11日),上海市档案馆藏,档案号B167-1-154-19。
④ 《关于上海青年文学创作情况初步总结(草案)》(1956年2月27日),上海市档案馆藏,档案号C52-1-156-1。

结果,上海几位青年工人作者的情况迅速发生了变化。先是此前与他们联系密切的报社、电台业余工人文艺创作组"不知怎的"就解散了。随后,费礼文、胡万春、毛炳甫、樊福庚、郑成义、金云、徐锦珊"突然"被作协吸收为上海作协会员。[①] 3月15日,由团中央和中国作协举办的全国青创会在北京举行,上海派出8位青年工人作家出席。这次会议明确要求中国作协和各地作协要以"培养青年作家"作为主要任务。而费礼文等人的迅速入会,以及他们在全国青创会上的集体亮相,也标志着他们从工厂里的文学青年、业余工人作者成为"工人作家"。

同年举行的中国作协第二次理事会扩大会议延续了全国青创会的基调,"如何培养青年作家"成为这次会议的主要议题。茅盾在开幕式讲话中,还特意点了"上海工人作家"徐锦珊、费礼文的名。[②] 这次会议确立了老作家对青年作家、业余作家个别培训的制度,并制定出详尽的培养计划。1956年7月,在团中央、中国作协的指示下,上海作协筹办的《萌芽》杂志正式创刊。在创刊词中,编辑部称"萌芽"代表"新生",刊物将成为"青年人自己的园地"[③]。

从全国青创会上统一认识,到上海作协第二届会员大会贯彻会议精神,再到《萌芽》创刊,培养一支青年工人作家队伍已经成为上海作协的一项中心工作。这一系列的变化也标志着作协开始全面介入工人作家的培养工作,接手此前主要由文联、报纸副刊以及电台等所主导的工人文学创作活动。而相应地,作协对工人的选拔和辅导也不再以培养业余工人作者为目的,而是以培养专业工人作家为走向。

在青创会前后,尽管大部分工人作家都曾公开表明过自己永远做工人的决心,但生产和文学创作在时间上的冲突却客观存在。在上海作协征求会员建议之时,费礼文就曾提出"脱离生产岗位,扩大

[①] 费礼文:《我的心里话》,《文艺月报》1957年6月号。
[②] 茅盾:《培养新生力量,扩大文学队伍——在中国作家协会第二次理事会会议(扩大)上的报告》,张炯主编:《中国新文艺大系(1949—1966):理论·史料集》,中国文联出版公司1994年版,第199页。
[③] 《创刊词》,《萌芽》1956年第1期。

视野"的要求①。青创会之后,上海方面对归来的八位工人作家代表重新进行了安排,大部分工人作家都离开工厂,开始脱产创作。唐克新、胡万春回沪以后被调到上海作协,担任《萌芽》的编辑。费礼文则被调往《劳动报》当记者,不久后又调去《上海文学》当编辑。脱产之后的工人作家闯入了上海作协内部,而身份上的变化也将他们推向了尴尬的境地。

二、工人抑或作家

1956年5月2日,毛泽东在最高国务会议上正式将"百花齐放""百家争鸣"作为完整的"双百"方针提出来后,各刊物开始提倡作者接触更加广泛的题材,多方面地描写人,而此前作家们一度讳言的"爱情"也重新出现在作品中。纷至沓来的"爱情诗"中不乏"花花公子"之流,还时常流露出一些歌颂"色情"的"低级趣味"②。文艺界同时出现了批判"公式化""概念化"写作的声音,刺激到一些早已对自己的创作感到厌倦的工人作家。一些已经脱产的工人作家开始尝试突破工业题材,抛弃工人写工人的思路,希望借助一定的文学创作技巧,走上新的创作之路。唐克新称自己到了编辑部以后,开始转而研究如肖洛霍夫等"伟大的作家"的作品③。刚刚冒尖的工人作者张英也不再写工厂和工人,而是写起爱情小说来,甚至沉迷于描写多角恋爱,把情节"编得更加复杂",虽然出身工人,却被评价写出了"小资产阶级情调"④。

除了上述创作思路上的转变,在从业余转向专业的过程中,不少工人作家心态上也发生了变化。上海绝大多数工人作家都是在1956

---

① 《唐克新在中国作家协会上海分会第二次会员大会上的发言稿》(1956年),上海市档案馆藏,档案号C52-1-370-140。
② 沙金:《关于爱情诗》,《萌芽》1957年第4期。
③ 《让文艺新军获得更多的扶植——本刊编辑部邀请青年文学创作者座谈》,《萌芽》1957年第10期。
④ 张英:《首先做个建设者,才能做个业余写作者》,《萌芽》1958年第1期。

第二章　文学青年出厂与"工人作家"的培养

年才突击入会,面对突如其来的"作家"头衔,他们均存在一定程度的不适。唐克新直言,填了入会的表,作协似乎就感到任务已经完成。前辈们进行"不恰当的吹捧",出版社则把自己当机器、急于求成。以创作诗歌见长的樊福庚认为自己只有相当于高中的文化程度,"古典作品读得少,外国作家的东西更不用提"。费礼文称自己过去从来也没有想到"要成为什么作家",直言这个"家"来得有点突然。这种成为作家之后开始盲目写些自己不熟悉的东西,又因为创作不熟悉的题材而无法发表作品,进而产生自卑心态的现象在工人作家中也相当普遍。①

此外,工人文艺创作组遭解散后,工人作家还出现了"无家可归"的情况,对于作协组织的一些培训,有工人作家坦言实在是"难以消化"②。不少作家反映,作协培养青年作家"一阵风",报刊则有点"机会主义"。《解放日报》《青年报》等纷纷取消副刊,被认为是培养青年作家摇篮的《萌芽》却立足于全国范围,对稿件的要求太高,自己的作品常常"挤不进去"。在写作上仍显稚嫩的工人作家们面临着自己无人管、作品也无处发表等问题。③ 从1956年文艺界贯彻"双百"方针到1957年上半年党内开始进行整风,文艺界的暂时松绑与工人作者向作家转型过程中的种种不适相互渗透,一起加速了工人作家的"迷失"。尽管学界普遍认为,全国青创会推动了工人作家的创作,此后上海的工人创作进入了黄金时期,但实际情况却恰恰相反。青创会之后,唐克新和擅长散文创作的孟凡夏,一年来几乎没创作出什么作品。樊福庚和毛炳甫写了一些诗,但也不像《千言万语向党谈》《天线

---

① 《唐克新在中国作家协会上海分会第二次会员大会上的发言稿》(1956年),上海市档案馆藏,档案号C52-1-370-140。《"为什么这朵花不能盛开?"——请听听几位工人作家的意见》,《劳动报》1957年5月13日。费礼文:《我的心里话》,《文艺月报》1957年6月号。
② 《"为什么这朵花不能盛开?"——请听听几位工人作家的意见》,《劳动报》1957年5月13日。
③ 《让文艺新军获得更多的扶植——本刊编辑部邀请青年文学创作者座谈》,《萌芽》1957年第10期。时任《萌芽》编委的施燕平在回忆录中证实了这一情况,参见施燕平:《尘封岁月》,华东师范大学出版社2014年版,第88—90页。

工人之歌》那么"激动人心"。费礼文状态不佳，对自己的创作情况不能感到满意。金云作为陷入"难产"的工人作家中最苦闷的一个，有两年多没有新作品出炉。①《萌芽》虽然也发现了一些新的工人作者，但上海第一代工人作家却集体进入了创作的沉寂期。他们鲜有作品问世，即使是出版的作品，也反响平平。不管出于何种理由，工人作家创作进入沉寂期都成为不争的事实。工人作家对于作协的批评可以被视为"鸣""放"的特殊产物，但其中还是有不少值得关注的信息。

在青创会之前，无论是工人作者的选拔、培养还是工人作者自己的身份定位，均遵循首先是一个先进工人、其次才是先进的文学创作者这一逻辑。而在成为工人作家后，他们开始在作家和工人的身份之间犹豫不定。不少人尝试抛弃"工人写工人"的创作立场，也因之陷入了写工人感到是老一套，写其他主题又缺乏素材，既不能生产也不能创作的窘境。而这种情况很快伴随着政治形势的突变而再次发生了变化。

1957年6月8日，中共中央发出《关于组织力量准备反击右派分子进攻的指示》。在反右派斗争开始后，出现了一批真正工人出身的作家"堕落、变质"的案例，姜浪萍就是其中最典型的一例。姜浪萍原是上海海运局的一名青年水手，他从1950年开始发表诗歌，其代表作《翻身颂》曾获得上海首届工人文艺评奖的优秀文学作品奖。《劳动报》编辑部推荐他进入培养工人作家的工人写作培养所，他后来还考进了业余中学，成为上海第一代青年工人作家中的代表人物之一，也曾是上海作协等方面重点培养的对象。姜浪萍的主要问题，除了一贯强调"个性""洒脱""自我发展"，主张"艺术不要政治"之外，还认为"工人出身的人，过去有生活，现在不一定要再去深入生活"。而他"变质"的主要表现，则是"一心只想写出一本有'高度艺术技巧'的

---

① 徐学明：《为什么这朵花不能盛开？——本市工人作家陷于"难产"的苦闷》，《劳动报》1957年5月7日。《中国作家协会上海分会1956年会员创作情况表（费礼文）》（1956年12月24日），上海市档案馆藏，档案号C52-1-134-100。《"为什么这朵花不能盛开?"——请听听几位工人作家的意见》，《劳动报》1957年5月13日。

第二章　文学青年出厂与"工人作家"的培养

'大部头'后,好当专业作家"①。

姜浪萍等问题工人作家的出现,无疑给上海的工人作家们敲响了警钟。在辨别其他工人作家是否变质时,是否在厂、是否是工人成为关键因素。在随后展开的自我批评狂潮中,工人作家们纷纷整队看齐,回归"工人"队伍。与之相适应,相较于在"鸣""放"中五花八门的自我解释,工人作家也对此前创作沉寂的原因重新进行了解读。

胡万春则表态"当不当作家还在其次""首要的是做一个具有高度阶级觉悟的工人",号召青年文学创作者首先做一个优秀工作者,其次才是一个"业余作家"。他称自己手上的"硬茧子"已经消失了,为自己"不像个工人,倒是像一个书生"而觉得"脸红""难过"②。费礼文更是自我批评脑子里滋长一些"非无产阶级思想",他请求党批准他到最艰苦的地方,要先把自己锻炼成"一个先进的工人或者农民",再考虑做个"业余写作者"③。不仅脱产的工人作家主动进行了检讨,仍在厂里的业余作家也进行了严肃的自我批评。刚刚在创作中有了一定成绩的上海分马力电机厂青年钳工张英,称自己虽然生活在工厂里,"思想却离开了工人群众",名利思想引导她"向着资产阶级个人主义的歪道转弯"。老工人更是警告他,"要是这样下去一生一世也写不出好文章来"④。

上海作协的工人会员中,除了姜浪萍,还有部分工人作家因在厂里表现不佳而不再被重用。如曾出席全国青创会的金云,因参与了工人"闹事",而被认为"思想上表现恶劣""不宜多提"⑤。其余一些

---

① 周森:《一个青年业余写作者的堕落》,《萌芽》1958年第4期。姜浪萍:《柯蓝与上海工人文艺写作——一个上海工人作者亲历记实》,中国散文诗学会编:《永远的柯蓝:中国散文诗的丰碑》,花城出版社2007年版,第42—43页。
② 胡万春:《为我们敲起了警钟》,《劳动报》1957年9月9日。胡万春:《首先要做一个真正的人》,《文艺月报》1958年1月号。
③ 费礼文:《决心长期在劳动中安家落户》,《文艺月报》1958年1月号。
④ 张英:《首先做个建设者,才能做个业余写作者》,《萌芽》1958年第1期。
⑤ 《上海市工会联合会第一办公室关于上海工人文艺作者的情况报告》(1958年),上海市档案馆藏,档案号C1-2-2253-82。《中国作家协会上海分会关于上海十五年来培养工人作家的初步体会(草稿)》(1964年),上海市档案馆藏,档案号C52-1-158-70。

积极"鸣""放"的工人作家,虽然不至于被贴上标签,其所作所为却也令作协心存芥蒂。正如作协后来所总结的,青创会后"开小门吸收了几个工人作家",后来其中一部分成为"资产阶级权威",脱离无产阶级,发展到反无产阶级,而且要名誉、地位,少数作家"变质"。也正因为这个"教训","于是才有了58年大跃进之中广大群众的创作运动"①。

第三节　作家回归工人

1958年出现的群众创作运动显然不仅仅是作协的亡羊补牢之举所致,更是"大跃进"背景之下,多重因素发酵的结果。"开小门"的教训出现之后,作协在吸收工人会员的问题上持更加严肃的态度,而对于已经入会的工人作家也不再有百分之百的信任。"大跃进"中,上海方面重新整顿了在运动中受到冲击的工人作家队伍,并使之重回"工人阶级"的阵营。

一、既能劳动,又能创作

1958年5月5—23日,中共八大二次会议在北京召开,会议提出"鼓足干劲、力争上游、多快好省地建设社会主义"的总路线。1958年5月,刘少奇在中共八大二次会议上的政治报告中提出:"在继续完成经济战线、政治战线和思想战线上的社会主义革命的同时,逐步实现技术革命和文化革命",这是社会主义建设总路线的基本点之一。6月9日《人民日报》社论指出:"文化革命是全体劳动人民的文化翻身运动",提出在"既要普及,又要提高"的基础上,在十年至十五年

---

① 《中国作家协会上海分会关于上海十五年来培养工人作家的初步体会(草稿)》(1964年),上海市档案馆藏,档案号 C52-1-158-70。

第二章 文学青年出厂与"工人作家"的培养

内,建成一支强大的成千上万人的"工人阶级知识分子"队伍①。1958年8月,《红旗》刊发陆定一的《教育必须与生产劳动相结合》一文。根据党中央的精神,文化革命进一步明确了"工农群众知识化""知识分子劳动化"的内涵,同时提出了"人人能生产、人人能学习",以及"既是劳动者又是知识分子的新人"的目标②。培养工人知识分子成为文化革命的主要目标之一。

根据这一目标,上海工人文学创作方针开始进行第三次调整。一方面,青创会之后一度被搁置的工人业余文学创作活动重新得到重视。上海市一级刊物《萌芽》《群众文艺》《街头文艺》《工人习作》统一整合为《萌芽》半月刊。《萌芽》重新被定性为群众性文艺刊物,用以发表普通群众的文艺作品。此前停刊的各大报纸副刊也逐渐恢复,上海市各区和大厂还办起了许多群众性的文艺刊物。这些报刊都为普通工人发表稚嫩的作品提供了平台。

另一方面,培养工人作家也作为文化革命的目标之一被严肃地提出来。上海市文化局提出要在全市培养一批千人以上的工人阶级新的文学家、艺术家、评论家。③ 时任团市委宣传部副部长的赵介纲还鼓励工厂青年"打破迷信""扫掉妄自菲薄",提出在十五年或者更短的时间内在各个工厂都能找到"劳动人民自己的诗人、作家、戏剧家"的设想。④

在"大跃进"中技术革命和文化革命双重目标之下,上海方面对于工人文学创作活动的方针试图在业余与专业之间找到平衡,同时出现两处明显变化:首先,从领导力量上看,与上海第一次文代会后业余团队主导、青创会后由专业团体作协全面辅导均有所不同,不仅各工会、团委加入到此次培养工人作家的队伍之中,各大工厂、大企业还以党委书记挂帅。1958年八九月间,上海市委进一步提出了

---

① 《文化革命开始了》,《人民日报》1958年6月9日。
② 陆定一:《教育必须与生产劳动相结合》,《红旗》1958年第7期。
③ 《上海市文化局关于实现文化革命、三年改变面貌及全市开展群众文化工作的规划(草案)》(1958年9月3日),上海市档案馆藏,档案号B172-1-279-69。
④ 赵介纲:《劳动青年要做革命文学的主人》,《萌芽》1958年第12期。

全党搞文艺创作,以创作作为文艺活动的中心环节,要求既发动群众性的创作,又要在这一基础上组织重点创作。各厂逐步确定了普及和提高相结合、业余和专业相结合的基本思路,还有的单位明确形成了"群众讨论—党委审查—作者修改"的文学创作流程。[①] 其次,从培养目标上看,"拿起笔来能劳动、放下笔来能生产"成为新人的理想形态,工人作家成为文化革命背景下培育工人知识分子的有效样板。

"大跃进"开始后,原本脱产的工人作家纷纷重新回到工厂。唐克新批评了"自以为是个工人,世界观就不会有问题"的错误想法,前往上钢三厂。[②] 胡万春也到了上钢三厂参加劳动,并向其他作者发出了"做一个普通的平凡的劳动者"的呼声,提出"向自己的工人兄弟学习"[③]。这些工人作家在参加生产的同时也重新开始创作自己熟悉的工业题材文艺作品。在这场群众文学创作运动中,"创作新生活的主人,变成了歌颂新生活的诗人"[④]。上海工人中间出现了一支业余文学创作的队伍,他们歌颂劳动,为生产"大跃进"造势。截至1959年底,上海已形成七十万人的群众性创作队伍,群众创作达五百万篇。[⑤] 而与这种业余创作的繁荣相适应,一系列经典的工人文学作品和符合"大跃进"特征的文学形象也顺利出炉。这些作品中写得最多、最好、最有典型性的是优秀的老工人形象,其次就是学徒、青年工人的形象。[⑥] 青年工人在"大跃进"中开始以社会主义"新人"的形象出现,

---

[①] 章力挥:《继续普及,积极提高——上海群众文艺创作运动的新发展》,《文艺月报》1959年1月号。
[②] 唐克新:《认真学习毛泽东思想、攀登无产阶级文学高峰——青年作家唐克新在上海市青年第三次代表大会上的发言》(1960年),上海市档案馆藏,档案号C23-1-50-34。
[③] 胡万春:《我是怎样学习创作的(上)——略谈文学创作中的几个问题》,《萌芽》1958年第23期。
[④] 钟锡知、高文海:《"东宫"诗会》,《文汇报》1958年10月31日。
[⑤] 参见罗荪:《上海十年工人创作的光辉成就》,《上海文学》1959年10月号。
[⑥] 姚文元:《春风桃李花开日——谈谈群众业余写作中反映工人生活的一些优秀的小说和特写》,《文艺月报》1959年5月号。

而对青年工人的歌颂也成为"大跃进"期间工人文学创作的一种新的"公式化"。

二、"新工人"与"新作家"

1958年3月号的《文艺报》刊登了一首青年工人的赞美诗。诗中,一个老矿工在河畔回忆变迁的苦难,不禁微笑着点头称赞:"这矿山是多得劲的青年!千千万万青年工人的队伍象(像)大海的波澜。"①这首诗在彼时青年工人的歌颂潮中显得并不特殊。但从发表时间上看,1956年8月20日完成的这首诗直至"大跃进"时期才得以发表,颇值得寻味。事实上,对于"青年工人"的赞美与歌颂是"大跃进"时期工人文学创作的一个突出特点。工人作者也塑造出小赵(胡万春:《为理想而工作的人》)、小马(俞培荣:《炉火熊熊》)、小陆(樊福庚:《上海人》)等一系列以"小"命名而与"老"相对的文学形象。

这些具有代表性的青工的文学形象大致可分为两类:第一类是在生产中克服困难、大胆进行技术革新的青年突击队员。青年炼钢手周祥生(郑松年:《为了百万吨钢》)年纪不大,却有着敢想敢为的豪迈气概。炼钢工人小马(俞培荣:《炉火熊熊》)的身上,也呈现了青年工人不甘落后、不畏困难、攻克难关的精神。

另一类则是1956年之后进厂的"新工人",其中不少人还以"工人知识分子"的形象出场。这些作品一般采取先抑后扬的手法,将创作重点放在他们如何在"老工人"的帮助下迅速成长这一过程。在樊福庚的短篇小说《上海人》中出现了小陆和史老头两个主人公,他们都是支援外地建设的上海工人,但表现与觉悟却有很大不同。史老头处处考虑怎样才能为上海留名争光,而小陆则从自身利益出发,屡屡损人利己,心心念念想尽快回上海。小说的最后,小陆在史老头的教育开导下,终于端正了认识,两人一起投入到外地建设中。胡万春

---

① 臧云远:《你们早呀,青年工人同志》,《文艺月报》1958年3月号。

的小说《工人》的主人公周阿兴是一个刚刚从学校毕业分配进厂的新工人。尽管他很快地适应了工厂环境并学会了操作技术,但王工长却认为他还不能算是一个"好工人",因为他只顾自己,不关心工友。在王工长的帮助下,周阿兴经过不断锻炼,终于"有点儿像工人了"。施燕平在《青年炉司长》中也刻画了相似的人物。何大江是一个"知识分子",他从初中毕业后进入工厂,经历了对工厂生产反感不满到心里涌起"豪迈的感觉"这一转变。《师徒号印刷机》中王小冲,刚从高中毕业,"梳着发光的头发,崭新的学生装,口袋里插着钢笔和红色铅笔。一看就是一个小知识分子,又像一个小工程师"。后在师傅周玉林的帮助教育下,王小冲也脱去了学生的外衣,成为一个真正的工人。①

与此前常见的以"师徒"分歧为主题的作品不同,"大跃进"中间还出现了一类呈现新的代际关系的作品,它们大多以"接班人"为主线,个别作品还在"师徒"的基础上进一步构建了"父与子"的关系。

小说《晨》中的王小杰虽然平时贪玩,但在师傅生病的情况下,他圆满地完成了生产任务,并在同样贪玩的师弟邀他去看溜冰时,模仿师傅的样子"啰嗦"起来。这种从行为方式到阶级觉悟上的传递,恰呈现出一个"青年师傅"正在孕育的过程。在胡万春的另一部作品《跨上战马战斗吧》中,他塑造了老工人程德才和儿子阿康两代工人形象。老程不仅自己恪守对党的忠诚,对待自己的下一代工人也身负使命,在帮助青年人掌握生产技术、培养新人的过程中不遗余力。胡万春创作的电影剧本《钢铁世家》中,从孟广发与孟大牛父子两人为工作而争吵到作为领导的父亲处分了儿子,再到后来两人和解,故事始终遵循着一根主线,那就是老工人始终正确,青年工人最终也发生转变。无论是先抑后扬还是持续歌颂,"大跃进"时期产生的一系列文学作品在描写"老工人在我们社会主义建设中的忘我劳动""退休工人渴望继续参加劳动"的同时,也在描写"师徒关系""青年工人"等方面留下了浓墨重彩的一笔。②

---

① (光艺印刷厂工人)袁志仁:《师徒号印刷机》,《文艺月报》1958年7月号。
② 魏金枝:《上海十年来短篇小说的巨大收获》,《上海文学》1959年10月号。

第二章 文学青年出厂与"工人作家"的培养

基于他们在文化革命中所取得的骄人成绩,《人民日报》在总结全国工农作家时,还点了胡万春、费礼文、唐克新、樊福庚的名,特别提到上海青年工人作家胡万春 1958 年以来共发表了小说、散文、特写八十多篇,四十多万字,认为这些文学作品充分地反映了工农业生产的"斗争面貌"①。由于在"大跃进"中表现出色,胡万春以上海市先进工作者代表的身份参加了 1959 年全国国庆观礼,他和唐克新还顺利加入了中国共产党。

除了第一代工人作家重新进入创作高峰期,上海工人文学队伍中还涌现出一批新的工人作家。在上海作协吸收的新会员中,李根宝(国棉十九厂)、俞志辉(上海汽轮机厂)、张英(上海分马力电机厂)、水渭亭(大华医疗制针厂)、刘德铨(上海第一制药厂)、仇学宝(上海电话局)、陆俊超(上海工运局)、谷亨利(上钢一厂)、胡宝华(上海电机厂)等人均携带"工人"的标签。

"大跃进"中涌现出的新作家均是 1949 年后逐渐成长起来的青年人,与胡万春等产业工人出身、文化水平不高的第一代工人作家相比,他们呈现出新的特点。在这个方面,仇学宝最为典型。仇的履历显示,他不仅读完高中,还一度进入大学学习。他先是在上海美商电话公司当机务员,后历任上海电话局党支部书记、党委秘书科科长等职务。尽管如此,仇学宝依然以"电话局工人"的身份发表作品,并在"大跃进"时期开始崭露头角。

在总结自己在"大跃进"中的表现时,自称是诗歌爱好者的仇学宝曾回顾了自己在创作中走过的"一段弯路"。他称自己在中学时读的较多的是古典诗歌,还曾学习旧体诗词,对平仄也有一定钻研。后来读了不少新诗以及西欧的诗歌,于是开始模仿自由诗并投稿,但完全是"资产阶级知识分子的腔调""工人兄弟们不喜欢看"。直到有一天厂里的党委副书记对他说:"你的诗不象(像)你的人,你是一个工人啊。"此后,他尝试改变诗风,写出民歌体的七字句却遭到退稿,此

---

① 《工农作家队伍日益成长壮大》,《人民日报》1960 年 7 月 22 日。

后又一度"迷失了方向",直到"大跃进"来了,自己方才"清醒"过来①。

尽管从 1956 年开始有数量可观的高小、初中学生进入工厂,但在工人作家队伍中占主导地位的仍是胡万春之类的产业工人。即便是在"大跃进"工人创作的高潮中,知识青年出身的新工人也较少出现在工人作家的名单中。这一方面固然是由于上海作协在培养选拔作者方面曾有过一些"教训",部分主张从青年学生中培养工人作家的人物受到打击。② 但另一方面,仇学宝的自述也从侧面提供了一些解释。青年学生知识水平高,但未必能完成工业题材的命题作文。③ 如仇学宝一样"清醒"过来的知识青年毕竟是少数,他们中的更多人难以在工人、工厂题材上有所发挥。而从语言风格上讲,不少编辑本就对知识分子"虚伪"的腔调感到不快,作品一旦被认为"怪里怪气",就是抛弃了"工人阶级的朴素的感情和明确的语言",这类文章想要刊出也就绝非易事。④

作为工人知识分子的样板,理想的工人作家既是在"大跃进"中大搞技术革新,生产好、思想好的青年突击队员,也能够写出好作品。⑤ 新工人作者、国棉十九厂工人李根宝曾详细记录了他的成名作问世的过程。他在车间黑板报上刚写上两句"什么藤结什么瓜,什么树开什么花",忽然纺织机器发生了故障,他急忙赶去修理,两小时后跑回一瞧,"嘿! 黑板早已写满了"! 据说,这诗是几个工人聚在一起,"你一言、我一语",集体创作的。⑥ 在另一篇关于赛诗会的报道中,记者形象地记录了工人们日操榔头夜挥毫的场面:

---

① 仇学宝:《不同意何其芳、卞之琳两同志的意见》,《萌芽》1958 年第 24 期。
② 黎家健:《胡风分子彭柏山在上海的一些罪恶活动》,《人民日报》1955 年 7 月 4 日。
③ 居有松:《一手挥锤、一手写诗——居有松在全国青年业余文学创作积极分子大会上的发言稿》(1965 年),上海市档案馆藏,档案号 C52-1-165-91。
④ 楼适夷:《给一位工人的信——谈诗必须有真实的感情和明确的语言》,《人民文学》1958 年 9 月号。
⑤ 里冈:《跃进中的上海工人文艺创作活动》,《文艺月报》1958 年 7 月号。
⑥ 李根宝:《写它三百万万首》,《萌芽》1958 年第 12 期。

第二章 文学青年出厂与"工人作家"的培养

> 六点半钟不到,会上已经席无虚座,一百多个人密密层层地围了好几个圈子。他们从炼钢炉旁来,他们从车床旁边来,他们从纺织机旁来;有的人身上沾着机器油,有的人鬓边挂着几丝白棉花……桌上放着现成的笔墨,有的人坐在角落里沉思,有的人走来走去吟哦,一刹时,笔毫纵横,墨汁淋漓,大张的、小张的、长行的、短行的诗篇纷纷飞上墙头。①

工人文学创作高潮过后,上海作协再次总结了工人作家培养的经验和教训。在回忆了青创会之后、反右派斗争之前走过的一段"弯路"之后,"政治挂帅"开始成为培养工人作家的根本原则。上海作协认识到,不仅在选择培养对象时优先选择思想好、生产好、写作好的"三好"工人,在进行业务教育的同时也要和他们的工作单位取得联系,依靠基层党委经常了解他们的思想情况,加强思想教育。而在辅导工人作家方面,作协也分析了文联等机构所主导的业余文学创作和自己主导的专业文学训练之间的差异,并尝试在两者之间找到平衡点,进而形成了"在厂—脱产—回厂"的培养新思路。② 正如上海作协副主席魏金枝所说,"只有从工人自己的队伍中去发现和培养工人阶级自己的作者,并且让他们永远和工人保持密切的联系,是最可靠的办法"③。

"大跃进"中间新的工人作家的出现,成为文化革命中"劳动人民知识化"的成功实践,而曾经迷失和陷入创作窘境的第一代工人作家重回创作巅峰,也证实了知识分子劳动化的可能性,两者共同塑造了既能劳动又能生产的"工人知识分子"的范本。然而,这一理想样板随后再次动摇。

---

① 钟锡知、高文海:《"东宫"诗会》,《文汇报》1958 年 10 月 31 日。
② 《中国作家协会上海分会关于 1958 年上海文学工作的总结(草稿)》(1958 年),上海市档案馆藏,档案号 C52-1-4-115。
③ 魏金枝:《上海十年来短篇小说的巨大收获》,《上海文学》1959 年 10 月号。

再造与自塑：上海青年工人研究(1949—1965)

第四节　工人作家的新陈代谢

一、再次动摇

"大跃进"之后，上海的工人文学创作呈现出运动过后的冷清，工人作家内部也弥漫着放松的情绪。除了唐克新、胡万春等人因健康情况不佳而创作缓慢外，大部分在"大跃进"中下放的专业作家也纷纷离开"生活"，开始"关门创作"。1960年七八月间，北京召开第三次全国文学艺术界代表大会，文艺创作的氛围有所松动。同年，上海作协调整扩大专业作家队伍，胡万春、费礼文、唐克新等人从编辑岗位转为专业作家编制。随后将郑成义、仇学宝等六名工人作家调往《萌芽》《收获》期刊任编辑。[1] 而根据作协所确定的培养思路，原本在工厂的新作家，如张英、李根宝等人也先后出厂，被调往《解放日报》《文汇报》等报刊编辑部，从事长篇小说创作。[2]

从1961年起，中宣部对文艺领导中存在的简单、粗暴的现象进行了纠正。1961年6月1—28日，中宣部召开文艺工作座谈会，讨论了《关于当前文学艺术工作的意见（草案）》（即"文艺十条"），就贯彻"双百"方针、提高创作质量等问题展开讨论。1962年1月11日到2月7日，中共中央在北京召开七千人大会，紧接着中宣部再次召开会议，纪念《延安文艺座谈会上的讲话》发表二十周年。[3] 1962年4月30日，中共中央批转了《关于当前文学艺术工作若干问题的意见（草案）》（即"文艺八条"），重申"双百"方针。在上述会议精神的指导下，5月上海市第二次文代会召开，有关部门对工厂文艺方向一度发生

---

[1] 费礼文：《向余秋雨进一言》，《检察风云》2004年第22期。
[2] 《中国作家协会上海分会关于上海十五年来培养工人作家的初步体会（草稿）》(1964年)，上海市档案馆藏，档案号C52-1-158-70。徐景贤：《上海工人作家的成长道路》(1962年5月15日)，《解放日报》1962年5月23日。
[3] 施燕平：《尘封岁月》，第115—116页。

第二章　文学青年出厂与"工人作家"的培养

了动摇,在整个文艺界随即出现了一次大辩论。在这种背景下,"老一辈作家开始脱离生活",部分工人作家则出现了"创作多样化"的趋势,还有一部分人"想写别的"①。

正是在这种背景下,唐克新出版了新作《沙桂英》。在这部小说中,唐克新不仅刻画出一个极具棱角的青年女工形象,还勾勒出一系列与之针锋相对的反面人物,其中就包括以往都以正面形象出现的"老工人"。而主角之一的邵顺宝则是一个有一点"庸俗的小市民气息"的干部,他希望将沙桂英培养成为"劳模",唐克新有意将他和工人家庭出身的青年女工沙桂英放在一起,突出了同样在工厂,谁才是真正的工人阶级这一主题。沙桂英这一形象的独特之处还在于她的"大胆",她不在乎自己能否评上劳模,不顾及老工人的劝告,是一位特立独行的青年女工。唐克新的这部作品显然区别于以往"公式化"下的创作。对于这部小说发表后在文艺界所引发的争议,魏金枝还专门撰写长篇评论,为《沙桂英》辩护,提出了重新贯彻"双百"方针的呼声。②

除了诸如唐克新的《沙桂英》等"另类"作品问世,文艺界还出现了"提高艺术"的呼声,相当一部分工人作者也深受影响。居有松(上海沪东造船厂工人)曾回忆,有些人直接对他讲,叫他"在艺术上提高,写一些优美的抒情诗,不要光唱老调调",他后来在杭州疗养期间写下了纯粹抒情的诗歌《登山》。几乎在同时,樊福庚写下了诸如"蔷薇漫壁笑,月季烧青山"之类的西湖咏叹调。毛炳甫也发表了《在外白渡桥上》之类的抒情诗歌。③ 上钢十厂的话剧作者边风豪,"关门大

---

① 《中国作家协会上海分会关于上海十五年来培养工人作家的初步体会(草稿)》(1964年),上海市档案馆藏,档案号C52-1-158-70。
② 魏金枝:《为〈沙桂英〉辩护》(1962年6月19日),《编余丛谈》,作家出版社1962年版,第189—197页。
③ 居有松:《一手挥锤、一手写诗——居有松在全国青年业余文学创作积极分子大会上的发言稿》(1965年),上海市档案馆藏,档案号C52-1-165-91。毛炳甫:《在外白渡桥上》,《上海文学》1962年9月号。福庚:《西湖的春天》,《上海文学》1962年7月号。

读中外名著",想用曹禺的《雷雨》的风格写一个中型剧《弃儿》。还有纺织厂的工人作家为了追求自己独特诗风,跑到龙华苗圃的花丛中去"体验生活",写出了名为"龙华的花"的作品。①

这种工人作家"再次动摇"的情况并未持续很长时间。1962年9月召开的中共八届十中全会上,毛泽东断言在整个社会主义历史阶段资产阶级都将存在和企图复辟,并成为党内产生修正主义的根源。八届十中全会明确释放出重提"阶级斗争"的信号,也再次改变了文艺界的生态。

上海作协在学习八届十中全会公报的基础上,根据上海市委宣传部的指示,对专业作家重新进行了安排。费礼文被派往杨树浦发电厂;李根宝前往崇明江口人民公社,次年6月起开始担任农场大队团副书记;张英于1962年9月派往青浦人民公社党委办公室担任宣传干部;胡万春于1962年12月继续深入上钢二厂,担任党委办公室副主任;唐克新因身体原因下厂较晚,1963年6月前往国棉一厂担任南织车间党总支副书记。②

二、青年一代

工人作家在下厂、下农村的过程中,"以普通劳动者的身份参加劳动",还直接参与到工厂、农村的政治运动之中,并配合运动创作出不少文学作品。③ 胡万春在上钢二厂期间,为该厂开展的社会主义教育运动起草《调查报告》。在接到党委"运用阶级分析方法"的指示之后,胡万春下车间重点了解了部分青年工人的思想情况。在调查中,

---

① 上海工人文化宫:《我们是怎样进行辅导工作的——上海工人文化宫在全国青年业余文学创作积极分子大会上的发言稿》(1965年10月),上海市档案馆藏,档案号C52-1-164-39。
② 《中国作家协会上海分会关于上海专业作家深入生活及创作情况的汇报》(1963年8月),上海市档案馆藏,档案号C52-1-152-117。
③ 《中国作家协会上海分会关于上海专业作家深入生活及创作情况的汇报》(1963年8月),上海市档案馆藏,档案号C52-1-152-117。

老工人表示"资产阶级的思想呀！简直比使人体害病的细菌还可恶"。胡万春感到，"许多朴实的老工人形象"在他眼前活动着。而青年工人形象则相对复杂，除了"许多有志气的青年工人形象"向他招手，一些"流里流气"的青年工人形象"也似乎在向他诉说什么"。就这样，他完成了小说《家庭问题》。①

1963年4月号的《上海文学》发表了胡万春的《家庭问题》，小说的主人公杜师傅是个五十五岁的老钳工，生活很简朴。大儿子福新和他一样，是个生活朴素、有觉悟、有技术的工人。二儿子福民，则是一个十九岁、中等技术学校毕业的知识分子形象，他穿着讲究，打扮时髦。尽管他亲热地管杜师傅叫"爹"，但杜师傅却有一种"陌生的感觉"。父与子两代人的冲突不仅表现在格格不入的"穿着"上，更表现在觉悟上。福民打算做技术员，杜师傅却认为福民身上缺少一种"工人的朴实"，希望自己的儿子做工人。后来福民来到杜师傅所在的厂里实习，经过父亲的教育和工厂环境的改造，福民最终锻炼成为一个真正的"工人"。小说结尾，杜师傅和老伴儿远远看着两个儿子的背影，他们戴着同样的帽子，步伐轻捷地向远方走去，杜师傅对老伴笑着说："我也该走啦。"②

《家庭问题》配合了城市如火如荼的社会主义教育运动，后来由上海电影制片厂拍摄成同名电影，成为一个极具教育意义的文学作品的典范，在青年中间反响很大。正如文艺评论员所提示的"请注意年龄"，福新和福民分别是33岁和19岁，"偌大的年龄差距，反映了兄弟俩经历了很不同的生活，正是这种不同生活经历形成他们性格上不同的特点"。"福新属于工人阶级内部经过阶级斗争锻炼和劳动锻炼的工人，他继承了父辈的传统"；福民虽然也是工人家庭出身，"但实际上并没有在工人中间生活过"，他在1949年后的十几年间一直生活在学校中。也正因为如此，他是"带着知识分子生活习气刚走

---

① 胡万春：《生活纪事》，《上海文学》1963年5月号。
② 胡万春：《家庭问题》，《上海文学》1963年4月号。

进工人阶级队伍的新工人"①。相较于"大跃进"期间出现的一系列以"社会主义新人"为主题的作品,这一时期工人作家的文学创作虽仍是以"青年工人"作为主角,从青老关系入手进而展开叙述,但阶级斗争明显成为整个作品的主题。

除了发表作品,工人作家还亲自参与到对青年人的阶级教育中。1963年2月,已经36岁的胡万春仍以"青年作家"身份出席了上海青年宫、上海图书馆合办的红旗读书运动辅导讲座,他以自己创作的小说《过年》为例,再次回忆起自己儿时在工厂做学徒时的经历,批评一些青年人只知道"白相"(上海话,意为"玩"),忽视了吃穿用行之中也有阶级斗争。②

同时,文艺界也诞生了一批反映"青年人如何走上正确的生活道路,如何成为无产阶级革命事业的接班人"的作品。比较有代表性的作品有剧作家丛深的《祝你健康》,后被改编为电影《千万不要忘记》。陈耘的《年青的一代》,后被上海天马电影厂拍摄成同名电影。这些作品均引起了广泛的社会反响。无论是《千万不要忘记》中受到资产阶级丈母娘影响的青年工人丁少纯,还是《家庭问题》中的福民,一系列以青年工人为主角的电影、文学作品的出炉,都显示出青年工人此时已经成为"反修""防修"的重点,而同时出现的两位老工人父亲又充当了忠诚和有觉悟的领路人的角色。

三、"一代新人换旧人"

1963年12月12日,毛泽东对中宣部文艺处所编《文艺情况汇报》(12月9日)刊载的《柯庆施同志抓曲艺工作》一文作出批示,指出各种艺术形式"问题不少"。1964年6月27日,毛泽东又在中宣部文艺处《关于全国文联和各协会整风情况的报告(草稿)》上作了批示。

---

① 姚文元:《这不仅是家庭问题——读〈家庭问题〉》,《人民日报》1963年5月12日。
② 《谈〈过年〉这本书——青年作家胡万春的报告》(1963年2月15日),上海市档案馆藏,档案号C26-2-82-254。

第二章　文学青年出厂与"工人作家"的培养

他认为这些协会和他们所掌握的刊物中的大部分已经跌到了"修正主义的边缘",如果不认真改造,再下去就是"裴多菲俱乐部"①。两个批示公布之后,文学界开始出现大批作家不敢写作,以及已经成名的作家"靠边站"的情况。作家杨匡满回忆起自己1964年刚到《文艺报》的情形,他发现郭小川、冯牧等部队出身、上过战场的老作家呈现出草木皆兵的状态,甚至连地道的农民出身的赵树理都被认为"已不是工农兵",而是"变修了"②。

同郭小川、赵树理一样,上海第一代工人作家也进入了必须不断进行自我洗涤的阶段。有关部门密切关注哪个工人作家"小雨天演出回厂要坐小轿车",从而露出"不好的苗子"③。胡万春一方面积极开展自我批评,警告自己如果还不能"以一个普普通通的劳动者的姿态,深入到生产斗争和阶级斗争的实际中去",笔下就再也写不出动人的工人的形象来;另一方面,他也进入了晚上七点睡觉,十一点必定醒来,十一点到三点写作,三点到七点继续睡,八点到上钢二厂上班的非常时期。④ 唐克新不断追忆儿时做学徒的经历,强调自己出身于工人家庭,自己只是一个普通工人,承诺永远不会忘记党和工人阶级的教育培养,从而为自己正名。⑤

工人成分成为工人作家"防修"的救命稻草,却并不能使第一代工人作家获得有关部门的绝对信任。对于已经下厂的工人作家,上

---

① 《对中宣部关于全国文联和各协会整风情况的报告的批语》(1964年6月27日),中共中央文献研究室编:《建国以来毛泽东文稿》第11册,中央文献出版社1996年版,第91—93页。《关于文艺工作的批语》(1963年12月12日),中共中央文献研究室编:《建国以来毛泽东文稿》第10册,中央文献出版社1996年版,第436—437页。
② 杨匡满:《那个年代的工农兵作家》,《上海文学》2015年第3期。
③ 上海工人文化宫:《我们是怎样进行辅导工作的——上海工人文化宫在全国青年业余文学创作积极分子大会上的发言稿》(1965年10月),上海市档案馆藏,档案号C52-1-164-39。
④ 胡万春:《关于写工人及其他》,《新闻业务》1964年第3期。杨匡满:《那个年代的工农兵作家》,《上海文学》2015年第3期。
⑤ 唐克新:《永远为工人阶级歌唱》,《文汇报》1963年12月19日。

海作协进行了跟踪监督,并及时向市委宣传部进行汇报。根据作协的反映,费礼文下厂三年,还持着临时出入证,工厂还未把他当成厂干部看,以至于出现"无人管"的情况。费礼文则是"摸不清头脑",不能融入工厂环境。① 在跟踪、摸底的过程中,作协俨然已经把唐克新、胡万春、费礼文等第一代工人作家视为亟待被改造的旧知识分子。与此同时,在工人作家内部也开始出现新旧交替的现象。

1964年6月,毛泽东在北京举行的中央工作会议上,正式提出培养和造就无产阶级革命事业接班人的问题。对于接班人问题的关注,使得上海作协培养"青年作家"的议题自1956年之后又被重新提出来。1962年7月起因为"纸张紧张"而停刊的《萌芽》也于1964年8月复刊。在复刊词中,刊物明确提出"要重新教育人,培养新的人"的任务。指出所谓的"新人"是指"用无产阶级思想武装起来的、社会主义时代的新人",他们"不是几个人,而是一代又一代的人",是"工农兵青年",是"毛泽东时代的青年一代"②。在文艺界尝试对文学创作中的"新人"进行重新定义的同时,上海作协对于"新一代"的工人作家也提出了两点认识:第一,他们来自工农兵队伍,他们"自己就是工农兵",是真正的"无产阶级作家",从这一点来说,他们的条件"要比老一代强"。第二,由于他们没有经过长期的锻炼,不能适应当前复杂的阶级斗争形势。因此,作为"新的一代作家的后备军""革命的接班人"以及"无产阶级的战士"的青年文艺写作者,除了要"永远不脱离工农兵的队伍"以外,还必须"提高阶级自觉性"③。

几乎在同一时间,上海作协对十五年来培养工人作家的经验教训进行了总结。认为,上海工人作家现有的队伍"基本上是好的,没有大批烂掉的现象",在谈到"解放初期培养的一批工人作家"时,作协称"当时组织思想不明确,强调写作才能",结合队伍中出现右派的

---

① 《中国作家协会上海分会关于青年专业作家下生活中存在问题的报告》(1964年6月12日),上海市档案馆藏,档案号C52-1-159-149。
② 《复刊词》,《萌芽》1964年第1期。
③ 姜彬:《青年文艺工作者也要懂得理论》,《萌芽》1964年第8期。

第二章 文学青年出厂与"工人作家"的培养

教训,最终得出了"前一时期选错(成)了坏人"的结论①。

在总结经验教训之后,上海作协重新酝酿了一个新的培养对象名单,计划重点培养一批政治思想作风好、有较为坚实的生活基础、在文学创作上有一定的影响力的工人作者。这个名单很明显地呈现出新老交替的特点,其中一部分人是"大跃进"时期已经被吸收入会的工人作家,如张英、水渭亭、仇学宝、李根宝等。而更大一部分则是新鲜的面孔,如周嘉俊(上海市重工业二局)、庄新儒(上海市广告公司)、张士敏(上海航道局)等。作协安排青年文学创作委员会作为专门的培养机构,而胡万春等人则以"老作家"的面目出现,被要求与青年作家结对子。作协方面还提出了务使这些工人作者创作的短篇小说达到与胡万春、唐克新同等水平的要求,显然已经有了为胡、唐等人培养接班人的打算。② 在经过短暂的试验之后,上海作协又对培养对象进行了调整。根据工人出身、创作好、政治好、年纪轻等几个标准,作协决定把"大跃进"中间发现的、一贯在文艺界的斗争中表现得"较冷静、客观"的胡宝华作为新的重点培养对象。③ 而这一系列的安排,也推动了工人作家队伍中本就悄然进行着的新陈代谢。

除了上海作协对第一代工人作家的悲观判断、新一代工人作家队伍的初成,上海文艺界在创作题材上的调整,也加速了工人作家内部的更新。由于上海作为全国工业基地的定位,此前在工农兵文学创作方面,一直以培养工人作家、创作工业题材的文学作品为重点。而从1963年开始,《人民日报》和《文艺报》相继发表社论,号召"文化艺术工作要更好地为农村服务""文艺面向农民,巩固和扩大社会主

---

① 《中国作家协会上海分会关于上海十五年来培养工人作家的初步体会(草稿)》(1964年),上海市档案馆藏,档案号 C52-1-158-70。
② 《中国作家协会上海分会 1964 年重点作者培养计划(草案)》(1964 年 3 月 10 日),上海市档案馆藏,档案号 C52-1-158-69。
③ 《中国作家协会上海分会工作会议记录》(1965 年 9 月 17 日),上海市档案馆藏,档案号 C52-1-80-24。

义新文艺在农村的阵地"①。1965年开始,上海作协开始明确提出,在组织和培养新作者的时候,要以"为农村服务"为方向,在创作方面也要更关注农村题材。②《萌芽》从十月号开始以刊登农村题材的作品为主,并计划安排专业作家分两批下农村,以便于在十一月创作出反映秋收的作品。③ 与此同时,一些新工人作家也开始转而创作农村题材的作品。如周嘉俊发表了《小梁河边》等农村题材的短篇小说,水渭亭创作出《丰收的喜悦》等反映合作社的作品,仇学宝、水渭亭也有诸如《青春不老》等类似的小说问世。

1965年11月25日—12月14日举行的全国业余青年文学积极分子创作大会,将青年一代工人作家的培养推向了高峰。上海方面派出代表50人,工人代表有王林鹤、杨新富、居有松等人,而第一代工人作家全体缺席。在"以阶级斗争为纲"的原则下,工人拿起的已经不再是笔,而是进行阶级斗争的文艺武器。④ 即便是那些文化水平不高,有的原来也并不爱好文艺的工农兵青年,阶级斗争、生产斗争、科学实验以及党的事业的需要,也都要求他们拿起笔来,向着资本主义、封建主义的思想和文化,展开"猛烈的进攻"⑤。

在"长江后浪推前浪,一代新人换旧人"成为社会舆论的主基调的同时,文艺界也提出了"大写社会主义新人新事新思想"的创作要求。团中央专门批评了将青年塑造成落后分子的文学作品,称这些作品"并没有把社会主义时代青年的精神面貌很好地反映出来,却往往着重去刻画、渲染以至夸大青年中的落后面",以至于给人留下了"青年反而最不容易接受新思想,最容易沾染旧思想"的印象;还有一

---

① 《文化艺术工作面向农民把为农村服务的任务放在第一位》,《山东文学》1963年第5期。
② 《中国作家协会上海分会1965—1966年工作计划(草案)》(1965年4月30日),上海市档案馆藏,档案号C52-1-80。
③ 《中国作家协会上海分会工作会议记录》(1965年9月17日),上海市档案馆藏,档案号C52-1-80-24。
④ 《祝全国青年业余文学创作积极分子大会的召开》,《萌芽》1965年第11期。
⑤ 胡克实:《拿起文艺武器,做毛泽东思想的宣传员——在全国青年业余文学创作积极分子大会上的讲话》,《人民日报》1965年12月28日。

第二章　文学青年出厂与"工人作家"的培养

些作品在描写青年的成长时,"不是鼓励青年敢想敢干,有所作为,而是常常把他们放在到处闯祸、一动就错的处境,要他们四平八稳,循规蹈矩"。据此,团中央提出了"要用辩证的,发展的观点来看待青年",简言之,就是要"充分表现青年的积极因素""写出青年的主流"①。

而作为这一系列要求的直接反映,姚文元还专门找到胡万春,对此前高度赞扬的小说《家庭问题》提出了修改意见。他要求胡万春放弃对于19岁的福民"中间人物"的定位,希望他根据"突出正面人物""社会主义新人"等要求,重新将其塑造成为一个积极向上的正面青工形象。②

在轰轰烈烈的新形势面前,上海第一代工人作家已经鲜有露面。他们之所以呈现出可疑的"老作家"的面目,原因是多方面的:首先,唐克新等人均出生在20年代末30年代初,从生理上已经不再属于"青年人",有悖于培养作家队伍中的新人的目标。其次,在鼓舞青年和反映农村题材的创作面前,他们已经很难适应新的主题,创作起来也难免顾虑重重;最后,尽管他们仍以"工人"成分进行自我辩护,也依然从事着工业题材的创作,但在作协看来,八年的作家生涯有使之蜕变为知识分子从而"变修"的危险。在"工兵出身也会出问题"的预判之下,作协领导甚至作出了"上海过去培养工人出身的也不是无产阶级作家"的极端判断。③

1966年5月16日,中共中央政治局扩大会议通过了毛泽东主持起草的《中国共产党中央委员会通知》。7月,《萌芽》杂志暂停出版。这些活跃于文坛的上海工人作家最终没能完成工人与作家之间的转

---

① 胡克实:《拿起文艺武器,做毛泽东思想的宣传员——在全国青年业余文学创作积极分子大会上的讲话》,《人民日报》1965年12月28日。
② 《中共上海市委宣传部姚文元同志和胡万春关于小说〈家庭问题〉需进行修改的谈话记录》(1965年),上海市档案馆藏,档案号A22-1-1069。
③ 《中国作家协会上海分会全体机关干部会议记录》(1965年7月10日),上海市档案馆藏,档案号C52-1-80-14。《中国作家协会上海分会会议记录》(1965年4月30日),上海市档案馆藏,档案号C52-1-80-1。

换,一个青年工人执笔创作的时代宣告结束。

小 结

　　1949年后,国家有意识地在工厂寻找"文学青年"、培养工人作者。这些工人作者遵循着"先工人、后作者"的轨迹而发展,他们按照"工人写工人"的原则开展创作,其作品以教育和激励工厂青年为基本目标之一。这些作者有着共同的特征:他们虽然年轻,但却对"旧社会"有着相当的体会,他们的创作普遍遵循了歌颂新社会、痛斥旧社会、抒发翻身感的路径。他们的出现既是"劳动人民知识化"政策的结果,又反过来配合了工厂的识字运动、职工业余教育,从而推动了工人的知识化。不仅如此,工人作者还在其他工人中发挥示范功能,他们的活动起到了激发工人阶级意识、增强工人阶级自豪感的作用。

　　1956年全国青年文学创作者会议之后,上海诞生了第一代"工人作家"。不过,其中大多数人在突然获得了"作家"的新角色之后,均产生了自己究竟是工人还是作家的疑问。而上海对于工人作家的培养随即也偏离了"先工人、后作家"的轨道,工人作家由此陷入了既不能创作又不能生产的窘境。反右派斗争之后,上海方面重整工人作家队伍。到"大跃进"运动时期,在政府要求兼顾技术革命与文化革命的形势下,这些工人作家又重回生产一线,而一批新的工人作家也从工厂中涌现出来。在这一时期,拿起笔来能创作、放下笔就能生产的"突击队员"被塑造为新工人的理想形象。进入20世纪60年代之后,全国范围内政治形势发生变化,先是重提阶级斗争,继而又正式提出革命接班人的问题。在此情况下,包括"工人作家"在内的青年工人成为共产党人在青年中间"反修防修"的重点。一方面,上海第一代工人作家因为脱离了工人成分,成为被怀疑的对象,政治运动推动了上海工人作家队伍的新陈代谢;另一方面,在培养新一代工人作家的问题上,上海有关部门恢复并强化了"先工人后作家"的思路,要求在"永远不脱离劳动"的情况下发现并培养青年作者。①

在寻找工厂"文学青年"、培养工人作家的过程中,上海有关部门的思路随着政治形势变化而几经调整。工人作家在工厂与作协之间徘徊,在新角色、旧成分之间不断摇摆。既掌握先进技术又掌握先进文化,放下笔来能劳动、拿起笔来能创作的"新工人"的培养,则持续在矛盾中曲折推进。

---

① 周扬:《高举毛泽东思想红旗,做又会劳动又会创作的文艺战士——一九六五年十一月二十九日在全国青年业余文学创作积极分子大会上的讲话》,《收获》1966年第1期。

下篇
新中国，老上海

　　1949年5月29日，《人民日报》向全国人民介绍了"完全解放的上海市"，称其为"我国第一大都市"①。次日，《人民日报》刊发了名为《祝上海解放》的社论，毛泽东在文中赋予新上海以全新的定位："上海和其他中国大城市在以前曾经不能够顺利地发展生产，并且常常成为生产的障碍物，这种时代已经过去了……上海是一个生产的城市和革命的城市，在反革命统治被捣毁以后，这个特征将要显出伟大的威力……上海是一个世界性的城市，所以上海的解放不但是中国人民的胜利，而且是国际和平民主阵营的世界性的胜利。"②1950年3月，希马柯夫等苏维埃专家提出了《关于上海市政建设及发展前途问题》的意见书。该意见书认为，老上海是一个"畸形发展的消费城市"，理应"按照社会主义的原则"，把过去畸形发展的消费城市变为生产城市。③

　　中国共产党的执政无疑极大地改变了上海的轨迹和形象。在党、团、工会干部看来，老上海是十里洋场、花花世界，是封建主义、官僚资本主义、帝国主义的"罪恶渊薮"。在这里，"资产阶级生活方式""追求享受"和"旧社会小市民阶层的庸俗生活习气"均有广泛、深厚的基础，是青年工人中缺乏阶级观

---

① 《上海介绍》，《人民日报》1949年5月29日。
② 《祝上海解放》，《人民日报》1949年5月30日。该社论经毛泽东修改后发表，参见《建党以来重要文献选编》第26册，中央文献出版社2011年版，第424—426页。
③ 《上海城市规划志》编纂委员会编：《上海城市规划志》，上海社会科学院出版社1999年版，第89页。

念、好逸恶劳、"少数人沾染流氓习气"的"社会根源"。①

　　1957年,《劳动报》刊登了一个小故事：一个身穿蓝布中山装的男青年偶遇一浓妆艳服的青年姑娘,礼貌询问对方是否愿意做个朋友,姑娘掉转头来打量一番,看到这个"呆不呆痴不痴的土包子",立即给了两记耳光,骂其"臭瘪三",视之为小流氓,并将其撕扯到派出所。但当得知此青年人是机器厂的技术员,一个月工资有90多元,家庭无负担后,女青年态度骤变。故事的最后,时髦女郎挽着青年技术员的手臂离去,两人一起走进了金陵路上的鹤鸣鞋帽商店。② 这一故事虽然不乏讽刺与夸张成分,但也显示,"摩登"和"洋"作为老上海的产物,仍构成了沪上不少青年男女的日常。

　　在上篇结束对新角色、旧成分的讨论后,文章的下半部分将聚焦于新中国、老上海,以近代上海"洋""摩登"为线索,继续探讨共产党再造新工人的过程。一方是奉行"劳动所得、光荣享受"的时髦女工,其中最典型的即是在五六十年代名噪一时的"摩登劳模"黄宝妹;另一方则是有别于多数"在服装修饰上较女性胆小的(得)多"的男青工③、先因"三包一尖"而备受诟病后因政治形势变化而发生异化的"阿飞"群体。

---

① 《共青团上海市委关于乘"反浪费、反保守、比先进、比多快好省"运动之风,进一步保证青年工人思想大跃进的调查材料(草稿)》(1958年9月14日),上海市档案馆藏,档案号C21-1-600-7。
② 青：《金陵路上》,《劳动报》1957年7月4日。
③ 飞天：《从花袜子想起》,《新民晚报》1956年10月2日。

第三章

"摩登"劳模：从青工模范到时髦女郎

在胡万春1964年创作的小说《年代》里，有这样的情节：十八九岁的女工燕倩兴奋地告诉她的师妹："刚才我在路上走，看见一个女的，脚上穿一双浅口皮鞋，啧！那双皮鞋的式样真好！"待燕倩有了"浅口的皮鞋""玻璃雨衣"和"尼龙丝袜"之后，她又看到一部外国电影，"对女主角的头发式样欣赏极了"，回去后就剪了辫子，烫了卷发。老工人孟兴昌看到她的发型，没好气地说："哼！像只麻雀窝。"①

燕倩在生产上是一把好手，她"能生产，会劳动"，她的"理想"是啥都不缺、漂漂亮亮，嫁给技术员小王，过上好日子。燕倩妈妈也常常对她说，"小菜里可以不放油，头上可一定要擦油。穿得邋遢，是不光彩的。将来哪个男人还看得上眼我们做女人的，嫁不着好丈夫，那才一世苦哩"②。

上海的产业女工群与19世纪末兴起的纺织、卷烟等工业相伴相生。早期产业女工大部分来自上海郊区和临近农村，后来外地破产农民、手工业者到上海谋生者越来越多，成为上海产业女工的主要来源。"摩登女郎"作为近代上海的代名词，与"洋"构成了上海都市的典型特征。然而，近代上海的时髦女性多属于有钱、有闲阶层，歌女舞女、电影明星、名媛紧跟时尚潮流，青年女工中间虽也有"湖丝阿

---

① 胡万春：《年代》，《心声集》，上海文艺出版社1981年版，第454、460页。
② 胡万春：《年代》，《心声集》，第443—466页。

姐"的别致丰饶,但大多数只能以效仿女学生的装扮为追赶时髦的方式。一般产业女工,则多与老上海的"摩登"无缘。

这种情况在1949年后发生了变化。1949年后,工人的地位、待遇与生活条件逐渐得到改善,以往无暇到"另一个世界的神秘之街的霞飞路"等处去眺望,也没有功夫仰望"学校内骄傲着的摩登小姐"①的青年女工们稍有了追逐时尚的资本。在再造新工人的过程中,政府力图纠正青年女工中存在的"消费主义,向往奢侈的资产阶级生活"的倾向。"摩登"虽被视为"老上海"的表征而不时遭到清理,却始终在工厂中得以存在,更在特殊的机缘下被放大。在这方面,五六十年代风靡全国的上海劳模黄宝妹即为最典型的一例。

第一节 青年劳模黄宝妹

黄宝妹1931年出生于上海浦东川沙县高东镇麦家宅。母亲来自山东,父亲是盐城人,全家以卖豆腐为生,收入微薄。家中有兄弟姐妹三人,黄宝妹是家中大姐,并未接受过任何教育。1944年,黄宝妹进入日本裕丰纱厂从事细纱挡车。她继承了母亲的外向性格,聪明灵巧,很快就成为车间的生产能手。1948年,裕丰纱厂改为中纺十七厂,黄宝妹重回车间。同年,她与弄堂里的邻居、十七厂钢丝车间工人吴华芳结婚。次年5月27日,上海解放,黄宝妹继续在上海市国棉十七厂二纺细纱车间做挡车工人,延续着一个普通纺织女工的日常生活轨迹。②

1951年8月,纺织工业部、中国纺织工会发出推广"郝建秀工作法"的通知。10月,上海派出21人参加在天津召开的织布工作法会

---

① 当时人对于上海青年女工就曾有过这样的观察:"属于一二等的姑娘,因为进账多,年纪青(轻),所以衣服也趋时化⋯⋯如果你不仔细看她略呆板的体躯,一定要以为是在学校里读书的女学生呢,她们也知道穿女学生服饰⋯⋯"君立:《上海的女工生活》,《微言》1933年第1卷第22期。
② 黄宝妹访谈(1),2015年5月8日。

议,回沪后相继在各棉纺织厂组织工人学习和推广"郝建秀工作法"与"一九五一织布工作法",掀起了改进操作法、提高生产效率的热潮,并在各厂普遍开展劳动竞赛。① "郝建秀工作法"为解决当时纺织业普遍存在的难题提供了一剂药方,适应了黄宝妹所在的国棉十七厂"提高产品质量与降低成本,节约用棉、用纱量"②的需要。黄宝妹因在厂里生产成绩优秀,作为工人代表被派去学习。在回厂推广"郝建秀工作法"的过程中,她不仅创造少出皮轧花的纪录,"带头装置在三线罗拉细纱机上提高质量的红心(芯)子,还带头进行一般性的小栓修,消灭接头白点"。1952年11月,黄宝妹被评为"车间一级郝建秀工作法先进工作者"。同月,她加入了中国共产党,并担任党小组长。③

1953年3月18日,纺织工业部和纺织工会发布《关于总结、评选推广郝建秀工作法、一九五一织布工作法的模范及其他部门创造与推广先进经验的模范的联合通知》,要求在全国范围内评选纺织工业劳动模范。4月2日,中国纺织工会第五次全体会议决定开展以"减少断头、提高质量"为中心的劳动竞赛。④ 会议对评模条件等进行了规定,除突出"认真贯彻郝建秀工作法、一九五一织布工作法"等要求外,还特别指出候选人应是"一贯积极学习政治、文化、技术,积极学习苏联经验,接受新鲜事物,进步最快者"⑤。黄宝妹经历了从生产小组到市里的层层评选,最终以积极推广"郝建秀工作法"、创造出650

---

① 《上海纺织工业志》编纂委员会编:《上海纺织工业志》,上海社会科学院出版社1998年版,第664页。
② 《国棉十七厂党委会关于完成一九五二年生产计划与任务的初步总结与一九五三年工作的计划大纲》(1953年1月26日),上海市档案馆藏,档案号A47-2-41-1。
③ 《上海市杨浦区人民代表大会代表履历表(黄宝妹)》(1954年2月1日),上海市档案馆藏,档案号B52-2-95-157。《青年社会主义建设积极分子登记表(黄宝妹)》(1955年),上海市档案馆藏,档案号C21-2-658-10。
④ 《中国纺织工会全国委员会举行全体会议,决定开展以减少断头提高质量为中心的劳动竞赛》,《工人日报》1953年4月15日。
⑤ 《中国纺织工会第一届全国委员会第五次全体会议决议评选纺织工业全国劳动模范》,《工人日报》1953年4月29日。

锭的全厂细纱看锭新纪录、比车间平均白花率降低44.43%的生产成绩、"没有读过书,却能看《劳动报》"以及积极学习政治文化等事迹,被评为1953年全国纺织工业部劳动模范。①

基层工厂虽在评模过程中表现积极,但劳模当选后却是另外一幅生态。当选劳模后的社会活动激增,不少青年劳模就坦言"吃不消"②。"被部分落后群众打击""受了委屈""情绪低落,因此生产稍有下降"的情况也屡见不鲜。除被动陷入"无法劳动"的窘境外,也有不少劳模"自满起来,看不起人,严重脱离群众"③。而与上述劳模不同,评模后的黄宝妹的表现颇令国棉十七厂满意,该厂党委多次提到"黄宝妹成为劳模还虚心向群众学习","不仅自己学好工作法还发动大家学会"④,甚至"外出开会,即使很晚回来,也要到小组里去看一下"⑤。

黄宝妹因推广"郝建秀工作法"成为工厂的标志性人物,尽管在国棉十七厂受到前所未有的重视并顺利当选为全国劳动模范,但在1953年全国纺织工业部评选的106个劳动模范中,黄宝妹只是其中平凡的一个。⑥ 即使在上海纺织女界,黄宝妹既没有杭佩兰的资深履历,也不及裔式娟领导的小组久负盛名,甚至无张秀珍等私营工厂工

---

① 《青年社会主义建设积极分子登记表(黄宝妹)》(1955年),上海市档案馆藏,档案号C21-2-658-10。黄宝妹印象最深刻的先进事迹是"没上过学,却能看《劳动报》"的这一条。黄宝妹访谈(1),2015年5月8日。
② 《三天里面就有一天不能学习,金秀兰吃不消这些额外负担》,《青年报》1953年4月17日。
③ 《三年来上海市劳动模范工作情况报告》(1953年4月1日),上海市档案馆藏,档案号C1-1-114-3。《上海市纺织工业劳动模范情况和今后培养劳动模范的意见》(1953年),上海市档案馆藏,档案号A47-1-15-62。
④ 《中共上海市国棉十七厂委员会关于开展增产节约运动的工作简报》(1953年11月16日—11月22日),上海市档案馆藏,档案号A47-2-41-37。
⑤ 《关于黄宝妹同志几个问题的报告(草稿)》(1959年9月),上海市档案馆藏,档案号C16-2-237-88。
⑥ 《国棉十七厂党委会关于一九五三年第四季度增产节约运动初步总结及一九五四年第一季工作打算》(1954年1月7日),上海市档案馆藏,档案号A47-2-41-64。

人的特殊符号。① 按照一般的规律,全国劳模的光环会在数年间消退,黄宝妹也将很快被后起之秀超越并取代。然而,一个并不特殊的机遇使黄宝妹显示了自己的独到之处,从而在庞大的女劳模群体中脱颖而出,产生出超越普通劳动模范的另一种象征意义。

第二节 摩登初现

一、苏联:另一种"洋"

1954年4月底,黄宝妹作为劳模代表赴苏联参加"五一"国际劳动节观礼。临行前,她特地做了一些非常漂亮的缎子长旗袍。到了莫斯科,她看到苏联女工们都穿着花衣服、花裙子,头上扎着花头巾,"美丽极了",相比之下,自己的服装黯然失色。② 她还注意到苏联人喜欢唱歌,特别喜欢跳交谊舞。苏联之行是黄宝妹首次走出国门,在异国的见闻给她留下了极其深刻的印象。回国后,她开始学习跳交谊舞,形象发生了很大变化。她烫了头发,又立刻做了两件布拉吉(连衫裙)。③

劳动模范既是劳动明星,更是政治正确性的样板,不仅需要在生产上发挥先进作用,还"需要在各种政治活动和社会活动,对广大群众进行教育"④。回国后的黄宝妹被派往各地作报告,内容是宣传苏联。在报告中,她开始以全新的美丽形象出现,而最常穿着的就是颜色鲜艳的旗袍和在当时颇为时髦的布拉吉。起初,黄宝妹小心翼翼,习惯在花裙子之外披上暗色的长款大衣或蓝布衫加以遮盖。但听众

---

① 《时时把人民的需要记在心上,张秀珍钻研技术提高质量》,《劳动报》1953年8月7日。
② 黄宝妹:《我决心带头穿起漂亮的服装》,《新民晚报》1956年3月5日。
③ 黄宝妹访谈(1),2015年5月8日。
④ 《劳模工作情况》(1953年4月29日),上海市档案馆藏,档案号C1-1-114-3。

的积极反馈给了她信心,她的胆子渐渐大了起来。① 黄宝妹的形象有别于传统纺织女工,在女劳模之中也属另类。但这一形象的产生并不偶然,它脱胎于新中国的政治宣传与老上海基层社会的空间之中。

近代上海以"崇洋"为特征,但上海作为国际化大都市的崇洋趋新主要以"西洋"为参照、以欧美为标杆,那些人高马大的白俄人常被剔除出"外国洋人"的范畴之外,有时甚或沦为"外国瘪三"②。1949年后,中国逐渐确立了政治上一边倒的模式,随着大规模经济建设的展开和向社会主义过渡,掀起了向苏联学习的群众运动。电影、音乐、文学、展览、派遣专家、讲演报告以及互访形式,都成为进一步宣传苏联先进性的途径,其中以苏联的文化输入效果最为明显。万紫千红的苏联花布成为"新鲜"事物,苏联鱼子酱也成了洋菜。《莫斯科郊外的晚上》对于上海人而言,总比《小二黑结婚》等乡村爱情故事更能产生共鸣,上海青年群体开始热衷于唱俄罗斯民歌,很多人还追起了苏联明星。③ "摩登女郎"作为近代上海的代名词,与"洋"构成了上海都市最明显的特征。1949年后,女工在工资待遇等方面逐渐得到改善,稍有了一些追逐时尚的资本。但工人长期所形成的刻板印象,朴素的工作服在政治宣传中的合法性与标志性都构成了一种束缚。有女工刚进厂时,打扮得比较漂亮,还烫了头发,就被人斥责为"小阿飞","作风不正派"。只要"穿得花一些",便有人说"跟资产阶级学样"④。在追逐时尚的弄潮儿中间,青年女工成为最为积极又尴尬的支持者,她们有心追逐摩登却无力摆脱束缚。在此背景下,黄宝妹的出现显得恰到好处。

黄宝妹的形象既迎合了"学习苏联"的政治宣传,又满足了上海基层社会的文化需要。依托于这一摩登女工的形象,上海将近代以来以西洋为标杆建立起来的"崇洋趋新"加以改造,并与新中国"向苏

---

① 黄宝妹访谈(2),2015年7月20日。
② 程乃珊著,贺友直图:《上海FASHION》,上海辞书出版社2005年版,第132—133页。
③ 程乃珊著,贺友直图:《上海FASHION》,第138页。
④ 《穿花衣服不该受责难》,《解放日报》1956年3月7日。

联学习"的思路相结合,将学习苏联转化为崇另一种"洋",从而在文化心态上找到了另一个支点,黄宝妹的摩登形象因此迅速流行起来。党报记者努力捕捉黄宝妹的身影,有时还会出现张冠李戴的错误。①伴随新闻报道而来的是青年读者的青睐,求爱信纷至沓来,黄宝妹一时成为大众情人。厂党委及工会不得不派专人负责回信拒绝,《人民日报》还专门刊登报道,介绍黄宝妹一家讨论宪法的情景,借此暗示黄宝妹已结婚生子,帮助其解除困扰。②

除了在报告时以新形象示人,卷发与布拉吉也逐渐成为黄宝妹的日常装扮。她穿着布拉吉到厂里,小姐妹起初看了也都很奇怪,问她"怎么穿这样的衣服?"但黄宝妹则以"一定要向苏联人民学习,穿得美丽一些"为武器捍卫自己的形象。③ 后来厂里一些青年女工看她穿着漂亮,也做了布拉吉穿在身上。④ 与"见了毛主席之后,连工服也不穿了,换上了笔挺的中山装"而被认为已经开始腐化变质的男劳模受到不同的待遇⑤,基层工厂对于黄宝妹则表现得相当宽容。黄宝妹的劳模身份为其形象提供了合法的外衣,这种合法的摩登在工厂中引领了一股潮流。

二、"劳动所得、光荣享受"

1955年5月17日,上海团市委机关报《青年报》发表文章,号召

---

① 《文汇报》记者于1954年10月19日报道了华东工业青年先进生产者会议开幕的盛况,其间专门提到劳模黄宝妹前来参会,但次日就刊登更正启事,向读者道歉,记者误将其他先进生产者当作黄宝妹。《华东工业青年先进生产者会议在本市开幕》,《文汇报》1954年10月19日。《更正》,《文汇报》1954年10月20日。
② 朱金大、韩兆云主编:《踏遍青山人未老——劳动模范黄宝妹》,香港天马出版有限公司2014年版,第169页。该书系黄宝妹口述的自传。另见陈瑞枫:《在一个幸福的家庭里——记全国纺织工业劳动模范黄宝妹家讨论宪法草案》,《人民日报》1954年8月19日。
③ 黄宝妹访谈(2),2015年7月20日。
④ 上海影像工作室:《百姓生活记忆:上海故事》,学林出版社2012年版,第129页。
⑤ 《三年来上海市劳动模范工作情况报告》(1953年4月1日),上海市档案馆藏,档案号C1-1-114-3。

"姑娘们,大胆穿起花衣服吧",称"不但要把国家打扮得像一个百花盛开的大花园,也要把姑娘打扮得像一朵鲜花、一颗宝石"①。次年妇女节前后,团市委又专门讨论了妇女的服装问题,要求从彰显"社会主义国家欣欣向荣,人民生活像花一般地漂亮美满的新气象"这一目的出发,改进本市妇女的服装工作。②配合团市委的要求,上海《青年报》再次发出号召,《解放日报》也大力驳斥"好像凡是喜欢把自己打扮得漂亮一些的人,都有资产阶级享乐思想"这一"奇怪的论调"③。黄宝妹则与之积极互动,她带头穿起漂亮衣服,并呼吁"大家把所有漂亮衣服都拿出来穿"④。

不久,上海妇女儿童服装展览会筹备处的一个工作组携带新服装式样,亲自前往黄宝妹所在的国棉十七厂,举行了一个小型的服装展览会。黄宝妹在上班前,和其他工人一起参观了新服装。《新民晚报》的记者还特别关注到黄宝妹当天的穿着,称"她身上穿着一件很漂亮的短大衣,面子虽然是黑色的呢料,但灰背皮的大领子和金黄色的大纽子,恰当地改变了这一件新装的单纯的色彩"。在参观展览会之后,黄宝妹还"准备在上海做一件新式样的连衫裙",预备带到北京在开会时穿。⑤

除了"带头穿上漂亮的服装",黄宝妹还积极利用劳模身份为女工谋福利。在市人大会上,黄宝妹等人联名要求在杨浦区新设一批大中型商店,以满足女工的消费需要。根据她的建议,1956年10月,杨浦区计划建立新的商业中心,配有出售西菜咖啡和酒菜点心的饮食商店,大型服装公司,大型理发店,洗染店,女子浴室,卷烟店,照相

---

① 《支持姑娘们穿花衣服》,《青年报》1955年5月17日。
② 《青年团上海市委宣传部关于改进妇女和儿童服装问题的宣传材料》(1956年),上海市档案馆藏,档案号C21-2-845-5。
③ 《勇敢地穿起来!》《穿花衣服不该受责难》,《解放日报》1956年3月7日。
④ 黄宝妹:《我决心带头穿起漂亮的服装》,《新民晚报》1956年3月5日。
⑤ 《新服装送到了国棉十七厂》,《新民晚报》1956年3月21日。

第三章 "摩登"劳模：从青工模范到时髦女郎

馆,出售脚踏车、无线电等的交电商店等也应有尽有。① 市福利公司还根据黄宝妹等人的意见,决定将该区的美兰理发店加以扩充,并从市区抽调技术较好的理发师为女工服务。②

黄宝妹并非唯一一个走出国门的女劳模。在她之前,上海劳模杭佩兰③就曾赴苏参加十月革命庆典,归国之后也一度受到追捧。劳模个人的社会活动与基层工厂本身的利益经常背道而驰,当杭佩兰作为国家人与工厂人的两种身份产生冲突之时,她很快从形象代言人这一角色中抽身出来,在基层工厂的扶植下恢复了劳动模范的角色。④ 与之相比,黄宝妹则作出了另一种选择。她清醒地认识到这种"展示"的巨大效应,并以出访苏联为契机,为自己开拓新的局面。⑤ 1956年5月,根据上海市委的意见,黄宝妹被提拔为国棉十七厂工会副主席。⑥ 尽管她陷入了"不劳动"的窘境,对于这一市委提拔的劳动模范,国棉十七厂仍十分礼遇。⑦ 也正是考虑到党内外的"影响",热

---

① 《杨浦区将建立新的商业中心,适应广大工人和居民的需要》,《新民晚报》1956年10月15日。
② 方壮潮、王永年：《杨浦区一家理发店扩充,接受黄宝妹等意见》,《新民晚报》1956年12月28日。
③ 杭佩兰,女,江苏扬州人。曾任上海第一棉纺织厂车间副主任,1950年当选为第一届全国劳动模范、第一届全国人大代表,后任北京第二棉纺织厂成品检查科科长、工程师。
④ 《上海市纺织工业劳动模范情况和今后培养劳动模范的意见》(1953年),上海市档案馆藏,档案号 A47-1-15-62。
⑤ 笔者在访谈过程中,曾问到为什么几次都派她出访,她说大概是因为其形象比较好。黄宝妹访谈(1),2015年5月8日。后来国棉十七厂党委曾批评黄宝妹,称她常对别人说,"我想,到外面去的作用比在厂里挡两台车的作用大得多"。《关于黄宝妹同志几个问题的报告(草稿)》(1959年9月),上海市档案馆藏,档案号 C16-2-237-88。
⑥ 1956年5月,马天水在国棉十七厂检查工作时曾提到黄宝妹可提拔为干部。《关于劳模黄宝妹脱产担任工会副主席工作问题的报告》(1956年8月7日)。《关于同意上海市国棉十七厂张生娣、应五妹、黄金(宝)妹、沈金秀等同志提升的批复》(1956年5月26日),上海市档案馆藏,档案号 A36-1-36-69。
⑦ 据黄宝妹回忆,"大跃进"开始后,厂里开始下放部分干部回厂里做工。黄宝妹主动要求回到车间,但厂党委坦言她是市委指定担任职务的,并称"不敢"让她回车间。黄宝妹访谈(2),2015年7月20日。

衷于社会活动而脱产时间较长的黄宝妹仍在1956年获得"上海市青年生产突击手"称号。①

如果说1956年官方对黄宝妹摩登形象的公开支持是大环境的产物,那么伴随着1957年反右派斗争的开展与政治气候日趋严峻,对于女性消费的鼓励也戛然而止。上海《青年报》在一片批评声中进行了自我检讨。② 上海市总工会、团市委也开始纠正青年女工中存在的不良倾向,以配合日益紧张的政治运动。③ 上海青年女工中"向往奢侈、享受的风气"在各方面的压力下,从潮流转为暗流,但仍在工厂内外涌动。据总工会的报告反映,"青年女工在生产时都穿着花花绿绿的衣服,平时互相讲究谁漂亮。发了工资都买新式的衣服"④。团市委的调查还显示,从1957年起,工厂里开始盛行金链条,有女工追求"大衣、钻戒、收音机、四季衣服毛绸丝"⑤,更出现了"到处打听什么服装式样最时兴,什么店理发式样最漂亮,什么服装要梳什么样的头,配什么样的裙子、袜子、皮鞋"的"时髦小姐"⑥。至于"爱漂亮"的劳模黄宝妹,团市委干部虽也表示过担忧,但在公开场合始终保持着缄默。⑦ 与受到批评的普通女工不同,提干后的黄宝妹将更多的时间投身于社会活动,延续着摩登形象,依然保留着相当的曝光率。⑧

---

① 《关于劳模黄宝妹脱产担任工会副主席工作问题的报告》(1956年8月7日)。
② 《关于如何掌握青年跳交谊舞问题的请示报告(草稿)》(1957年7月26日),上海市档案馆藏,档案号C21-1-527-51。
③ 《共青团上海市委关于乘"反浪费、反保守、比先进、比多快好省"运动之风,进一步保证青年工人思想大跃进的调查材料(草稿)》(1958年9月14日),上海市档案馆藏,档案号C21-1-600-7。
④ 《上海市工会联合会关于新工人、青年工人会议收集的青年工人某些不良现象的材料》(1956年),上海市档案馆藏,档案号C1-2-1819-167。
⑤ 《共青团上海市委关于乘"反浪费、反保守、比先进、比多快好省"运动之风,进一步保证青年工人思想大跃进的调查材料(草稿)》(1958年9月14日),上海市档案馆藏,档案号C21-1-600-7。
⑥ 《上海电表厂一位"时髦小姐"的转变》(1960年9月12日),上海市档案馆藏,档案号C21-2-1469-1。
⑦ 黄宝妹访谈(2),2015年7月20日。
⑧ 《中苏友好大厦欢乐处处,各国青年六千人大联欢》,《文汇报》1957年11月6日。

第三章 "摩登"劳模:从青工模范到时髦女郎

除了具有与众多劳模不同的光鲜外表,黄宝妹还有一个"摩登"的爱好——表演越剧。20世纪三四十年代,越剧曾在上海滩大放异彩。女子越剧布景、行头考究,女演员的服装漂亮时尚,上海女性争相模仿。老上海的照相馆还推出过以越剧人物为造型的戏装照,颇受欢迎。① 年幼时的黄宝妹就是越剧迷,但为生活所迫,看越剧的次数屈指可数。黄宝妹多次回忆起解放前第一次看越剧《梁祝》的情景,按照她的说法:就这一看,便把她"迷住了"。第一次看到越剧的她不禁感叹,"原来有这样好的戏剧:小生、老生都由女的扮演,服装又那么漂亮,音乐又那么好听"。可是黄宝妹妈妈不得不叮嘱她:"看戏不是我们穷人看的,想想看,你一个月才挣多少钱啊!"② 黄宝妹为生活所迫,经济拮据,看越剧的次数屈指可数,"有时兴到,也只是在马路上听听商店里播唱的越剧唱片"③。

1953年当选劳模之后,纺织工业部奖给她一架收音机。之后,她就常在家里收听越剧节目,"有时一面听,一面就拿出唱本跟着哼",只要越剧有新戏演出,她也总是抽空去看。渐渐地,她从看越剧发展为自己扮相、表演。黄宝妹的文艺爱好拉近了她与艺术界的距离,她开始成为一系列文艺作品的原型。上海市越剧团特地排了新戏《黄宝妹》,话剧《红蕊子》也是改编自黄宝妹的故事。越剧迷的她也开始在文艺舞台上初露锋芒,许多单位都邀请她前去表演,连市里召开共青团干部大会,也点名要她来一段越剧。④ 她给领导干部留下了很深刻的印象,并逐渐成为文艺界的宠儿,而这种趋势在1958年到达了顶峰。

---

① 煌莺:《女子越剧红的理由》,《绍兴戏报》1941年1月13日。另参见罗苏文:《论近代戏曲与都市居民》,林克主编:《上海研究论丛》第9辑,上海社会科学院出版社1993年版,第226页。
② 黄宝妹:《从看〈梁祝〉到唱〈盘夫〉》,《新民晚报》1962年9月27日。
③ 黄宝妹:《从看〈梁祝〉到唱〈盘夫〉》,《新民晚报》1962年9月27日。
④ 朱金大、韩兆云主编:《踏遍青山人未老——劳动模范黄宝妹》,第61—62页。

第三节 "大跃进"中的工人"影星":升华抑或堕落

一、黄宝妹与《黄宝妹》

1958年5月,中共八大二次会议通过"鼓足干劲,力争上游,多快好省地建设社会主义"总路线,"大跃进"的浪潮席卷全国。在中共上海市一届二次会议上,柯庆施进一步提出了十二项奋斗目标,要求上海向现代化纺织基地迈进。上海发展纺织工业的积极性空前高涨,与此同时也出现了干部下放与参加劳动生产的高潮。在此背景下,黄宝妹主动要求重回工厂,并以纺织工人的身份参与到"大跃进"运动中,她的表态得到了市委领导的肯定。① 恢复了工人角色的黄宝妹积极投入生产,配合了如火如荼的政治运动,在关键时刻最大限度地发挥了作为劳模的示范作用,而这一选择也依托于特殊的历史背景,再次为她赢得了机遇。

1958年5月底,文化部发布了《关于促进影片生产大跃进的决定》,上海天马电影制片厂根据贯彻"三结合"的创作方法和"纪录性艺术片"的创作思路,结合周恩来"上海劳动模范很多,可以选择一两个拍摄纪录片"的口头指示②,决定拍摄一部反映劳模的电影,由谢晋担任导演。团市委召开座谈会,干部着重介绍了黄宝妹,称她"从1953年起,一直保持先进旗帜的光荣称号",还特别强调黄宝妹从"大跃进"开始后主动回到工厂,"在这次大跃进中,黄宝妹小组又创造了四小时半消灭细纱上接头白点的神话般的奇迹",报纸上也能经常看到她的事迹。③

---

① 黄宝妹访谈(2),2015年7月20日。
② 陈育辛等:《谈影片摄制组中党的工作》,《中国电影》1959年第1期。
③ 谢晋:《深刻的教育,愉快的协作——拍摄"黄宝妹"工作散记》,陈荒煤等:《论纪录性艺术片》,中国电影出版社1959年版,第41页。

第三章 "摩登"劳模：从青工模范到时髦女郎

除了黄宝妹的各项事迹，令谢晋心动的还有天马电影厂副厂长的介绍。据他说，黄宝妹"很漂亮，人很活跃，非常爱看电影，据说也会唱越剧"①。谢晋很快想到，若是把黄宝妹的事迹写成电影剧本后，让她自己来演自己，效果会更好。② 后来谢晋到黄宝妹家和她见面聊了几次之后，就决定让黄宝妹演自己。③

1958年电影《黄宝妹》开拍，黄宝妹在剧中出演自己。在当时严苛的氛围下，上影四面楚歌，屡次被公开点名。尤其是在朴素而年轻漂亮的"护士小姐"和讲原则、有事业心、有人情味的"上海姑娘"均被认为是"千方百计、借尸还魂地来表现、宣扬小资产阶级、资产阶级的思想情感"而遭到批判之后④，电影人如履薄冰、谨小慎微，唯恐与"资产阶级"有任何瓜葛。但对于黄宝妹而言，出演电影却意义非常。在老上海的女性看来，电影明星往往代表着最摩登的女性，以至于谈到"摩登"，就联想到明星。⑤ 尽管出演"劳模"的角色，黄宝妹却渴望得到演员一样的"待遇"。双方在塑造形象方面还因此产生过一些分歧，如黄宝妹服装穿得稍微漂亮一点，就被电影人认为不像工人，而像机关干部或学生。在得到摄影师"拍漂亮小姐才要加砂……加了砂就不像工人了"的答复后，黄宝妹批评道："他们对我们工人是存在不正确看法的，我们工人就是不漂亮的……今天我们拿自己的劳动来建设社会主义，过着社会主义的生活，为什么不能穿得漂亮一些

---

① 谢晋：《深刻的教育，愉快的协作——拍摄"黄宝妹"工作散记》，陈荒煤等：《论纪录性艺术片》，第41页。
② 谢晋出生在浙江上虞，毗临嵊县，是越剧的源头。他1964年还拍摄了越剧《舞台姐妹》，谢晋导演讲起了自己与越剧的情缘。参见谢晋：《遵循规律调实焦点——与电影界的同行谈心》，《我对导演艺术的追求》，中国电影出版社1990年版，第207页。
③ 黄宝妹访谈(1)，2015年5月8日。
④ 受到批判的电影包括《护士日记》(江南电影制片厂，1957年)和《上海姑娘》(北京电影制片厂，1957年)。陈荒煤：《坚决拔掉银幕上的白旗——1957年电影艺术片中错误思想倾向的批判》，《陈荒煤文集》第7卷《电影评论(上)》，中国电影出版社2013年版，第113页。
⑤ 许美埙：《一个摩登演员》，《现代电影》1933年第5期。

呢?"①相较于胆怯的电影人,工人模范黄宝妹凭借自己的阶级与政治优势表现得更加"勇敢"。

作为一个特定时代的产物,电影《黄宝妹》主要刻画了黄宝妹不畏困难的生产模范形象。尽管如此,谢晋还是特意注入了一些特别的情节,影片中出现了黄宝妹穿着戏服学唱越剧的镜头。电影海报中,黄宝妹一副纺织女工的打扮,工作服上更是清楚地写着"互相学习互相帮助,取长补短共同提高"。②但在影片中黄宝妹还是穿上了自己最喜欢的衣服,那件曾经被《新民晚报》报道过的黑色滚边棉袄多次出现,而那不经意间出场的锃光发亮的皮鞋也都给这部艺术纪录片增添了一些独特之处。

二、好模范、坏模范

1958年底,电影《黄宝妹》在全国放映。在《北京日报》《北京晚报》等联合举办的"最受欢迎的国产影片"评选活动中,《黄宝妹》成为得票最多的一部艺术纪录片③。更多的积极评价则主要源于其政治正确性,有观众认为其获得的成功正是"正确地遵循党的文艺方针而获得的成就"④。也有不少影评人认为它抨击了"大跃进"中的"观潮派"⑤。而在更多人眼中,与其说电影本身受到关注,不如说"应该大书特书的一件事是:影片中黄宝妹这一角色的扮演者就是黄宝妹本人"⑥。当黄宝妹手拿纺纱的海报出现在各个电影院门口之时,她也成为一个美丽而醒目的标签,从而在各个领域均受到前所未有的追捧。⑦

---

① 朱修勤、刑祖文:《访工人电影演员》,陈荒煤等:《论纪录性艺术片》,第72页。
② 朱金大、韩兆云主编:《踏遍青山人未老——劳动模范黄宝妹》,第140页。
③ 《北京推选1958年观众最喜欢的国产影片》,《文汇报》1959年2月4日。
④ (浙江电影制片厂)朱军:《新的时代,新的电影》,《大众电影》1958年第21期。
⑤ 王云缦:《〈黄宝妹〉和"观潮派"》,《大众电影》1958年第21期。
⑥ 石方禹:《喜逢〈黄宝妹〉》,《大众电影》1958年第19期。
⑦ "黄宝妹访谈"(1),2015年5月8日。另见朱金大、韩兆云主编:《踏遍青山人未老——劳动模范黄宝妹》,第98页。

第三章 "摩登"劳模：从青工模范到时髦女郎

"照相馆报广告照,要请黄宝妹,元旦广播节目,人民电台一定要请黄宝妹唱一段越剧",有些单位"指明要黄宝妹,调一个也不行。电话里打交道,请不到黄宝妹电话不挂,也有干脆派人到厂里坐等,请不到黄宝妹,人就不走","有些报馆,只要记载黄宝妹的事迹的稿件就刊些",还有的单位"组织群众夹道欢迎,也有的地方摆宴会,送礼物、衣料、围巾、洋伞、照相机、馒头糕、土特产"①。这一年,黄宝妹作为唯一的普通工人和邓颖超、康克清等女领导人及领导夫人一起出席了世界妇女理事会。她还登上了妇联主办的外文杂志的封面,杂志专门讲述了她带领小组迎接劳动竞赛和挑战,解决纺织难题的片段。②

出演电影《黄宝妹》之后,黄宝妹在劳动模范之外又有了"工人影星"的头衔。1959年11月2日,黄宝妹出席由文化部、中国电影工作者联谊会举行的宴会,共同庆贺1959年国产新片展览月的成功。③此后,黄宝妹虽没能转型成为专业演员,但"电影明星"的"派头"和光鲜外表,还是将她推上了风口浪尖,而附加于她身上的诸多角色也开始出现不可调和的矛盾。

黄宝妹"成名"后,社会各界对黄宝妹发出的热情邀请纷至沓来。国棉十七厂出于培养劳动模范、帮助其发挥生产带头作用的考虑,多次出面拒绝。但市委层面的施压与黄宝妹个人的积极互动常冲破基层工厂设置的屏障,双方摩擦不断。④ 尽管如此,在相当长的一段时

---

① 《关于黄宝妹同志几个问题的报告（草稿）》(1959年9月),上海市档案馆藏,档案号 C16-2-237-88。
② Yang Po, "A Knotty Problem Solved," *Women of China*, No. 4(1959), pp. 20-24.
③ 《让电影艺术之花更加灿烂,周总理出席招待会祝贺新片展览月的成功,文化部负责人谈大跃进以来电影工作的成就》,《人民日报》1959年11月3日。
④ 1956年,毛泽东视察上海,并在中苏友好大厦进行座谈,上海市委曾指定黄宝妹参加。但国棉十七厂一直未通知她,会议开始后才急匆匆通知黄宝妹前往。黄宝妹访谈(1),2015年5月8日。国棉十七厂党委在另一份报告中也指出：厂里曾出于真心爱护与支持她的态度,"主动为她挡掉一些不必要的活动","但黄宝妹同志却常常因此而不高兴"。《关于黄宝妹同志几个问题的报告（草稿）》(1959年9月),上海市档案馆藏,档案号 C16-2-237-88。

间里,国棉十七厂还是展示出保护劳模、休戚与共的姿态,对于黄宝妹的一些负面信息也尽可能加以掩盖。① 这或许是因为事故频发的国棉十七厂急需正面典型所带来的红利加以挽救。② 不过,伴随着黄宝妹的"问题"增多,来自四面八方的投诉使工厂招架不住,厂党委也逐渐改变了态度。在1959年9月给市委工业部的报告中,厂党委严肃指出黄宝妹"自满骄傲""脱离群众和生产"等问题,并将矛头指向不客观的报纸宣传,特别批评了电影《黄宝妹》,认为影片"把黄宝妹讲得太好,把别人讲得太差",甚至个别镜头"完全是虚构出来的",从而"造成了恶劣的影响,群众指指点点"③。

在撰写报告的过程中,厂党委几易其稿、反复斟酌,部分相对直白的表述均在后面的陈述中进行了删改,表现了他们的犹豫与担忧。在是否继续扶植黄宝妹的问题上,他们权衡利弊,最终作出了"今后只要继续加强对她的教育,仍然可以发挥先进旗帜作用"的结论④。

尽管对于黄宝妹颇有微词,也一改主动保护与积极宣传的姿态,但这种来自基层工厂的微弱声音仅仅成为黄宝妹风光背后的一段小插曲,黄宝妹继续作为上海乃至全国工人的典范受到各级党媒的青睐。1959年,青年团上海市委组织部再次授予黄宝妹"上海市红旗青年突击手"称号。黄宝妹的先进事迹材料显示,她的这种模范作用影响到全国各地,有石家庄、无锡、云南、安徽等地棉纺织厂的细纱工

---

① 《关于黄宝妹同志几个问题的报告(草稿)》(1959年9月),上海市档案馆藏,档案号C16-2-237-88。
② 1955年11月,国棉十七厂发生了黄白布的严重事故,上海市国营纺织工业委员会点名批评了厂长谷风。此事本应进行通报批评,并转发给各厂党委,但最终仅作为材料上报国营工业部与市检查委员会。《关于十七棉几件生产情况的检查报告》(1955年12月16日),上海市档案馆藏,档案号A47-2-661-6。《通知》(1956年2月2日),上海市档案馆藏,档案号A47-2-661-32。
③ 《关于黄宝妹同志几个问题的报告(草稿)》(1959年9月),上海市档案馆藏,档案号C16-2-237-88。引号中的文字在草稿中均被删去。
④ 《关于黄宝妹同志几个问题的报告(草稿)》(1959年9月),上海市档案馆藏,档案号C16-2-237-88。

人,来厂学习黄宝妹的操作经验和逐锭栓修工作法,他们都给予黄宝妹好评,石家庄纺织工人学习结束回去以后,在全市还掀起了一个"学黄宝妹,赶黄宝妹"的运动。组织部还特别提到:"近年来,黄宝妹的社会活动特别多……但是她在生产上并没有掉队,永远保持先进。"①同年,少年儿童出版社与上海美术出版社先后出版读物,配合了市委对黄宝妹的宣传。②

尽管在国棉十七厂内形象不佳,作为工人的生产模范作用也消失殆尽,但凭借在全国范围的辐射作用,黄宝妹成为上海工人先进性的代言人,同时对于其形象的建构仍在继续进行中。

第四节 被观看的摩登劳模

一、世界舞台上的青工代表

1958年,在苏联白俄罗斯国立博物馆里,展出了苏联著名艺术家谢里汉诺夫最新的雕刻作品"他眼中的中国人物雕像","劳动模范黄宝妹"作为"工人"代表位列其中③。黄宝妹进入苏联艺术家的视野并不意外。据称,苏联领导人来华访问时,就曾对中国女性过于朴素的穿着提出了质疑,认为这种形象不符合社会主义国家的精神面貌。④ 黄宝妹自1954年出访苏联以来逐渐形成的美丽时髦形象,构成了其作为被解放的妇女、领导阶级的工人,以及社会主义的中国等代言人的资本。经过包装后的黄宝妹及其住所几乎成为苏联代表团

---

① 《青年团上海市委组织部关于黄宝妹同志先进事迹的材料》(1959年),上海市档案馆藏,档案号C21-2-1373-143。
② 唐克新著,朱然绘图:《永远向前的黄宝妹》,少年儿童出版社1959年版。胡祖清图:《黄宝妹夜战白点》,上海美术出版社1959年版。
③ 《苏联著名雕塑艺术家谢里汉诺夫的杰作》,《新民晚报》1958年3月4日。
④ 许星:《论20世纪五十年代苏式服装在中国的兴衰》,《南京艺术学院学报(美术与设计版)》2008年第6期。

参观上海时的"景点"之一。①

1959年7月26日至8月4日,第七届世界青年与学生和平友谊联欢节在维也纳举行,由上海团市委上报,经团中央组织部批准同意,黄宝妹作为工人代表列席代表团。② 世青节是当时规模最大的国际集会,对于在外交上执行"一边倒"政策的新中国而言,它也是为数不多的与西方接触的途径之一,成为难得的展示社会主义中国风采的舞台。团中央以"宣传我国各方面的成就,扩大我国的政治影响"为目标,要求各行业代表充分准备材料,以反映"工农业生产,交通水利建设,文化教育等方面的新气象,人们愉快美好的生活以及新的社会风尚"这一主题③。

到达维也纳后,黄宝妹和其他女团员身着统一的白底花旗袍,她们的亮相使新中国"名声大震"④。代表团中的黄宝妹格外引人注目,邀请其跳舞之人络绎不绝。⑤ 她还回忆,参加世青节的外国人对于"上海"印象深刻,得知她是上海来的代表都翘起大拇指,这令她感到非常骄傲。⑥ 也正是在维也纳,黄宝妹拍摄了她认为一生中最美丽的照片。照片中的黄宝妹烫着卷发,一缕碎发置于额头前。她身穿花旗袍,手上戴着一只手表,低头摆弄手中的照相机,露出甜美笑容。⑦

---

① 据黄宝妹回忆,在1956年前后,上海市总工会工作人员陪同一位苏联代表到黄宝妹家里参观。苏联代表见到她三代人同住在一间老房子中,激动地说:"黄宝妹是劳动模范,又是人民代表,怎么住这么差的地方?"后来为了外事活动需要,在市领导的要求下,厂里将两间宿舍分配给黄宝妹。朱金大、韩兆云主编:《踏遍青山人未老——劳动模范黄宝妹》,第51页。1959年6月,市纺织工会设宴招待苏联纺织轻工业工会,劳动模范黄宝妹也是座上宾客。《苏轻纺工业工会代表在上海进行参观访问》,《文汇报》1959年6月10日。
② 《共青团上海市委组织部关于1959年出席世界青年联欢节上海代表的名单》(1959年),上海市档案馆藏,档案号C21-2-2866-6。
③ 《团中央、共青团上海市委有关参加第七届世界青年联欢节的通知、来往文书》(1959年5月15日),上海市档案馆藏,档案号C21-2-1264。
④ 黄宝妹访谈(1),2015年5月8日。
⑤ 朱金大、韩兆云主编:《踏遍青山人未老——劳动模范黄宝妹》,第59页。
⑥ 黄宝妹访谈(1),2015年5月8日。
⑦ 朱金大、韩兆云主编:《踏遍青山人未老——劳动模范黄宝妹》,封面。

第三章 "摩登"劳模：从青工模范到时髦女郎

据她回忆，这张照片实际上是一种被观看下的摆拍。一个外国记者将照相机借给她，让她摆出这个动作后完成了拍摄。她的形象似乎与老上海的摩登女郎存在相似之处。这样一个光鲜美丽的工人形象代表了社会主义阵营对于工人阶级的理想设计，黄宝妹很好地完成了被观看的社会主义中国代表的任务。这张照片后来未在国内刊登，而是流向海外，被刊登在捷克的主要报纸《青年阵线》上。黄宝妹的影像也受到多家外国媒体的青睐，苏联记者拍摄黄宝妹身穿格子衬衫手拿鲜花的照片并予以登报，黄宝妹与朝鲜等国妇女的合影还被刊登在奥地利的报纸上。颇值得玩味的是，黄宝妹参加世青节的新闻虽也受到了国内一些新闻媒体的关注，但相关报道聚焦于社会主义阵营大团结、青年联欢的主题之上。《新民晚报》选择了古巴代表团萨卢多团长与黄宝妹的合影。① 《解放日报》则刊登了黄宝妹和印度尼西亚青年代表亲切交谈的照片。② 对于正处于三年困难时期的国内读者而言，黄宝妹个人的美丽形象与大幅照片并不能解决他们的燃眉之急，却可能带来负面影响。经过报道之后的黄宝妹在国内外被赋予了不同的内涵，而她个人也在此次世青节的舞台上遭遇了内冷外热的尴尬境遇。

联欢节结束后，黄宝妹又受邀前往捷克参加世界民主青年联盟第五届全体代表大会。③ 回国后的黄宝妹继续履行作为上海乃至中国形象代表的义务。1959年12月，黄宝妹当选上海市中苏友好协会第三届理事会理事，次年2月又当选上海市纪念三八国际劳动妇女节筹备委员会委员。在参选全国三八红旗手的先进事迹中，黄宝妹的生产成绩仍然作为当选的必要条件被反复提及，尽管她已经与"劳

---

① 《中国青年在联欢节，听卡斯特罗的战友讲古巴革命的故事》，《新民晚报》1959年7月31日。
② 《本市纺织女工黄宝妹在维也纳联欢节上和印度尼西亚青年代表亲切交谈》，《解放日报》1959年7月31日。
③ 此次全体代表大会主要商讨有关世界青年团结、和平，以及世青会的发展问题。Miroslav Vecker, "Prague Greets World Youth," *World Youth*, No. 8 (1959), pp. 1–2.

动模范"渐行渐远。①

二、劳模退场,告别摩登

从1953年开始,中央规定符合出身好、表现好、领导信任、工作突出等条件的国营企业、事业单位和机关、团体以及中国人民解放军系统的正式职工,可经组织上调派学习或经本人申请、组织批准离职报考中等专业学校和高等学校,这些人被称为"调干生"。1959年,教育部发布关于《高等学校中工农、调干学生学习加强辅导的几点意见》,要求"对于全国、全市劳动模范或先进工作者的学习,应特别予以重视,以单独编班的方式,享受自修室等特殊待遇"②。1960年,上海市委研究决定让黄宝妹脱产到华东纺织工学院学习。华东纺织工学院建于1951年6月,是由私立上海纺织工学院、交通大学纺织系、上海市立工业专科学校纺织科合并而成的,是当时全国范围内规模最大的纺织学院,也是纺织业培养干部的摇篮,五六十年代华东乃至全国的著名纺织界劳模几乎都毕业于这所学校。

1960年,上海市委研究决定让黄宝妹脱产到华东纺织工学院学习。9月20日,黄宝妹正式成为纺织工学院纺织工程专业干部班的学生。在读书的日子里,黄宝妹的业余生活也很丰富,她常在宿舍里教同学唱越剧,应邀在"大学生之家"和文化宫里表演越剧,同时继续以工人大学生的身份参与留学生交流等外事工作。③

然而,就在黄宝妹逐渐适应了新的角色的同时,基层工厂与上海市委层面在对其继续支持还是放弃支持这一问题上的分歧再现。在

---

① 《全国三八红旗手预选人》(1960年12月30日),上海市杨浦区档案馆藏,档案号43-2-78。
② 《上海市高等教育管理局关于高等学校中工农、调干学生学习和加强辅导的几点意见》(1959年5月15日),上海市档案馆藏,档案号B243-1-155。
③ 张自强:《七百五十多个中的几个》,《文汇报》1961年10月7日。朱金大、韩兆云主编:《踏遍青山人未老——劳动模范黄宝妹》,第123页。《上海归侨学生举行暑期联欢会》,《文汇报》1962年8月26日。

第三章 "摩登"劳模：从青工模范到时髦女郎

连续八年获得各级劳动模范的称号之后，黄宝妹没能通过国棉十七厂的推荐，在1960—1961年度上海市社会主义建设先进生产者评选中落选了。在随后进行的四次复评中，国棉十七厂顶住了来自区委、市委、总工会等单位的压力，厂领导在复查过程中所表现出的态度和群众的意见表明，基层工厂对于这一无法在厂里发挥先进带头作用的劳模决定不再重用。① 自此，一个失去了先进生产者称号的黄宝妹正式告别"劳模"的光环，但她仍以全新的身份继续活跃于人们的视野中。上海市委与各级机关虽在"挽救"劳模黄宝妹的过程中失败，却仍未放弃这一"著名的先进生产者"和"纺织工人当中较为突出的标兵"，转而从其他角度继续对黄宝妹加以培养与扶植。②

黄宝妹曾因学习推广"郝建秀工作法"而当选全国劳模，进校后的她与郝建秀成为同学。在《解放日报》的要求下，黄宝妹开始与郝建秀通信，并以姐妹信简的方式刊登在报头。党报不失时机地捕捉两人的信息，有意构建了一系列劳模姐妹互相学习、共同进步的形象。照片中的郝建秀梳两根大辫子的朴素形象与黄宝妹身穿布拉吉头烫卷发的形象形成鲜明对比，两个在毛泽东时代被国家赋予了相似政治身份的女劳模也无意中展示了其迥然不同的地方性。③

1963年8月，黄宝妹大学毕业回到国棉十七厂，担任技术员，同时还担任该厂的形象代言人，每年纺织系统沪东块对口检查互助组均由她引领。④ 同以前一样，党报在捕捉其美丽形象的同时仍竭力维

---

① 黄宝妹落选之初，区委就督促厂工会进行了复查。此后，市评选办公室收集厂工会、生产小组、普通群众座谈等各方面的意见。1962年初，市委宣传部工作人员再次前往市评选办公室了解有关情况，并撰写说明刊登于党刊。10月，市总工会又一次进行复查，特别针对厂领导在评模问题上的态度进行了调查。《"黄宝妹落选原因复查"的复查》(1963年3月5日)，上海市档案馆藏，档案号C1-2-3979-17。《关于评选黄宝妹同志先进生产者情况的复查报告》(1962年10月29日)，上海市档案馆藏，档案号C1-2-3979-29。
② 《"黄宝妹落选原因复查"的复查》(1963年3月5日)，上海市档案馆藏，档案号C1-2-3979-17。
③ 黄宝妹、郝建秀：《姐妹书简》，《文汇报》1962年10月21日。
④ 朱金大、韩兆云主编：《踏遍青山人未老——劳动模范黄宝妹》，第124页。

护黄宝妹作为"工人"的身份与气质。有关报道称:"每次下车间,工人们看到黄宝妹的行为和穿戴同没有上大学时一个样子,都亲切地说:'黄宝妹还是我们的黄宝妹。'"①1964年7月,34岁的黄宝妹再次回忆起童年时的贫苦生活,感慨"如今,苦难的生活一去不复返了"②。对自己的现状,她无疑感到非常满意。作为原本生活在上海,却被定义为乡下人的产业工人,黄宝妹在1949年后才正式开启了成为"城市人"的过程,新政权不仅赋予了她作为工人的尊严,还给予了曾经遥不可及的"摩登"。

1963年,"南京路上的好八连"的故事在上海传播开来。军区组织观看电影《霓虹灯下的哨兵》,有指战员听说要讲"一分钱、穿草鞋",表态"不看!"然而,很快就有看过的人前来透露,这部讲述上海解放之初的影片"里面什么都有啊!"③于是,借助"好八连"的故事,以接受共产主义洗礼为名目,他们回顾了刚刚解放而"什么都有的"上海。电影中,灯红酒绿的上海,"《白毛女》的海报和《出水芙蓉》(美国电影)的广告争艳夺目,解放区的歌声和爵士乐的靡靡之音此起彼落"。只不过,此时,"一分钱、穿草鞋、生活朴素"与上海的摩登已经构成了无产阶级与资产阶级的生死之战。"灯红酒绿、纸醉金迷的花花世界,拿枪的敌人藏起了武器,改头换面潜伏下来",他们装扮成少女在解放军战士中兜售香花(见图9)。正如指导员路华所说:"南京路上老开果然可恨,但是,可恼的倒是这股熏人

图9 "霓虹灯下的哨兵"与兜售香花的少女

---

① 张煦棠:《社会主义的新型劳动者》,《文汇报》1964年10月5日。
② 黄宝妹:《听蝉歌,忆童年》,《新民晚报》1964年7月19日。
③ 崔永元制作:纪录片《电影传奇》之《霓虹灯下的哨兵——考验》,北京清澈泉文化传媒有限公司,2006年。

的香风!"①

1949年后,时尚的电影明星逐渐演变为人民演员,所谓"资产阶级"学习着如何低调求生,而黄宝妹的大幅照片与美丽图像就"如什么都有的"电影。透过这个还算时髦的上海劳模,老上海人追忆着曾经有的摩登女郎,新中国的产业工人们也做起了"上海梦"。而当黄宝妹代表中国走出国门接受赞誉之时,"上海"曾经作为国际化大都市的优越感也在社会主义中国有了新的走向。

小 结

从表面上看,22岁的黄宝妹能成为"新工人"的典范并非偶然。她最初以全国劳动模范的身份出场,不但生产出色并积极推广新技术,而且阶级觉悟高、集体主义精神强,这些表现都符合国家对于理想的"新工人"的期待。

然而,真正使黄宝妹脱颖而出的,却恰恰是多少与当时共产党政治原则相悖的形象。与穿着朴素、形象呆板的青年劳模郝建秀、裔式娟等相比,黄宝妹无疑是个另类。不过,宣传黄宝妹对于政府却无疑是有益的。这是因为黄宝妹的另类形象不仅能够迎合相当一部分民众的心理和需求,还能够在国际舞台上为新上海,乃至新中国赢得掌声。来自党和政府的认可、党媒的持续跟踪报道、中外艺术家的青睐以及青年女工的效仿追随,都证实了这一形象适应了当时宣传与基层社会实践的需要。

在党、团的话语中,"旧上海"隐喻着妨碍再造新工人的窒碍,但中国共产党认可的"黄宝妹"恰恰是"新中国"与"旧上海"共同塑造的"新人"。没有"堕落"的"旧上海",就没有"新生"的"黄宝妹"。诚然,是"新中国"赋予了黄宝妹劳动模范的身份,而黄宝妹从登上"新中

---

① 郭小川、马玉才、胡瑞松:《无产阶级战士的高尚风格——"南京路上好八连"纪事》,《人民日报》1963年5月8日。

国"的政治舞台开始,无论其角色怎样嬗变,青工模范的身份始终是她的重要凭借。当她失去劳模身份之后,她的摩登也就失去了合法性。但另一方面,黄宝妹身上的摩登并不完全是"新中国"的产物,而是脱胎于"旧上海"中的灰色文化(即所谓"洋"文化、"摩登女郎"文化)。黄宝妹的摩登之所以能被容忍,是因为她自觉"改造"了自己的摩登风格,既保留了"旧上海"的灰色,又主动吸纳了"新中国"的红色。这种半新不旧的摩登,展现出上海基层社会文化的连续性及其对于新政权意识形态的适应性。

更关键的是,共产主义意识形态本身包含了容纳摩登的潜在空间。在共产主义理想中,工人物质生活与外在形象的丰裕有着重要的象征意义,被视为社会主义政权制度优越性的写照。由此,黄宝妹这个还算时髦的上海劳模实际上具备了双重的吸引力。透过观看黄宝妹的形象,"旧上海"的"遗老遗少"多多少少能够借此抚今追昔,而"新中国"的产业工人们也做起了"上海梦"。而黄宝妹代表中国走出国门、接受赞誉的行为,更表明政府有意对外展示"上海"新旧交融的"新"形象:"新中国"与"旧上海"并非完全不能兼容,昔日的历史遗产并未完全遭到清理,过去的国际大都市在社会主义中国走向了新生。可以说,有且只有新旧杂糅的都市才能孕育出摩登劳模黄宝妹。

在1949—1965年的上海工厂中,存在着颇为庞大的摩登女工群体,她们奉行着"劳动所得、光荣享受"的原则,对于"吃好穿好是否属于追求资产阶级生活"这一问题认识模糊。在她们认真扮演好生产者和劳动者角色的前提下,"摩登"虽屡遭批判,却始终在场。摩登劳模身上呈现出一种新中国、旧上海融汇的姿态。不过,这种融汇能否实现、能否得到承认,终究是因人而异、因地而宜、因时而变。对于存在于工厂的"阿飞"群体而言,新国家、旧上海的互动则呈现出另一种态势。

第四章

工厂"阿飞": 平民时髦人的流变

胡万春在小说《家庭问题》里刻画了一家两代工人的形象。55岁的老钳工杜师傅生活简朴,一顶罗宋帽绒毛已磨光,他仍舍不得丢。而杜师傅的儿子福民,刚从中等技校毕业,他不愿当工人,一心想当技术员。一亮相就是一副时髦男青年的模样,他穿着"长毛绒翻领茄克衫和咖啡色西装裤","刚剃好的青年式头发,油光水滑","浑身上下简直有点光照逼人"①。这部小说后来被搬上荧屏,福民的扮演者张良对"福民"有一番揣摩和认识。在他看来,福民是一个"特殊人物","演过头吗(嘛),变成'阿飞',会歪曲形象,演轻了,又不能表达他所受的资产阶级思想的影响"②。

"阿飞"作为近代上海的"特产",一度被视为"平民时髦人"。1949年后,阿飞被定性为"美帝文化"的产物、"旧上海"的"遗毒"。原本聚集在里弄、学校的"阿飞"逐渐流动至工厂,青工成为"阿飞"的重要来源,一些工厂中还出现了"阿飞"集团,而工厂中打不胜打的"阿飞"也就成为再造新工人的又一阻力。

---

① 胡万春:《家庭问题》,《上海文学》1963年4月号。
② 《家庭问题在彭浦机器厂》,《新民晚报》1964年3月12日。

再造与自塑：上海青年工人研究(1949—1965)

第一节　大上海，"小阿飞"

"阿飞"这一称谓来自洋泾浜英语。在有限的学术成果中，"阿飞"均被纳入流氓的范畴，呈现刻板、片面和静止的形象。① "阿飞"的典型打扮是"三包一尖"（奶油包头、裤子紧包腿臀、小裤脚、尖头皮鞋）。他们既非上流青年的打扮，又多少有点摩登的意思；有几分"纨绔子弟"的味道，又夹杂些"轻浮的举止"。②

在《"阿飞"正传》中，程乃珊详细描述了这些"平民时髦人"的前世：

> 唯有当时一批洋行外资做 office boy 的低等文员，一些缺少管教的高中生，还有工厂里一些较新派的又有点文化的年轻工人，他们穿三件套西装太昂贵也不合适，穿爱国布学生装又太老土，就花花小钱让裁缝做身小裤脚管花衬衫，在休息日约会下如《林家铺子》里林小姐这样的小家碧玉，去大光明看场《出水芙蓉》，或者是在"白玫瑰""南京理发店"做美甲小姐的女朋友，去百乐门"蓬嚓嚓"一下，是平衡他们小男人内心最有效的一招。③

---

① 关于"阿飞"的英文来源存在一定争议，概括起来有"fit""fly""figure""fashion"四种。以笔者目之所及，迄今未见有以"阿飞"为主题的学术成果，但相关通俗读物数量颇丰。参见程乃珊：《"阿飞"正传》（上、下），《上海文学》2001年第7、8期。程蔷、孙甘霖主编：《民俗上海·黄浦卷》，上海文化出版社2007年版，第30页。薛理勇：《上海闲话》，上海社会科学院出版社2000年版，第152—153页。叶世荪、叶佳宁：《上海话外来语二百例》，上海大学出版社2015年版，第161页。此外，关于游民改造的相关研究也多次提及"阿飞"，基本上属于"流氓"层面的解释。参见阮清华：《上海游民改造研究(1949—1958)》，上海辞书出版社2009年版，第34、179、209页。
② 陈丹燕：《蝴蝶已飞》，浙江文艺出版社2012年版，第57页。周起凤：《石榴花开的时候》，《申报》1936年6月23日。频罗：《成衣匠的傀儡》，《申报》1936年11月3日。
③ 程乃珊：《"阿飞"正传（上）》，《上海文学》2001年第7期。

第四章 工厂"阿飞":平民时髦人的流变

旧时洋学生与上海滩的白领常称那些标新立异、打扮得引人注目的人为"这位阿 figure 朋友",或是评论某些前卫的装扮时来一句"迭(上海话,意为'这')个人蛮飞的"①。20 世纪 40 年代从国外传来一种新式舞蹈,"两人对舞,摇头晃脑,抽肩膀,扭屁股",上海人改曲谱名为"满场飞",亦可以从中窥见"飞"字的独特内涵。在时人眼中,裤脚管细得像笔管、花得耀眼的衬衫、尖头皮鞋乃至于乘势凌空的"飞机头"(见图10),不过是爱漂亮的都市儿女的生活剪影。② 上海著名消闲小报《小日报》还有一撰稿者常以"阿飞"自称,"阿飞"在旧上海之流行可见一斑。

图 10 "飞机头"

无论是"阿飞"这一称谓还是他们的典型装扮,均是美国文化与

---

① 程乃珊:《"阿飞"正传(上)》,《上海文学》2001 年第 7 期。
② 额前留部分头发,用吹风机压好再回旋,使头发向前高高翘起,形似飞机的头部。再涂上厚厚的凡士林,油光发亮,这即是"大包头",或称"奶油包头""飞机头"。参见李阿毛文,董天野图:《洋泾浜图说》,上海大学出版社 2015 年版,第 197 页。萧毓华:《风气》,《申报》1942 年 5 月 21 日。云郎:《飞机头》,《时代周报》1946 年第 3 期。

上海都市文化相结合的产物，而对其影响最大的又是好莱坞电影。除了侠义爱情诙谐片、牛仔频繁出没的美国西部片外，在好莱坞明星中间风靡一时的飞行热，也直接推动了"阿飞"的产生。这也可以解释为何"大包头""奶油包头"在当时被称为"飞机头"，"阿飞"也被戏称为"小飞机"。

中华人民共和国成立之初，"阿飞"多被冠以"小"，与沪上另一群体"老克拉"（洋泾浜英语，克拉即 color）相对，展示了另一个年龄层次与时髦档次。"阿飞"之"小"首先体现在年龄上，他们中以一二十岁的青少年为多；其次，他们徘徊街头，以奇特的衣着为炫耀，偶尔做一些起哄、欺骗、调戏之类的"小恶"，或者是跟着"大坏蛋"后面做点"小坏事"。

当时上海男青年中不乏以中山装配花呢法兰绒、镂花鞋者，而烫着波浪式的人造卷发、穿着标新立异人民装的也不在少数。"三包一尖"之所以迅速成为众矢之的，是因为它们堂而皇之地再现了"美帝文化"。① 从 1950 年 6 月开始，配合抗美援朝运动的宣传，文艺界开展了一场清理好莱坞电影、肃清崇美思想的运动。刚刚创刊的《大众电影》随即刊登了一系列文章，声讨好莱坞电影将好青年变成了"小阿飞"。上海电影制片厂演员、剧作家黄宗英将阿飞视为穿着红红绿绿的衬衫、小裤脚管，嚼着橡皮糖，整日在电影院门前徘徊，既没有家又没有国籍的海派青年们；而时任上海市文化局副局长的于伶则直接将"阿飞"视为青年人受美国影片"毒害"的明证。② 从 1950 年 9 月开始，《文汇报》又以"你对美帝影片看法如何？"为主题在工、农、商、学中间展开了对"美帝"影片的讨论。不少青年现身说法，讲述自己受好莱坞电影"毒害"而变成"阿飞"的经历，从而将运动推向高潮。

不过，就在文教领域批判好莱坞电影的同时，一系列以"阿飞"为

---

① 灵甫：《"阿飞"思想》，《文汇报》1950 年 11 月 10 日。《抗美援朝代表会议，愤怒控诉美帝罪行》，《新民晚报》1950 年 12 月 6 日。
② 黄宗英：《两种文化》，《大众电影》1950 年第 1 期。于伶：《期望》，《大众电影》1950 年第 1 期。

第四章 工厂"阿飞":平民时髦人的流变

主题的滑稽戏却纷纷出炉抢占上海娱乐市场。多家滑稽戏剧场竞相将"阿飞"故事编成剧本进行演出,一时间"阿飞戏"满天飞。刚刚解放、生意不好的戏馆子,因上演"阿飞戏"而"出乎意料的(地)生意好起来了"①。各剧场上映的"阿飞戏"均十分卖座。上海的"阿飞戏"轰动一时,还吸引了香港片商来沪接洽,计划将其拍成电影。

"阿飞戏"上演之初是作为配合公安机关清理"阿飞"的教育活动之用,但在党报看来,这些戏把"阿飞"的"油腔滑调"写得很突出,或标榜"阿飞"智慧,或将之视为英雄,结果不是反"阿飞",反而是"宣扬""阿飞"了。②滑稽戏多反映城市市民的日常生活,主要受众是普通劳动者。文艺界对"阿飞戏"的批判愈燃愈烈,工厂对"阿飞戏"却兴趣不减。"新都""新新"滑稽剧团应一些工友俱乐部之邀,专赴工厂表演。③"阿飞戏"的问世与卖座,从侧面证实了"阿飞文化"在上海普通市民中仍具有相当大的吸引力。而在好莱坞电影遭到清理的同时,"阿飞戏"也呈现取而代之、再续"阿飞"形象的态势。

在随后展开的"三反""五反"等政治运动中,学校里的"小阿飞"作为落后分子的典型受到教育,一些工厂企业中的贪污分子也以"阿飞"型的青年出场。打扮时髦、"油头粉面"的"小阿飞"也成为运动对象,被要求开展自我批判。④ 党报则将矛头从好莱坞电影转向"阿飞戏",控诉舞台上的"阿飞"起着坏作用。"阿飞戏"此后也遭到有关部门的抵制,一度消沉。

在中华人民共和国成立之初各界开展的运动中,"阿飞"的形象与内涵基本延续了近代上海的特征,即以"三包一尖"为典型装扮、做点小恶的时髦青年。脱胎于近代上海的"阿飞"自然而然地被视为"旧上海""旧社会"的产物。也正是遵循着这一逻辑,"阿飞"作为改造与整顿的目标之一,无形中为施行一系列改造举措提供了契机。

---

① 歌今:《邻居伙伴成搭档,票友下海二笑匠》,《新民晚报》1950年6月23日。
② 《上海工人对文艺工作者提出的要求》,《人民日报》1952年6月23日。
③ 《阿飞总司令明日下工厂》,《新民晚报》1950年8月7日。
④ 廉风:《三反运动挽救了黄泽民》,《文汇报》1952年3月14日。屠公望:《我是怎样腐化堕落的?》,《文汇报》1952年3月17日。

第二节 "飞"进工厂

一、与"流氓"划清界限

1954年9月1日,团市委对1949年后上海青年的情况进行了调查。结果表明,上海仍然存在着不少流氓团伙,"诱使"青年逐渐走向"堕落"。团市委在报告中还专门提到工人阶级的不佳表现。① 根据上述情况,团市委向市委和团中央请示,提出在全体青年中开展一场共产主义道德运动的建议。

1954年11月10日,《人民日报》发表社论呼吁各地坚决肃清流氓、盗匪,称有些流氓盗匪"诱骗"青少年人犯罪,少数"不法资本家"则用金钱、女人、淫乱书画和下流娱乐场所的吃喝玩乐生活来"勾引"意志薄弱的职工走上流氓、盗匪的道路。11月14日,《人民日报》再发表社论,认为一部分资本家正利用金钱、色情"引诱"青年工人,企图使他们"腐化堕落",新中国第一场共产主义道德运动正式揭开帷幕。无论是《人民日报》的社论导向,还是上海方面的具体安排,都显示这场道德教育运动围绕工厂、企业、机关、学校进行,在实际运动中又以青年工人为重点展开。②

这场共产主义道德运动并非孤立存在,而是与打击流氓盗匪的活动相辅相成、配合进行。从协作运动的角度上讲,两者恰好扮演了一松一紧的角色。上海市委将"流氓盗匪"定性为"反革命分子的帮

---

① 《青年团上海市委关于团内部分团员受资产阶级思维侵蚀的情况调查》(1954年),上海市档案馆藏,档案号C21-2-489-51。另见《青年团上海市委会关于资产阶级思想腐蚀毒害青年的调查报告》(1954年9月1日),转引自闵小益:《20世纪五十年代上海青年共产主义道德教育活动述略》,《上海青年管理干部学院学报》2006年第2期。

② 《关于"积极培养青年共产主义道德,抵制资产阶级思想的侵蚀"的宣传教育工作的大体步骤》(1954年12月18日),上海市档案馆藏,档案号A80-2-7-15。

第四章 工厂"阿飞":平民时髦人的流变

凶",认为其主要罪行在于"残害劳动人民","引诱青年"使之堕落。团市委进一步明确要求,不能把政府打击流氓盗匪的斗争和对青年进行正面的共产主义道德教育运动混为一谈,而要教育青年与流氓"划清界限"①。

在宣传动员阶段,团市委选择以负面典型、正面典型、青年自己受腐蚀而后又转变的典型,针对不同的青年进行教育。除了此前已经在全国进行推广的负面典型中学生马小彦②,上海方面还树立了两个青工的典型——国棉十九厂女工傅宝娣和国营第二纺织机械厂青年工人马承伦。傅宝娣原是国棉十九厂的修布女工,后来逐渐厌恶生产劳动,追求资产阶级生活方式。她开始浓妆艳抹,流连于舞厅,并在结识了"小开"王开生之后,在王的"引诱"下堕落了。马承伦1951年进厂,同样因结识了流氓朋友而频繁出入溜冰场、舞厅,后因打架被上海市公安局静安分局教育后回厂。回厂后的马承伦并没有被工友和厂里的领导放弃,而是在他们的耐心帮助和教育下,"转变了"③。

尽管三个典型均是由上海团市委发现并宣传的,但团市委对三人的宣传轨迹却并不相同。首先,从负面典型的设计与舆论导向来看,两位青工的堕落均是掉进了"圈套"或受到"毒害"所致,所呈现出来的也均是"受害者"的姿态。不少工厂在发动青工讨论傅宝娣的案例时,均有意识地引导青工识别傅宝娣的工人出身,使之认识到傅宝娣的腐化堕落主要是受流氓勾引所致。④ 相形之下,马小彦的堕落则

---

① 《中共上海市委关于开展贯彻反对流氓盗匪活动斗争和加强培养共产主义道德品质教育的紧急通知》(1955年3月10日),上海市档案馆藏,档案号 A26-2-387-116。
② 马小彦是上海行知中学初中二年级的学生,他家境优越,母亲是上海一家私营电线厂厂长。他平时学习不努力,在外面认识了流氓周瑞福。周通过"地下舞女"对他进行"腐蚀"。马小彦不仅出现旷课的情况,还参与盗窃和斗殴,后来被劳动改造半年,劳改出来之后再次受到流氓勾引而堕落。1954年7月,马小彦被逮捕。
③ 《青年报》编辑部:《马承伦的转变》,上海人民出版社1956年版,第12—13页。
④ 青年团上海市第二重工业委员会:《共产主义道德教育的情况反映》(1955年3月30日),上海市档案馆藏,档案号 A44-2-308-24。

被视为剥削阶级出身使然,他也成为三人中唯一被公诉判刑的青年。这一结果引起了不少工人猜测,认为正是傅宝娣的工人出身使其免受惩罚,工人成分占点"便宜"。①

其次,团市委在运动中反复强调注意区别流氓与阿飞、落后青年,腐化堕落与生活作风上的一般问题的界限。② 尽管承认工厂中存在一些落后青年,但在运动中并未将其与流氓相提并论。针对不少单位把婚姻恋爱不严肃列入"腐化堕落"或扣上"乱搞男女关系"帽子的情况,市委、团市委还不断发出通报,使基层组织认识到青年的男女恋爱、社会交际、衣着爱好等个人生活问题与"流氓行为"有着本质区别。运动对于青工中一些可能涉及"乱搞男女关系"的现象也作了回避和淡化处理。③

在对青年开展耐心而细致的正面教育的同时,上海方面不失时机地公审了王开生等13名流氓盗匪,并对因堕落而犯罪的中学生马小彦提起公诉。各级团组织,配合报纸、广播电台等,将公诉书摘要编写成新闻,并以发布公审结果、公诉书为契机,将这场共产主义道德教育运动推向高潮。④ 在此过程中,无论是王开生等人被枪决,还是马小彦被公诉,都在青年工人中间引起了强烈的反响,同时也在青工中制造了不安的气氛。不少青工对于枪决8个流氓盗匪、马小彦

---

① 《上海市长宁区委宣传部关于审判十三名流氓盗匪请示和教育情况的报告》(1955年3月18日),上海市档案馆藏,档案号A22-1-1062。《青年团上海市委关于处理虞正钦、方振、王开生等十三名流氓盗窃分子后在群众中反映情况的通报》(1955年3月15日),上海市档案馆藏,档案号A26-2-399-30。
② 《青年团上海市委关于在道德教育工作中发现的所谓"男女关系"等问题的通报》(1955年3月8日)。
③ 《青年团上海市委办公室关于执行对广大群众进行反对流氓盗匪活动的宣传教育中注意几项问题的通知》(1955年3月11日),上海市档案馆藏,档案号B122-2-54-6。《青年团上海市委关于处理虞正钦、方振、王开生等十三名流氓盗窃分子后在群众中反映情况的通报》(1955年3月15日),上海市档案馆藏,档案号A26-2-399-30。《青年团上海市关于在道德教育工作中发现的所谓"男女关系"等问题的通报》(1955年3月8日)。
④ 《上海人民广播电台关于在宣判流氓腐蚀青年案前后进行共产主义教育宣传的计划》(1955年),上海市档案馆藏,档案号B92-2-186-30。

被判处三年的量刑感到认识模糊。而这个严肃的处理结果同时也引起了一些平时作风不好的青工的惶恐。①

虽然仍有不少工人认为王开生等流氓盗匪只是"白相白相女人",不至于杀头,但更多的青工则是对照王开生、马小彦的行为,进而"情绪很紧张"。国营第一印染厂青工杨纪生见马小彦也是被告之一,在座谈会上"沉默不语",会后自言自语。还有不少青年店员也感到心中无数,心虚地认为"我过去也白相相,没有伊拉(上海话,意为'他们')严重,不要紧吧"。而不少基层干部在开展教育的过程中,也出现了一定的偏差。如卢湾区有工厂团干部觉得机会千载难逢,可正好趁机吓一吓"落后分子",因此将问题说得过于严重,青工表现得很恐慌。榆林区某厂党支部书记要本厂两个"乱搞男女关系"的青工在群众大会上进行控诉,希望以此教育本厂另外八对"乱搞男女关系"的工人。两青工觉得脸上无光,闹到要自杀的地步。此外,还有不少工厂出现了青工请假以"避避风头"的情况。②

针对各厂在运动高潮中出现的问题以及干部工作中出现的偏差,上海市委、团市委再三发出指示。针对运动中不少单位出现的"把处理婚姻恋爱不严肃的青年,笼统地列入腐化堕落的范围",或扣上"乱搞男女关系帽子"的情况,市委、团市委还反复强调各个团组织在教育青工时,不要把青年人的男女恋爱、社会交际、衣着爱好、娱乐兴趣等个人生活上的问题,"错误地扩大成为腐化堕落、流氓行为"③。

---

① 《青年团上海军需工业工作委员会关于各报发表"十三名流氓盗匪"的判决书在各单位青年群众中引起了强烈反映"的通报》(1955年3月),上海市档案馆藏,档案号A39-2-284-85。
② 《青年团上海市委关于处理虞正钦、方振、王开生等十三名流氓盗窃分子后在群众中反映情况的通报》(1955年3月15日),上海市档案馆藏,档案号A26-2-399-30。
③ 《青年团上海市委办公室关于执行对广大群众进行反对流氓盗匪活动的宣传教育中注意几项问题的通知》(1955年3月11日),上海市档案馆藏,档案号B122-2-54-6。《青年团上海市委关于处理虞正钦、方振、王开生等十三名流氓盗窃分子后在群众中反映情况的通报》(1955年3月15日),上海市档案馆藏,档案号A26-2-399-30。《青年团上海市关于在道德教育工作中发现的所谓"男女关系"等问题的通报》(1955年3月8日)。

由此观之,这场运动中"共产主义道德"的内涵并非"生活道德",好逸恶劳、脱离生产则是教育的重点。① 而从共产主义道德教育的效果上看,最突出地表现在以前对自己的不正确的行为缺乏足够认识,认为不要紧的青年及其家长也都开始警惕起来。有不少父母对于小"阿飞"并不在意,但看了傅宝娣、马小彦的故事之后,就认为不能再麻痹了。不少男青工过去认为"搞女人"是自己的自由,现在也意识到需谨言慎行。②

由团市委主导的共产主义道德运动尽管呈现很强的温和性,但意义不容小觑。与此前主要将学校作为思想教育的主战场有所不同,这场道德教育无论是主战场还是运动对象都发生了转移。教育的主要对象从学生转向青工,这一方面固然与知识青年进入工厂,为工厂的青年们送去了另一种文化形式有关;另一方面也揭示出一个不容乐观的事实,即原本应该更为纯洁的工厂反而为亟待清理的基层文化提供了生存土壤。

在傅宝娣等人的故事中,"跳舞厅"均作为他们堕落的关键场所而存在。实质上,截至1954年9月底,"旧上海"所有的舞厅与音乐厅均已全部停业、转业,取而代之的是各单位举办的集体舞会。工厂单身宿舍的男青年业余生活枯燥,休息日一般不是睡觉就是聊天,或出去"逛马路"。③ 舞会起初作为健康的文娱活动而受到各方面的鼓励,但随着问题不断出现,各方批评也纷至沓来。有不少读者向党报去信,称有单位以组织的名义开办个人舞会。由于舞会中女性通常比较稀缺,不少单位向社会上分发舞票邀请舞伴,参加的人成分复杂。出版社人员也反映,有工会组织到唱片商店里选买"充满毒素"的爵士音乐唱片。上海市总工会宣传部的调查还显示,有的工厂舞会发展到放"黄色音乐",把灯光弄得很神秘,丧失了警惕性。部分青

---

① 《青年团上海市关于在道德教育工作中发现的所谓"男女关系"等问题的通报》(1955年3月8日)。
② 《关于培养青年共产主义道德,抵制资产阶级思想侵蚀的宣传教育工作下一步的工作意见》(1955年4月20日),上海市档案馆藏,档案号A26-2-399-12。
③ 《让单身人过好休息日》,《劳动报》1957年11月28日。

第四章 工厂"阿飞":平民时髦人的流变

年工人不能正确处理娱乐和工作的关系,因痴迷于跳舞而影响工作的情况比较普遍。①

尽管意识到工厂舞会存在诸多问题,但上海有关部门起初并未勒令停止,只是不断发出警告,希望有关部门领导认识到舞会并非唯一的文娱活动,并适当控制举办舞会的时间和频率。② 而工厂舞会实际上仍在继续发展。

到了 1956 年底,中央层面也开始注意到上海工厂舞会的问题。《人民日报》严肃指出,上海某些工厂举行的跳舞晚会,已经不能称为正当的文化娱乐活动,而变成"铺张浪费""败坏道德"的场所了。据调查,国营上海广播器材厂等三个工厂,几乎租遍了旧上海出名的跳舞场所。他们公开售票,有时竟出现了"黑市"。文章指出,上海某些工厂举行的跳舞晚会,已经成为"解放前放荡淫逸的旧式舞场的再版",成为社会上流氓分子混进工厂、引诱工人堕落的一个媒介,这些不健康的因素已经严重地"侵蚀了"青年工人的思想意识。不过,在谈到如何处理舞会问题时,文章也认为不能下一道命令禁止举行一切舞会,也不能禁止职工去跳舞,而是要通过对职工加强政治思想教育和共产主义道德教育,积极地引导职工开展正当的、有益的文化娱乐活动,使职工的正当要求能够得到满足,从而把企业内部的文娱活动真正拉到正当的轨道上来。③

除了舞会本身存在的诸多问题,此时中央对于工厂舞会的公开批评,还可能是出于对资本主义国家输出"阿飞舞"(摇摆舞)的担忧。

---

① 诸葛三:《文娱活动不能妨碍工作、学习和健康》,《文汇报》1953 年 10 月 30 日。《本报二月份读者来信来稿处理情况》,《文汇报》1954 年 3 月 10 日。《中小学生不宜参加交谊舞会》,《文汇报》1954 年 12 月 5 日。蔡台:《上钢三厂开展了经常性的文娱活动》,《新民晚报》1954 年 1 月 23 日。《交谊舞会中的唱片,应该慎重选择》,《新民晚报》1954 年 3 月 31 日。马前:《严防"乘虚而入"!》,《新民晚报》1954 年 10 月 7 日。《这样的"交谊舞会"》,《新民晚报》1955 年 4 月 27 日。《上海市总工会宣传部关于目前基层举行交谊舞会中的一些情况和我们的意见》(1954 年 5 月 8 日)。
② 《上海市总工会宣传部关于目前基层举行交谊舞会中的一些情况和我们的意见》(1954 年 5 月 8 日)。
③ 习平:《危险的"舞会"》,《人民日报》1956 年 12 月 3 日。

彼时报纸上长篇报道了"阿飞舞"如何毒害各国青年,并受到包括苏联工人在内的各国工人的喜爱。① 站在工厂的角度上看,工厂舞会之所以似禁未禁且风靡一时,除了工人业余生活的需要,青工的婚恋问题才是要因。"工资上百元,政治上党员,专业上技术员"以及"一粒星太小,三粒星太老,二粒星正好"等沪谚说明了当时青年女性的择偶意向。尽管工人在城市中逐渐树立起领导阶级的形象,但青工(尤其是年轻的产业工人)、学徒级别低、工资少,在上海的婚恋市场上并不占优势。加上不少男青工又并未形成正确的恋爱观,形成了高不成低不就的局面。不少男青工因为找不到合适的对象,滋生了不正常的情绪。而鱼龙混杂的工厂舞会,给男青工与青年女性接触提供了一个空间。

除了"工钱要大",青年女性对恋爱对象"不要土里土气"、面孔要漂亮的要求,也促使男青工向一种"阿飞"式的平民时髦靠拢。社会上的"阿飞"普遍会"玩",出手大方,很多小姑娘很羡慕。② "阿飞"奇特的装扮,又很容易引起女人们的注意。不少男青工为找对象而结识"阿飞"并效仿。也正因为如此,男青工的"堕落"也往往与女人有关。

无论是工厂舞会的流行还是工厂青年向阿飞靠近,都从侧面证实了一种特殊的现象:一方面,"阿飞"在逐渐罪名化,其形象已经不仅仅停留在另类时髦的层面;另一方面,接受、认可甚至服膺于"阿飞"文化的青年(特别是青年工人),其队伍仍在持续膨胀。共产主义道德运动明确了"阿飞"不是"流氓",青工被资本家"毒害"的话语逻辑则为青工中诞生"阿飞"这一事实提供了合理解释。不过,这一针对青工量身定做的"阿飞"释义并未被固定下来,而是很快伴随着形势发展发生了变异。

---

① 参见徐铸成著,徐时霖整理:《徐铸成日记》,生活·读书·新知三联书店2013年版,第249页。《美国"阿飞舞"到处为患,英国一些青年如痴如狂》,《人民日报》1957年3月25日。
② 《嵩山区关于团内部分团员受资产阶级思想侵蚀的情况调查》(1954年),上海市档案馆藏,档案号C21-2-489-51。

二、"流氓阿飞"出场

实际上,早在团市委开展道德教育运动之前,民政与公安部门针对问题青年已经开展了一系列的行动,但两部门所针对的对象并非学生与工人等有合理生活来源的"小阿飞",而是社会上不务正业的"闲散阿飞"。公安部门"刮台风"般集中打击了品行恶劣、借势敲诈的"阿飞",以及偷盗摸窃、危害治安的"阿飞团伙"。民政局也将"阿飞"列为应进行收容的"游民"之列。在实际处理中,两部门又习惯将"阿飞"归入"流氓"类,其中既包括依靠娼妓生活的小流氓,也有破坏秩序的犯罪分子,其表现与罪行可谓多种多样。[①] 也正因为如此,直到1955年双方对于"社会阿飞"应该法办还是收容仍然认识模糊,频频出现分歧。[②]

进入1956年,"阿飞"问题变得更加棘手。随着社会主义改造运动高潮的到来,城市面貌和社会治安本该发生深刻变化,上海也理应呈现旧貌换新颜的图景。然而,公安部门却发现,尽管刑事犯罪在逐年下降,青少年犯罪在整个刑事犯罪中的比重却在明显递增。1953年青少年犯罪仅占全市刑事犯罪的8%,1955年下半年发展到19.6%,1956年上半年又激增到20.3%。[③] 民政局也有类似观感,妇

---

① 《上海市游民改造工作概况》(1953年),上海市档案馆藏,档案号B168-1-942-28。《上海市民政局关于游民的说明及处理办法(草案)》(1953年9月9日),上海市档案馆藏,档案号B168-1-945-21。《游民残老儿童收容暂行办法(草案)》(1954年),上海市档案馆藏,档案号B1-1-1357-1。《关于游民情况的初步报告》(1955年1月29日),上海市档案馆藏,档案号B2-1-21-5。《上海市第一劳动教养所编制情况调查资料之五》(1955年),上海市档案馆藏,档案号B168-1-430-14。《调查汇报》(1955年),上海市档案馆藏,档案号B168-1-954-65。

② 实际上,民政局从1953年开始连续三年颁布游民改造草案,对于"游民"范围界定几经修改,争议不断。1954年民政局颁布了《游民残老儿童收容暂行办法(草案)》,将阿飞再度列入游民。民政局领导提出质疑,认为"阿飞"是"法办对象",不应该被收容。参见《游民残老儿童收容暂行办法(草案)》(1954年),上海市档案馆藏,档案号B1-1-1357-1。

③ 上海市公安局治安办公室编印:《治安情况反映》(1956年9月18日)。

女收容所的工作人员发现他们收容的娼妓呈现低龄化的趋势,其中不乏十三四岁的童娼。①

这种情况到了1957年后显得更加严峻。尽管公安部门对抢劫、杀人等刑事犯罪的打击卓有成效,民政局在妓女改造方面也取得了巨大成绩,但在社会主义改造已基本完成的大背景下,社会上仍游荡着一大批问题青年这一事实始终无法得到合理解释。② 更令工作人员感到不安的是,"阿飞"成分在悄然发生着变化。越来越多的青年工人和学生开始摆脱"小阿飞"的形象,他们在街头游荡、犯罪,"蜕化"为"流氓"③。而相对于学校中的"阿飞",问题青工虽不能称之为普遍存在,但其所作所为带来的负面影响较学生更广。在"鸣放"运动中,远在厦门的旁观者即将矛头指向上海的青年工人队伍,称上海的"流氓阿飞"犯中"绝大多数属于这类人物"。群众感叹很难相信是"一个工人"的所作所为之余,上海工人阶级的形象也大为受损。④

"流氓阿飞"作为存在于特定空间之内的小众表述,为民政局、公安局在小范围内使用。"工厂阿飞""学校阿飞"这些具有合法生活来源的"小阿飞"闯入两部门的管辖范围,使原本就内涵模糊、界限不明的"阿飞"复杂化。而相较于解放之初将"阿飞"都视为旧社会、十里洋场的残余"渣滓",新上海的"阿飞"由于解放时年龄尚小,已经不能算作是旧社会的产物,怎么界定在社会主义改造完成之后的"阿飞"也就成了一个新的问题。

---

① 《1956年国庆节前收容工作》(1956年10月3日),上海市档案馆藏,档案号B168-1-962。
② 《上海将采取各种办法处理流氓行为》,《青年报》1957年5月24日。《上海市游民改造工作简况(1949年12月—1957年3月)》(1957年5月13日),上海市档案馆藏,档案号B168-1-532。
③ 《上海市民政局关于游民收容标准范围问题座谈会记录摘要》(1956年9月),上海市档案馆藏,档案号B168-1-964-28。《流氓阿飞活动日见猖獗》,《解放日报》1957年6月4日。《流氓阿飞害人匪浅,社会各界不能坐视》,《青年报》1957年5月10日。《有效地制止流氓阿飞活动》,《解放日报》1957年6月7日。
④ 李罗芳:《"关于人民生活"的言论》,中共厦门大学委员会宣传部编印:《右派反动言论集》1957年版。《怎样取缔阿飞分子?》,《文汇报》1957年6月12日。

第四章 工厂"阿飞"：平民时髦人的流变

青少年犯罪日益严重的现实，使公安部门开始逐步取代青年团、工会以及学校，成为处理问题青年的主要部门。而原本只在机关公文中出现的"流氓阿飞"这一表述逐渐发生位移，频繁出现在党报党刊中，替换了此前在党报占主流的"小阿飞"①。《青年报》《解放日报》等报纸先后组织座谈，邀请妇女教养所、派出所、溜冰场、餐厅酒店、少年犯管教所以及部分工厂参加，专门探讨"流氓阿飞"问题。"流氓阿飞"也给各个单位提供了一个有效的"诉苦"工具。妇女教养所用"为流氓阿飞所侮辱"来解释暗娼的出现。派出所将矛头指向法院，称自己是"教育无效""扣留无权"，指责工会"闹事来领""领去不管""放任自流"，一味依赖公安机关。溜冰场"惭愧苦闷"之余感叹"工作难做"。公安部门、民政部门则互相埋怨，控诉对方只想推卸责任，让自己"包下来"②。

在一片抱怨声中，对政法系统办事不力的批评最为集中。《解放日报》评论员文章发问："每年夏秋，流氓阿飞活动就猖狂起来，已经成为惯例。治安机关每年打击都有很大成绩，但是为什么他们的活动仍不减当年呢？"③公安机关批评司法机关有过宽的偏向，从而助长了犯罪行为，要求司法部门严肃处理这类案件。各部门则一再强调应对那些已经构成刑事犯罪的分子进行严厉打击。④

与此同时，另一个空间发生的特殊事件也推动了"流氓阿飞"这一话语向工厂的扩散。原本忙于调查各厂贯彻《国营企业内部劳动

---

① 《本报读者来信揭发流氓阿飞害人事实》，《新民晚报》1957年6月7日。洛诚、吴兆祥："新都七兄弟"流氓集团为首分子诸学文被逮捕》，《新民晚报》1957年6月15日。《流氓阿飞邪气抬头》，《新民晚报》1957年5月11日。《许建国谈流氓阿飞问题》，《新民晚报》1957年6月5日。
② 《流氓阿飞害人匪浅，社会各界不能坐视》，《青年报》1957年5月10日。《配合公安部门取缔流氓阿飞，应该加强对青年的教育》，《解放日报》1957年6月5日。《上海市民政局关于游民收容标准范围问题座谈会记录摘要》（1956年9月），上海市档案馆藏，档案号B168-1-964-28。
③ 《有效地制止流氓阿飞活动》，《解放日报》1957年6月7日。
④ 《必须严惩流氓阿飞犯罪分子》，《解放日报》1957年6月6日。《流氓阿飞活动日见猖獗》，《解放日报》1957年6月4日。

规则纲要》情况的上海市总工会第二办公室(以下简称二办)并没有等来全国总工会的如期视察,而是迎来了"闹事"风潮。① 1957年五六月份达到高潮的上海工潮,将作为"闹事"主力的青年工人推向舆论的中心。二办精心准备的以劳动纪律为主题的调查报告也随之进行了修改,青工劣迹成为报告的唯一主题。在这份报告中,二办断定阿飞不仅出现在新合营厂,即使在国营、老合营厂,其活动情况也是"极其严重的"②。

根据二办所掌握的情况,这些阿飞的活动除了赌博、偷窃、斗殴之外,集中表现在"侮辱妇女"的流氓行为。从1957年1月至6月,上海锅炉厂工人中"侮辱妇女"的有17人,"强奸妇女"的有1人,流氓习气较重的有64人。大隆机器厂已发现"侮辱妇女"的有13人,上海自行车厂有6个青年艺徒经常"胡搞""调戏妇女"。上钢二厂初步发现,有严重流氓阿飞行为的就有七八个,已经逮捕的有2人。除了单独进行活动,工厂中还出现了不少开展厂际合作的阿飞集团。根据不完全统计,在5个机器厂和钢铁系统中,已发现6个阿飞集团。上海机床厂的2个流氓阿飞集团,平日出入溜冰场,争风吃醋,还组织斗殴,打伤工友。③

在报告中,二办反复强调"这些人以青工和新进厂的工厂为多",并且相当一部分与领导为敌、带头"闹事"④。相较于此前将青工的堕落视为"受毒害""受引诱"或"掉入圈套",此时因参与闹事而形象受损的青工已经不再以"受害者"的形象出现。不过,在这份调查报告中,问题青工虽然都被囊括在"流氓阿飞"的范畴之下,但他们的具体

---

① 《兹接全总关于了解企业内部劳动规则的通知,转各产业生产部门的通知》(1957年1月21日),上海市档案馆藏,档案号C1-2-2295。《全总和二办来往函书》(1957年4月12日),上海市档案馆藏,档案号C1-2-2295。
② 《上海市工会联合会第二办公室关于国营、老合营企业中流氓阿飞活动的资料》(1957年),上海市档案馆藏,档案号C1-2-2295-29。
③ 《上海市工会联合会第二办公室关于国营、老合营企业中流氓阿飞活动的资料》(1957年),上海市档案馆藏,档案号C1-2-2295-29。
④ 《上海市临时工作委员会(处理人民内部矛盾问题)五、六月份处理职工闹事问题的工作总结(二)》(1957年10月29日),上海市档案馆藏,档案号B54-1-5。

表现却有很大不同。除了一起"强奸妇女",更多人表现为"侮辱妇女""诱奸""威胁"等,其中还不乏"用香烟烧女生头发""搂着女生听课"等行为。

中华人民共和国成立后,对于犯有强奸妇女、奸淫幼女罪行者,一般均予以重判。而对于诸如"侮辱妇女"等行为却难以给出一个相对客观的定性与量刑,也因其最易受到主观因素的影响。材料中屡屡出现的"胡搞",就与前文提到的"乱搞男女关系"有相似之处。早在新婚姻法推广前后,针对青工的婚恋问题上海团市委进行了一系列调查。结果显示,青工中重婚、遗弃、性关系混乱的情况并不罕见。其中重婚的又大多是男工,多数又是有些恶势力,或者比较"强横"的。还有女工与已婚男工往来并发生关系,中纺第一绢纺厂一女工在短期内与9个男工发生恋爱关系,且与有妇之夫发生关系。五金等部门的一些青工,个别收入少的,就在外面"吃豆腐"、与妓女寻开心,个别收入多的还有嫖妓的行为。① 在此前的共产主义道德教育运动中,团市委还专门批评了基层团组织过多地牵扯在生活琐事以及所谓男女关系问题上、给婚姻恋爱不严肃的青年扣上"乱搞男女关系"的帽子、把谈过几次恋爱的青工都看成是乱搞男女关系等行为。可以肯定的是,此前工厂中虽不乏举止更为恶劣的青工,但这些人也并未以"流氓"相论处。

不过,在从整风到反右派斗争的历史性转折中,"乱搞"与"闹事"的青工都面临着一个特殊时刻。上海"工潮"平息之后,作为"闹事"主力的青工队伍亟待整顿和惩处。上海各厂进而将取缔流氓阿飞和整顿劳动纪律一起进行,严肃处理了染有严重"流氓阿飞"习气和违反劳动纪律的职工,强奸、诱奸妇女等性质恶劣的青工则被开除出厂,送交法办。

---

① 《青年团上海市委员会关于上海市青年工人、学生婚姻恋爱一些情况存在的问题及展开婚姻法宣传的初步意见》(1953年),上海市档案馆藏,档案号 C21-2-349-95。有研究者在讨论北京新婚姻法在工厂推广的过程时就揭示出这一问题,发现新婚姻法推广之后,青工的作风问题更加严重。参见庄秋菊:《1950年〈婚姻法〉的颁布与北京工人婚姻观念的变化》,《党史研究与教学》2013年第2期。

相较于此前作为平民时髦人的阿飞,以及被视为跟着大坏蛋后面做点"小坏事"的"小阿飞",此时工会干部眼中的"工厂阿飞",其内涵已经发生了质的变化。除了一系列旷工、违反劳动纪律的行为,他们的活动已经不再属于"小恶"的范畴,而是基本上可以被认定为"犯罪",其中又以"侮辱妇女"的流氓行为最为典型。这也是为什么在这份调查中,工会干部将"阿飞"与流氓合并,用"流氓阿飞"指代这些问题青工。

1957年6月,上海市副市长许建国就流氓阿飞问题发表讲话,呼吁各工厂企业、学校、家长和社会各方面,都应该密切关注这一问题,同时表态"对罪恶严重和屡教不改的,须依法制裁"①。从1957年下半年开始,公安部门再次开展了对"阿飞"的打击行动。1957年8月,榆林区法院公开宣判了四名犯有偷窃罪行的"流氓阿飞"分子。这4名流氓"阿飞分子"都是青少年,其中就有青工和学徒。他们"平素不务正业,吃喝玩乐,追求资产阶级的生活方式",还利用工人身份,钻进交谊舞会偷窃,骗吃骗喝,引诱青年赌博。② 而伴随着新一轮的打击"流氓阿飞"行动,一度消沉的"阿飞戏"再度以配合教育的姿态卷土重来,"阿飞戏"也重新呈现出越打越流行的态势。

自从1957年5月17日,文化部下达开放"禁戏"以来,滑稽剧舞台上出现了满眼"小裤脚""花衬衫"的情况。短短一个月间,上海舞台上出现了包括《阿飞总司令》《阿飞制造厂》《阿飞展览会》《男女小阿飞》《阿飞轰炸机》《阿飞集中营》等在内的一大批"阿飞戏"。③ 这些"阿飞戏"虽然名字不同,但情节却十分相似。故事开头基本上是"阿飞"去引诱青工或学生,使他们堕落,故事的最后往往是公安部门逮捕了"阿飞"。④ 这些剧目原意是配合公安部门取缔"流氓阿飞"的工作,但由于"很少揭露阿飞流氓的罪行",反而在"漂亮的幌子下面,渲

---

① 《许建国谈流氓阿飞问题》,《新民晚报》1957年6月5日。
② 《榆林区法院公开宣判偷窃犯》,《青年报》1957年8月30日。
③ 上海市文化广播影视管理局编著:《滑稽戏》,上海人民出版社2014年版,第191页。
④ 《谈几个"阿飞戏"》,《劳动报》1957年7月23日。

染、描写和展览了'阿飞'的糜烂生活方式",因而被认为正迎合了"小市民的低级趣味",体现了"城市资产阶级庸俗下流的意识",很快成为文艺界进行批判的对象。①

除了被认为是有声有色地再现了"阿飞"形象,"阿飞戏"的另一个特点在于,音乐伴奏绝大多数采用了旧上海跳舞厅、美国电影里的爵士音乐与"黄色歌曲"②。尽管故事情节异常简单,但"阿飞戏"把阿飞的特点刻画得绘声绘色。不少"阿飞戏"专门加入了阿飞以"钞票少、干活累"等理由动员青工脱离生产、一起"白相"的细节。有工人反映,"阿飞戏""在演出上也很通俗",能满足"一般工人的口味"③。"阿飞戏"也深受青工欢迎,还有工厂集体购买"阿飞戏"的团体票。④而青年工人中出现的"流氓阿飞"也被认为多是受到了"阿飞戏"的不良影响所致。⑤ 在《阿飞总司令》一剧的主演"龚一飞"等被打成"右派"之后,"阿飞戏"也受到重创。相对于短暂还魂的"阿飞戏",公安部门对"阿飞"的打击仍在持续,而在"小阿飞"从平民时髦人转变为"流氓阿飞"之后不久,"阿飞"的性质又再次发生了变化。

据资料记载,1957 年 7 月 6 日到 10 日,恰值全国反右派斗争开展得如火如荼之际,毛泽东前往上海小住,其间视察了因"流氓阿飞集团"被二办点名的上海机床厂。此后不久,毛泽东在青岛主持召开省市党委书记会议,会后多次召集柯庆施等省市委书记谈话。⑥ 不管

---

① 张展:《"阿飞"戏的"社会教育意义"》,《文汇报》1957 年 8 月 4 日。姚文元:《文学上的修正主义思潮和创作倾向》,郭冰茹编选:《中国当代文学批评大系(1949—2009)》卷 1,苏州大学出版社 2012 年版,第 457 页。
② 博森:《靡靡之音》,《劳动报》1957 年 7 月 25 日。
③ 《大同话剧团来函》,《新民晚报》1957 年 7 月 16 日。
④ 《"阿飞"戏对观众有害无益》,《新民晚报》1957 年 7 月 23 日。《"阿飞戏"宣扬了什么?》,《劳动报》1957 年 7 月 23 日。
⑤ 《"阿飞制造厂"是出坏戏》,《新民晚报》1957 年 7 月 28 日。《"阿飞"戏对观众有害无益》,《新民晚报》1957 年 7 月 23 日。
⑥ 江渭清:《七十年征程——江渭清回忆录》,江苏人民出版社 1996 年版,第 410 页。中共中央文献研究室编:《毛泽东年谱(1949—1976)》第 3 卷,中央文献出版社 2013 年版,第 184—191 页。

是柯庆施的汇报可能透露了上海阿飞问题,还是上海地方党报对流氓阿飞铺天盖地的报道引起了毛泽东的关注,原本只作为上海特产的"阿飞"在这一时期进入了中央高层的视野。

7月青岛会议后,毛泽东在与省市委第一书记谈话要点的基础上形成了《一九五七年夏季的形势》(以下简称《形势》)。《形势》明确指出:"社会上流氓、阿飞、盗窃、凶杀、强奸犯、贪污犯、破坏公共秩序、严重违法乱纪等严重罪犯以及公众公认为坏人的人,必须惩办。"毛泽东还特别提到:"轻罪重判不对,重罪轻判也不对,目前时期的危险是在后者。"①《人民日报》随后以头版刊发文章,将"阿飞"与流氓、盗窃犯、凶杀犯、强奸犯等一同称为"罪犯",而"阿飞"则与刑事犯罪分子一道,成为"坏分子"。

毛泽东对于政法部门存在"重罪轻判"的判断,奠定了政法系统反右派斗争的基调。无论是最高人民法院还是上海市高级人民法院,均被认为存在着严重的"右倾"思想,其主要错误在于把包括流氓、"阿飞"在内的刑事犯罪分子都看成是人民内部矛盾问题,对他们强调不要惩罚,而要注重进行教育改造。以往在实际中处理作为轻判条件的"劳动人民出身""年纪较轻"等也受到广泛批判。②

在全国范围内,作为政法系统开展反右派斗争的副产品,阿飞成为人民民主专政的对象。但在工厂的环境下,对于"阿飞"的处理实际上执行的是另一套规则。1957 年 9 月 23 日,邓小平在中共八届三中全会上的讲话中提到,对工人中的极少数反社会主义分子、流氓、阿飞,以及严重违法乱纪的坏分子等要进行批判和斗争,对于情况特别严重或屡教不改的应该开除出厂,并作适当处理,但对一般思想落

---

① 《一九五七年夏季的形势》(1957 年 7 月),中共中央文献研究室编:《建国以来重要文献选编》第 10 册,中央文献出版社 2011 年版,第 432 页。
② 《打碎右派篡改法院性质的迷梦,高院反右派斗争取得大胜,彻底揭露刑事审判庭庭长、副庭长、研究室主任的反动言行》,《人民日报》1957 年 12 月 12 日。《坚决贯彻执行社会主义司法路线,上海司法界批判右倾思想》,《人民日报》1957 年 9 月 26 日。集思:《切实批判在与坏分子作斗争中的右倾思想》,《法学研究》1957 年第 6 期。

第四章 工厂"阿飞":平民时髦人的流变

后、爱说怪话的人则要加以区别。① 11月,上海市委工业部发布在工人中划分坏分子的意见,明确规定只有那些"有严重的流氓阿飞行为且屡教不改者"才被划为坏分子。②

伴随着政法进场,"阿飞"坐实了"流氓"的身份。对于问题青年的态度从此前的"不管"走向"严惩",加速了性质本较轻的"阿飞"与性质相对恶劣的"流氓"的合流。在"阿飞"被政治化与罪名化的形势下,不少"阿飞"改变了容貌和装束,把"飞机头"剪成"平顶头",奇形怪状的衣服也暂时不穿。③ 以"三包一尖"和"奇装异服"为典型特征的"小阿飞"内涵暂时隐退。党报对"流氓阿飞"的报道频频出现,检察院审判与公安局逮捕"流氓阿飞"的新闻层出不穷。普通市民则对"阿飞"则既恐惧又好奇,陆续有不少读者向《劳动报》投书请教什么是"阿飞","阿飞"从何而来?里弄中还出现了工人因随地小便就被当作"阿飞分子",心理包袱重而服毒自杀的极端个案。④ "阿飞"借助领导人话语走出上海,成为全国范围内值得探讨的重要问题。但对于普通群众而言,弄不清楚报告中的字眼,对人民内部犯法分子和流氓、"阿飞"、强奸犯、贪污犯等犯罪分子的区别认识模糊者不在少数。⑤

进入1958年,司法界陆续出现了劳动教养人员中并不都是"敌我矛盾"的呼声。还有人特别指出,对于劳动人民出身的无业人民,特别是受到勾引、堕落犯罪的青少年应慎用"敌我矛盾"来分析或定性。⑥ 此后,政法的退场使得青年的教育问题重回团主导的历史情境中,而一度消失的"阿飞"内涵也随之呈现回归态势。

---

① 邓小平:《关于整风运动的报告》,《人民日报》1957年10月19日。
② 《上海市委工业部关于在工人中划分坏分子的意见》(1957年11月13日)。
③ 《在公安部门坚决取缔下,流氓阿飞纷纷坦白悔罪》,《青年报》1957年8月6日。
④ 《新测字摊》,《劳动报》1957年6月7日。上海市人民委员会办公厅编印:《情况反映》(1957年6月12日)。
⑤ 王影:《青岛市十六级以上的党员干部在讨论邓小平同志报告中暴露出来的一些糊涂思想》(1957年10月26日),新华社《内部参考》1957年10月28日。
⑥ 黄汝坚、肖一华:《关于劳动教养人员的矛盾性质问题》,《法学》1958年第6期。

第三节 "阿飞"始终在场

一、"阿飞"的"泛化"

从1959年开始,我国国民经济遭遇严重困难。1961年1月,中共八届九中全会决定对国民经济实行"调整、巩固、充实、提高"的方针,此后又作出精简职工和城镇人口的决定。由于粮食供应紧张、物资紧缺,地下黑市和投机倒把活动开始增多。加之大量合同工、临时工、学徒工被精简出厂,不少工厂因原料短缺而停工,大量退职青年流向社会,成为社会上的不安定因素。1961年10月,团中央召开工作会议,传达中共中央庐山工作会议精神。根据邓小平的指示,会议不失时机地将青少年中的道德风气问题提出来。根据各地团组织的调查,在1957年遭到沉重打击而一度消沉的青少年犯罪在1961年重新活跃起来。从7月到10月间,上海南市区青年犯罪案比1960年同期增加了93%。在黄浦、卢湾两个公安分局七八月份处理的65起相关案件中,参与者全部都是青年,其中大部分是刚刚开始活动的新手,青年工人、学徒占到23人。① 根据这一调查结果,1961年底,团市委在全体青年中开展了新一轮的共产主义道德教育运动。作为这场运动的典型厂,彭浦机器厂的情况具有一定的代表性。该厂发现的问题青工的主要活动包括深夜出去"盯梢""吃豆腐",或以"偷窃"的方式获得资金,用请人溜冰、看戏、上馆子以及各种"下流手段""勾引侮辱妇女"。团市委的干部在进行调查和分析时,又将这些人划出三种类型:第一类是"流氓阿飞"分子,即以吃喝玩乐为生活目的,经常成群结队出入公共场所,"勾引调戏妇女,乱搞不正当的男

---

① 《共青团上海市委关于在上海市青少年中集中地进行一次共产主义道德教育的请示报告》(1961年10月20日),上海市档案馆藏,档案号C21-1-842-1。《中共中央批转关于加强城市青少年共产主义道德教育的报告》(1962年5月3日)。

第四章　工厂"阿飞":平民时髦人的流变

女关系",其中一些人进行投机贩卖、偷窃、扒窃、赌博活动以获取经费,有时为了争风吃醋还聚众殴斗;第二类是有严重"流氓阿飞"习气的青工,表现为学"流氓阿飞"的样,盯女人的梢,跟着"流氓阿飞"分子搞投机贩卖、偷窃、赌博等;第三类是有"流氓阿飞"习气的青工,他们有一段时间跟"阿飞"出去,模仿"阿飞"的打扮,但自己单独活动少。①

在对这些问题青工进行定性与处理的过程中,团的干部沿用了反右派斗争后期使用的一套话语,即"流氓阿飞分子",但这些"流氓阿飞分子"的"罪行"实际上已经发生了变化。在困难时期伪造公章买紧张商品、贩卖粮票、从事投机贩卖等活动的问题青年也被归为"流氓阿飞分子","流氓阿飞"的内涵得到进一步拓展。而与1957年一度将"流氓阿飞"定性为"人民民主专政的对象""坏分子"有所不同,这场共产主义道德教育运动重返1954年共产主义道德运动的轨迹,再次遵行"以正面教育为主"的原则。工厂通过邀请老工人作报告、推荐好书、举办讲座等方式,对这些"流氓阿飞分子"以及有"流氓阿飞"习气的青工进行思想教育。在运动推动的过程中,团市委反复强调基层团组织应执行耐心教育的方针,即使对那些情节严重必须法办或劳动教养的"流氓阿飞"也要作具体分析。②

到了1962年,团市委主导的共产主义道德教育运动落下帷幕,但上海市公安局处理的"流氓阿飞"人数却仍然有增无减。伴随着问题青年活动形式的多样化,"流氓阿飞"的罪行也不断变化。根据黄浦分局治安科人员的反映,与1961年"流氓阿飞"的活动主要集中于"侮辱妇女方面"不同,新阿飞的活动范围进一步发展。除了贩卖、偷扒、暗娼外,有的还从事"从敌特电台中找关系"等反革命活动。黄浦公安分局从1月到7月共逮捕处理"流氓阿飞"147人,其中又以社会

---

① 《抵制流氓阿飞行为对青年的腐蚀》,《团的工作》(1961年),上海市档案馆藏,档案号C21-2-1672-84。
② 《共青团上海市委关于在上海市青少年中集中地进行一次共产主义道德教育的请示报告》(1961年10月20日),上海市档案馆藏,档案号C21-1-842-1。

青年、青年工人为多。他们中有不少人已是"几出几进",把进公安局视为"逛庙"。至于一般"流氓阿飞"习气,则更为普遍。①

这一时期的"阿飞"以溜冰场、文化馆、公园为主要空间活动。从1958年起,交谊舞活动被全面禁止,溜冰场开始受到青年的青睐。溜冰既被视为体育运动,实际上又有与舞会相似的性质。在快节奏的乐曲伴奏下,青年男女同样可以与异性肢体接触,"拉手揽腰",翩翩起舞。溜冰场也因之吸引了众多"流氓阿飞"流连其中,全市各大溜冰场也重新出现了"大包头""小包头""火箭鞋""小裤脚管"等穿着"奇形怪状"的青年,这种情况在1962年春节前后达到高峰。据新成、新都、黄浦三个溜冰厂统计,1961年全年在溜冰场发现的属于"勾搭妇女""调戏""乱搞男女关系"的事件有264起,而1962年一二月份就已经发现182起。② 文化馆的情况也十分类似。黄浦文化馆因"流氓阿飞"聚集而被群众称为"皇宫"。公园则多作为"阿飞"活动的中间场所,天气热的时候集中"胡搞"③。

在1961年至1962年打击"流氓阿飞"的行动中,公安部门将其明显区别于"四类分子",集中打击"少数阿飞骨干分子、盗窃分子",而将"包头""小裤脚管"视为"人民内部矛盾",认为他们中多数人属于年幼无知,是非不分,只是追求"时髦""漂亮"④。"三包一尖"的"小阿飞"内涵再次回归。与此前相比,作为各方打击对象的"流氓阿飞"的内涵实际上已经泛化。根据各个时期青年犯罪活动的特点,"流氓阿飞"呈现不同特征,也逐渐成为青年罪犯的代称。面对此时已"五毒俱全"的阿飞,在八届十中全会重提阶级斗争的语境下,相关部门

---

① 《共青团上海市委宣传部关于流氓阿飞问题座谈会会议记录》(1962年10月16日),上海市档案馆藏,档案号C21-2-1947-24。

② 上海市人委文教办公室卫生体育组:《新成等三所溜冰场制止流氓阿飞进行捣乱活动的情况和经验》(1963年4月30日),上海市档案馆藏,档案号B3-2-221-12。

③ 《共青团上海市委宣传部关于流氓阿飞问题座谈会会议记录》(1962年10月16日),上海市档案馆藏,档案号C21-2-1947-24。

④ 上海市人委文教办公室卫生体育组:《新成等三所溜冰场制止流氓阿飞进行捣乱活动的情况和经验》(1963年4月30日),上海市档案馆藏,档案号B3-2-221-12。

干部也开始用"阶级观点"来重新分析。正因如此,少数"阿飞"骨干分子、盗窃分子开始被贴上从事"反革命活动"的标签。①

1963年4月2日至4月15日,国家经济委员会召开工业交通企业开展增产节约和反对贪污盗窃、反对投机倒把、反对铺张浪费、反对分散主义、反对官僚主义(以下简称"五反")运动座谈会。会议认为,各地在进行社会主义教育运动的过程中均暴露出资产阶级思想侵蚀工人阶级队伍的情况,有些职工"追求资产阶级的生活方式""好逸恶劳",甚至进行流氓、"阿飞"等活动。会议认为,有的工厂已经形成了"新资本主义分子的集团",还有的职工和反革命分子"勾结在一起",或已"变为反革命分子"。4月27日,中共中央批转该会议纪要,以增产节约为中心的"五反"运动在全国开展起来。②

在"五反"运动的推动下,上海出现了新一轮的意识形态整顿,但阿飞所呈现的内涵仍不完全一致。1964年1月14日,中共中央发出《关于依靠群众力量,加强人民民主专政,把绝大多数四类分子改造成新人的指示》,要求各地应当依靠群众加强人民民主专政,对绝大多数四类分子要基本上实行"一个不杀""大部不捉"的方针。③ 在紧张的政治氛围下,公检法系统对"阿飞"的定性却鲜有介入。

二、"小裤脚管"重现

1964年6月7日,《解放日报》刊登了一篇来信,报纸披露了女顾客到上海高美服装店定制小裤脚管呢裤子遭到营业员拒绝,双方发

---

① 《共青团上海市委宣传部关于流氓阿飞问题座谈会会议记录》(1962年10月16日),上海市档案馆藏,档案号C21-2-1947-24。
② 《中共中央批转国家〈经委工业交通企业开展增产节约和"五反"运动座谈会的纪要〉》(1963年4月27日),中央档案馆、中共中央文献研究室编:《中共中央文件选集(1949年10月——1966年5月)》第43册,人民出版社2013年版,第82页。
③ 《中共中央关于依靠群众力量,加强人民民主专政,把绝大多数四类分子改造成新人的指示》(1964年1月14日),中共中央文献研究室编:《建国以来重要文献选编》第18册,中央文献出版社1998年版,第34—37页。

生争执这一事件。"小裤脚管"再次被推向大众视野,其中不少人还目之为"新事物",青年中又出现了追求时髦进而效仿的趋势。《解放日报》希望借此事引导读者开展广泛讨论,以引导广大读者认清"资产阶级思想及其生活方式"的危害性,在生活领域内进行一次"移风易俗""兴无灭资"的自我教育。在讨论中,《解放日报》还专门安排读者讲述"奇装异服"的来历,上海耐火材料厂的一个职工撰文讲述了小脚管裤子的来历。该职工称小裤脚管在旧上海早就出现过,"当时有些青年人受了美国黄色电影的腐蚀",模仿电影中的流氓、"阿飞",于是穿起了这种"怪式样"的服装。除了通过追溯历史,使广大读者认识到奇装异服与美国黄色电影、美国水手的关系,强调它们是"帝国主义国家腐朽的资产阶级生活方式的一部分",在具体讨论的过程中,该报还要求读者既防止"只认衣衫不认人"的简单化看法,更要强调"资产阶级思想往往从生活细节打开缺口"[1]。

在广泛组织读者进行讨论的过程中,还有一度追求奇装异服、走向"堕落边缘"的青工,也以亲身经历控诉了资产阶级生活方式的危害。一个工厂学徒自称在中学念书时,爱看资本主义国家的电影,羡慕电影中演员的服装和生活方式,于是瞒着家里做了两条小脚管裤子。后来进厂有了工资后,又陆续添了花衬衫、尖头皮鞋,头发也梳成了"怪式样"。以后便经常同一个"时髦"的女朋友吃吃玩玩,工资不够花,工作不认真,还曾酿成严重的生产事故。谈起这段经历,这位学徒反思道,"无产阶级思想松一松,资产阶级思想就攻一攻,缺口一打开就会蔓延扩大"。经过近半个月的讨论,《解放日报》认为,在上海广大市民的心目中,穿奇装异服"已经成为一件不光彩的事情"[2]。

报纸发动工人群众对"奇装异服"进行讨论只是意识形态清理过

---

[1]《解放日报社关于奇装异服问题的讨论计划(草案)》(1964年6月17日),上海市档案馆藏,档案号A73-1-543-39。
[2]《上海广大人民积极参加抵制奇装异服的讨论,发扬无产阶级优良传统反对资产阶级思想作风》,《人民日报》1964年11月14日。

程中的一环,与报纸所采取的"和风细雨""具体分析""防止片面性""简单化"的立场相似,工厂团组织也同步对青工开展了阶级教育。除了让喜欢梳大包头、穿花衬衫、小裤脚管的"落后青年"作为典型现身说法,老工人也再次发挥了样板作用。①

1965年1月,中共中央下发《农村社会主义教育运动中目前提出的一些问题》,农村社教运动和城市社教运动发展为"四清"运动。7月,在团中央蹲点省市书记座谈会上,上海方面反映了第一批单位"四清"运动的情况。报告指出,在青年工人中发现了不少"腐化堕落,严重败坏社会治安"的案例,"流氓阿飞"分子已经成为与团组织争夺青年的"主要对手"。据64个工厂的调查,共发现23件"流氓阿飞、腐化堕落"性质的案件,还有9件属于"现行反革命"性质。在座谈会召开前后,上海工厂中发现了一批青工"反革命集团"。其中比较典型的有上海柴油机厂的"KO集团"、某厂的"戚某集团",以及"诗社反革命集团"。尽管笔者能够掌握的相关资料十分有限,但这些典型个案为我们分析"工厂阿飞"如何走上"反革命"之路提供了条件。

1965年5月,上海柴油机厂最后一批四清工作队即将离厂之际,在图书馆、阅览室、理发室同楼的男厕所里,发现有四张蓝墨水写的传单,上面写有"作为一个中华民族的一个成员,我不能不为目前的半月工资只能买一双鞋子而感到羞耻",还高呼"女人万岁""美国生活方式万岁",要求"立即开放舞会"②。

同"KO集团"相似的还有以"戚某集团"。该集团成员的活动也是从"吃喝玩乐"发展而来的。出身"反动家庭"的戚某请青工到自己家中吃饭,"边吃边给大家忆旧社会之甜,思新社会之苦",勾起几个青年对自己家庭境遇的心事,"一言一语,满腹牢骚",戚某再趁机宣扬香港的"天堂生活",激起大家对资产阶级世界的向往。在团结了

---

① 《社会主义教育中怎么对新工人进行阶级教育的问题》(1964年1月20日),上海市档案馆藏,档案号C21-2-2454-1。
② 参见《从联司的产生发展和所作所为看它到底是什么货色——上柴阶级斗争调查报告之二》,《东方红》1967年7月3日。《政治陷害者的卑劣伎俩》,《联司战报》1967年7月8日。陈先法:《民族泪》,同济大学出版社1988年版,第17页。

一小批青工之后,戚某号召大家每人买一只颜色、式样相同的提包,做一件花色式样相同的花衣服,作为"建立友谊"的记号。此后每逢发工资、发奖金,几个小兄弟就去"小乐惠"(上海话,意为"打牙祭、吃点好的")一趟。他们下了工有时还一同去划船、拍照,或是在一起谈论吃喝玩乐的"腐朽"的人生哲学,在此过程中建立起深厚的感情。①

与"KO集团"不同,这个戚某集团并未提出任何政治诉求。而相较于此前所揭发的"流氓阿飞"集团,戚某集团虽然也讲求吃喝玩乐,向往美国文化和美国式的社会,但在男女关系上却表现得相当严肃。戚某在发现集团内两个成员"乱搞男女关系"后,还警告他们"乱搞"会被劳动教养,"一生前途就完结了"。尽管戚某教育自己的小兄弟"应该有远大理想",但在团干部看来,这一举止不过是为了实现他们"要白相啥就有啥"的最终目的。② 戚某与几个青工的交往,也是一种"坚持不懈地,深入细致地"将反动思想渗透到青年的一切领域中的行为。③

除了上述两个从生活中的点点滴滴培养出的"集团",某厂文艺青年组织起来的"诗社"则代表了另一类青工集团。根据团委所掌握的材料,该集团由一个1960年进厂的文艺青年主导,该青年进厂之初一直是留"大包头"的,在1963年搞阶级教育、批判歪风邪气的氛围下,他剃去了"大包头",又因生产上"干得不坏",被批准入团。1962年他和其他几个青工组织了一个"诗社",他们创作了一些歌颂车间工人的歌曲,晚上还出去演出,团支书还称赞他是发愤图强。在社会主义教育运动中,该"诗社"被揭发出来。他们的主要"罪行"是"在背地里编写有强烈的反革命情绪的诗篇",而他们以往进行的创作活动也因此被认定是"伪装积极"④。

上述青工团体的活动虽不相同,但他们均被认为首先在生活上

---

① 《两篇反面教材》(1966年2月15日),上海市档案馆藏,档案号C21-2-2768-38。
② 《两篇反面教材》(1966年2月15日),上海市档案馆藏,档案号C21-2-2768-38。
③ 《两篇反面教材》(1966年2月15日),上海市档案馆藏,档案号C21-2-2768-38。
④ 《一个反革命成员的自白说明了什么》(1966年2月15日),上海市档案馆藏,档案号C21-2-2768-38。

第四章 工厂"阿飞":平民时髦人的流变

"受到资产阶级思想及其生活方式的影响",进而在政治上走向反革命。相较于1961—1962年被视为"犯罪分子"却仍得到团组织耐心教育的流氓阿飞,在以"阶级斗争为纲"的形势下,这些青工对于资产阶级生活方式的热衷、对于美国式的"洋"的追捧,都使他们最终走向革命的对立面。"工厂阿飞"在经历了从平民时髦人到"流氓阿飞"、坏分子的流变之后,最终被打上了严肃的政治烙印。

小 结

"阿飞"产生于近代上海。他们着小裤脚管、花衬衫、尖头皮鞋,梳飞机头,很大程度上代表了一种属于平民阶层的"新"和"洋"。中华人民共和国成立后,"阿飞"先是以"美帝文化""十里洋场"旧上海的"受害者"和做点小恶的"小坏蛋"的身份出现。在第一次共产主义道德教育运动中,中共虽在青年工人中间敲响了警钟,但"阿飞"仍未改"受害者"的形象,"工厂阿飞"与流氓盗匪泾渭分明。1957年的政治形势之下,"阿飞"与流氓被相提并论、等而视之,侮辱妇女的流氓行为开始取代"三包一尖"成为"阿飞"的主要特征。而工厂的"流氓阿飞"也因为"反右"运动的展开而沦为"坏分子"。此后,"阿飞"几乎完全失去了"平民时髦人"的内涵,逐渐成为青年犯的代称。进入60年代,在"以阶级斗争为纲"的形势下,"工厂阿飞"的走向愈发严肃。

相对于里弄、学校中的"阿飞","工厂阿飞"本身并不具有独特性,但"工厂阿飞"对于整个工人阶级却极具"破坏性",也给共产党人再造新工人制造了阻力。正如团市委干部所说,"上海这个地方,流氓阿飞可以突击一大批,只不过有时隐蔽点,有时明目张胆点"[1]。而在工厂,剪掉"大包头"就是工人,梳上"大包头"就是"阿飞"的青工不在少数,这也给工厂清理"阿飞"增加了难度。在改造"工厂阿飞"的

---

[1] 《共青团上海市委宣传部关于流氓阿飞问题座谈会会议记录》(1962年10月16日),上海市档案馆藏,档案号C21-2-1947-24。

过程中,团市委开展的共产主义道德运动、公安部门的集中打击、此起彼伏的政治运动,此三股力量均介入其中。相较于持久且较温和的团教育,"刮台风"似的公安部门突击行动与暴风骤雨般的政治运动虽强大而有力,但却相对短暂。也正因为如此,被公安部门定性为流氓、在反右派斗争中被定性为"坏分子"的"阿飞"打不胜打、时隐时现,始终徘徊于工厂内外。在再造新工人的过程中,被视为罪恶渊薮的"旧上海"以这种方式在场。而伴随着"阿飞"的"反革命分子"化,整个局势也呈现出"山雨欲来风满楼"的姿态。

结语

马克思在《路易·波拿巴的雾月十八日》中开篇说,"人们自己创造自己的历史,但是他们并不是随心所欲地创造,并不是在他们自己选定的条件下创造,而是在直接碰到的、既定的、从过去承继下来的条件下创造"①。

自1843年开埠至1949年解放,近代上海业已形成了一个数量庞大的以产业工人为主的工人队伍。不过,近代上海虽孕育了中国共产党,但中国革命的根据地在农村,与农村工作和农民动员的成熟经验相比,中共在她的诞生地——上海执政初始并非就那么得心应手。作为既定的"依靠阶级",中共进入大上海之后遇到的"工人"亦非一个理想的阶级。中华人民共和国成立后,中共在城市斗争中贯彻"全心全意依靠工人阶级"的方针,但在实际工作中却遇到"依靠"与"再造"需要同时进行的巨大困难。这种再造并非平地起楼阁,而既定的条件、旧上海的历史遗产也就成为共产党人必须面对的因素。

1949—1965年,中共理想的"新工人"形象丰富且多变。"一五"期间,再造新工人以具有高度阶级觉悟、全面发展的新型技术工人为目标;"大跃进"期间,大搞技术革新、文化革命的突击队员成为新工人的典型;进入60年代,重提阶级斗争,"革命"的意义凸显,新工人以革命接班人为最终走向。但概括说来,再造新工人的尝试始终在

---

① 《路易·波拿巴的雾月十八日》,中共中央马克思恩格斯列宁斯大林著作编译局编译:《马克思恩格斯选集》第1卷,人民出版社1995年版,第585页。

三个层面推进,即技术水平、意识形态、文化水平。

从25岁发明"万能工具胎"的鞍钢机修总厂工人王崇伦,到不足16岁就发明了"细纱工作法"的青岛挡车工郝建秀,再到上海的裔式娟、杭佩兰、丁杏清、陈修林,这些青工模范大致再现了共产党人对新工人的理想设计,也代表了特定时期的历史的真实,而本书所要呈现的则是上海青工复杂而立体的侧影。这些侧影中既有短时间涌入工厂、不断调试的学生工,在工人与作家之间被动选择的工人作家,也有以劳模身份登场却以时髦形象示人的摩登劳模,以及打不胜打、时隐时现的"工厂阿飞"。他们呈现出新旧因素在特定的历史环境下所展开的复杂互动,也揭示出以"摇摆"为特征的青工面相。

一、青与老:具有政治色彩的"代"

回到本书开头提出的问题。在1949年3月12日河北西柏坡召开的中共七届二中全会上,刘少奇谈到城市工人阶级,他说:"我们党过去同工人很有联系,但后来被迫转入乡村。国民党在工人中活动了这么多年,散布了影响,工人内部也复杂起来了。"①

在回答"城市斗争中依靠谁"这一问题时,中国共产党尽管也意识到城市工人存在先天不足,对1949年前进厂的工人成分心存疑虑,但面对复杂且陌生的城市斗争环境,工人又无疑是必须依靠的。在暴风骤雨般席卷而来的"镇反""三反""五反"等运动中间,积极进行检举揭发,较快向新政权靠拢并表现出热情与激情的青年工人成为首先依靠的对象,但这种情况在民主改革中发生了变化。在这场以实现民主团结为主、清理反革命分子为辅的运动中,老工人凭借天然的年龄、工龄优势,借助诉苦、老工人座谈会等形式扭转了不利的位置。而在新政权初步甄别、清理了城市敌人之后,伴随着第一个五年计划的开始,工龄较长、技术较高的老工人成为既有觉悟又有技术

---

① 刘少奇:《关于城市工作的几个问题》(1949年3月12日),中共中央文献编辑委员会编:《刘少奇选集》上卷,人民出版社1981年版,第421页。

的工人阶级样板,中华人民共和国成立初期老工人保守、经济主义等负面评价此后被隐匿起来,一些历史叙述也因此被改变。

相较于天然存在的生理代际,以及自然灾害、经济危机下出现的社会代际,工厂中出现的青老代际,尽管也受到生理、文化等方面的影响,但表现出一定的政治色彩。"老工人"既可以作为老年工人的简称,又可以指代进厂较早、工龄较长、技术水平较高的工人,更可以象征有技术且政治上可靠的样板工人。同"老工人"一样,"青年工人"这一称谓也呈现出模糊性。"青年工人"既可以指代年纪较轻而进厂较早的"老工人",也可以指代年轻且表现不佳的"新工人"。青老工人之间并不泾渭分明。

在全国范围内,将1949年之前进厂的工人普遍视为老工人,很大程度上,是新政权对"在城市斗争中依靠谁"这一问题的直接回答。而具体到上海,新工人激增以及"闹事"的年份又可以作为划分青老工人的临界点。[①] 在1957年处理上海"工潮"的过程中,大量涌入工厂的新工人成为"工潮"主体的这一事实,使得政府将这部分人归为"青工",而保护了游离此外的作为"依靠对象"的老工人。在中共的相关档案和文件中,单纯以年龄为标准而界定的壮年工人、中年工人逐渐隐退。通过将一部分壮年工人、中年工人划入"老工人""青年工人"的队伍,整个工人群体可以被划分为青老两个部分。而两者的界定之所以模糊且多变,也是为了使共产党人能够随时随地找到"依靠对象",并实现以一部分工人教育另一部分工人的目标。

1949—1965年,新中国持续面临着两大任务:肃清敌人、巩固政权、继续革命;实现社会主义的工业化。在这两大目标面前,青、老工人显然均扮演着关键角色,但共产党人对两者的设计却并不完全相同。当需要参与的热情与激情时,青年工人可堪重用;而一旦恢复工业化大生产的常态,老工人的样板意义则又凸显。一个具有政治色彩的"代"的出现,也可以解释裴宜理和魏昂德对于青工评价问题的

[①] 《上海市工会联合会关于召开上海市工厂企业新工人、青年工人会议情况的报告》(1957年1月11日),上海市档案馆藏,档案号C1-2-1819-201。

分歧。而这种"青年工人"内涵与外延的模糊性,实际上是上海青工呈现出"摇摆"特征的第一层原因。

二、旧上海在场

近年来,越来越多的中外学者开始将注意力延伸至 20 世纪 50 年代的上海,丰富了学界对于当代上海的认知。概括起来,既有研究主要在两种并行不悖的思路上延伸:其一是从 1949 年前后上海社会的延续性之角度出发,证实 1949 年以后的上海大众文化在社会生活中依然存在①;其二是从反思国家与社会的框架入手,认为 1949 年之后总体的趋势是国家与社会的一体化,但基层社会的自主性与差异性仍存在。② 上述新近的研究在反思传统当代史与上海史研究的基础上,试图呈现出基层社会的丰富性,从而为当代上海正名。在此基础上,本书以上海青工作为一个新的维度,并将其介入国家与社会之中,探讨一种多维的互动。

1949 年之后,旧上海种种气象退场。然而,在青年工人中间却呈现出某些介于新旧之间的文化形态。它们时而在红色包装下活跃,时而因其黑色面相而遭到打击。而在大多数情况下,它们存在于红与黑之间的灰色地带。摩登劳模、"工厂阿飞"正是这种文化形态的

---

① 早在 20 世纪 80 年代,西方一些学者即以各自专注的领域而提出 1949 年前后的延续性议题,如 William C. Kirby, "Continuity and Change in Modern China: Economic Planning on the Mainland and on Taiwan, 1943-1985," *The Australian Journal of Chinese Affairs*, No. 24 (Jul. 1990), pp. 121-141。近年来国内学界也普遍提出这一问题,从跨越 1949 年为问题意识开始有学者关注中共政权下的"新上海"。可参见张济顺:《转型与延续:文化消费与上海基层社会对西方的反应》,《史林》2006 年第 3 期。张济顺:《社会文化史的检视:1950 年代上海研究的再思考》,《华东师范大学学报(哲学社会科学版)》2012 年第 2 期。肖文明:《国家触角的限度之再考察:以新中国成立初期上海的文化改造为个案》,《开放时代》2013 年第 3 期。

② 张济顺:《转型与延续:文化消费与上海基层社会对西方的反应》,《史林》2006 年第 3 期。张济顺:《上海里弄:基层政治动员与国家社会一体化走向(1950—1955)》,《中国社会科学》2004 年第 2 期。

再现。那么这种灰色文化何以在场?

首先,在新中国的政治格局上,上海的位置并未被锁定,而是不断处于调整之中。上海既是孕育中国共产党的摇篮,又是"资本主义的大本营"、中国共产党眼中的新解放区。从旧上海向新上海的转变过程中,上海从国际化大都市成为全国工业基地。新上海为社会主义工业化的实现付出了努力,担负着向全国输送技术工人的任务,甚至可能代表了共产党对于整个新中国的想象与设计。不过,在新上海对内扮演工业基地角色的同时,以"摩登"为特征的旧上海依然在国际舞台上发挥着作用。作为国内少有的几个具有国际影响力的城市,上海对外充当了社会主义中国的形象代言人。也正因为如此,在改造资本主义旧上海的同时,新中国也在特定的时空内包容了它。基于现实主义的考虑,黄宝妹的摩登劳模形象才具有了持续流行的土壤。

其次,相较于大规模的运动,新的思想文化影响日常生活的过程则更加漫长和曲折。在"新中国"与"旧上海"交锋的过程中,海派文化起到了缓冲剂的作用。正如王安忆所观察到的,"上海人是把生活往小里做的"①。这一处"小"恰恰将"旧上海"与"新中国"之间的距离人为地拉大了。不少青工沉浸在"小日子"里,热衷于"吃吃喝喝""漂漂亮亮""白相白相"。这些举止虽与一个理想中的新工人形象相悖,但在青工不违背生产劳动纪律的前提下,这些现象在工厂中时隐时现。

此外,海派文化在"包容与改造"其他文化方面的能力,也为旧上海的在场提供了空间。有学者探讨了美国文化在上海遭到清理之后,香港文化取而代之的现象。② 实际上,受众展开联想,并主动对两种文化进行嫁接,正是这种"文化替代"得以实现的关键。在本书中,无论是青年女工以"学习苏联"为契机满足了崇拜另一种"洋"的心理

---

① 王安忆:《王安忆自选集之六·长恨歌》,作家出版社1996年版,第224—225页。
② 具体参见张济顺:《远去的都市:1950年代的上海》,社科文献出版社2015年版,第265—313页。

需要,还是"阿飞"作为平民的"洋"始终在场,抑或是"阿飞戏"从"反阿飞"转变为"翻阿飞"、工厂舞会取代旧舞厅,均呈现出一种上海基层社会寻找合理载体,以翻新、再续"旧上海"特征的现象。

上海既是一袭制作中的新中国的华美旗袍,上面却又时常沾着旧社会的灰尘,海派文化拉开了"新中国"和"旧上海"的距离。"旧上海"的在场,也就构成了青工出现"摇摆"的第二层原因。

三、"再造"与"回弹"

1942年5月2日,毛泽东在延安文艺座谈会上讲起了自己的学生时代,他说,"我是个学生出身的人,在学校养成了一种学生习惯⋯⋯那时,我觉得世界上干净的人只有知识分子,工人农民总是比较脏的⋯⋯革命了,同工人农民和革命军的战士在一起了,我逐渐熟悉他们,他们也逐渐熟悉了我。这时,只是在这时,我才根本地改变了资产阶级学校所教给我的那种资产阶级的和小资产阶级的感情⋯⋯这就叫做感情起了变化,由一个阶级变到另一个阶级"①。

在阶级理论里,知识分子和青年学生不是一个阶级,它必然依附于一定的阶级,并为这个阶级服务。也正因为如此,在1949—1965年,共产党人对于"知识分子"阶级属性的判断经历了数次变化。与阶级相关的另一个概念则是"成分"。1949年后,各部门通过历次运动以及一系列的情况调查建立起了一整套的人事档案。个人档案基本上由家庭出身、个人成分、社会关系、参加社会运动与否等栏目构成。其中个人成分原本只是一种职业身份,与不可变更的家庭出身相比,个人成分却比较灵活。在再造新工人的过程中,中共推动了知识青年进厂、文学青年出厂,此后两个青年群体的个人成分逐渐发生了变化。原本个人成分为工人的青年成为作家(知识分子),原本是学生的青年(小知识分子)则成为工人。

---

① 毛泽东:《在延安文艺座谈会上的讲话·引言》(1942年5月2日),中共中央文献编辑委员会编:《毛泽东选集》第3卷,人民出版社1991年版,第851页。

结语

回顾在上海再造新工人的过程,不难发现,与其说作为阻力的"旧成分"是天然存在的,不如说它们因"再造"而浮出水面。在国家试图再造青工的同时,青工也是进行着自我塑造。工业和教育战线政策出现反复,中小学生涌入工厂,他们中有不少人怀揣着升学的想法,不安心做工,甚至视自己为知识分子;起初在工厂中满足于文章见报的文学青年突然被擢升为作家,在艰难适应的过程中,工人作家的定位使他们不得不在"工人"和"作家"之间摇摆。

尽管再造新工人的力量强大而有力,但这一"再造"的过程却时常伴随着"回弹"。两种作用力既有交锋,也有互融。这一方面与政治运动有关。政治运动一次次席卷工厂,青工也在运动中经历了再造。但政治运动从发生到结束存在一定的规律。运动频繁展开,快速铺展、收缩与前后替代,在一张一弛之间,实际上存在一个恢复旧生态的空间。无论是工厂舞会、"阿飞戏",还是青年女工的摩登均屡屡呈现出"死灰复燃"的姿态。而"工厂阿飞"虽在运动中一度被定性为坏分子,但待政治氛围稍有缓和,他们又随即重新活跃起来。"大跃进"之后,作家中间也出现了放松的情绪,不少人发出了"双百"的呼声。这些现象都证实了运动中间存在着一个回弹地带。

另一方面,这种回弹也与青年工人的特点密切相关。在工厂的环境下,青年工人实际上处于青年团与工会的双重保护之下,而从社会层面上看,他们更兼有"青年一代"与"工人阶级"的象征意义。这些特点既使青工成为"运动"的重要对象,也使得他们在激烈的政治运动中受到一定的保护,从而客观上获得了自塑的资本。相对于公安局对"阿飞"的集中打击、政治运动对"阿飞"的严肃定性和清理,青年团对"问题青工"则贯彻"耐心教育"为主的方针,这种约束力具有一定的弹性,也给青工的活动留下了一定的余地。再造新工人的过程中不断遭遇"回弹",这既是上海青工自我塑造的一种表现,也是上海青工呈现出"摇摆"面相的第三层原因。

1949—1965年再造新工人的过程也是一个塑造"新人"的历程。共产党人试图消除脑力劳动和体力劳动的差别,推翻在传统中国根深蒂固的"万般皆下品,唯有读书高"等观念,塑造出一种既能从事体力劳动又掌握了先进技术和先进文化,既是工人又是知识分子的"工人知识分子"形态。从本质上说,这实际上是一场关于"人"的革命。而如果站在人的角度上来看,对工人的再造既是一种对人性的改造,也是对复杂人性的重新发现。

参考文献

一、档案、口述资料

(一) 档案类

[1] 上海市档案馆馆藏：中国新民主主义青年团上海市委员会(1957年后更名为中国共产主义青年团上海市委员会)档案全宗(全宗号C21)。

[2] 上海市档案馆馆藏：上海市总工会(1955年1月—1959年8月更名为上海市工会联合会)档案全宗(全宗号C1)。

[3] 上海市档案馆馆藏：中国作家协会上海分会档案全宗(全宗号C52)。

[4] 上海市档案馆馆藏：共青团上海市委《青年报》编辑部档案全宗(全宗号C25)。

[5] 上海市档案馆馆藏：《解放日报》编辑部档案全宗(全宗号A73)。

[6] 上海市档案馆馆藏：中共上海市技工学校委员会档案全宗(全宗号A35)。

[7] 上海市档案馆馆藏：中共上海市委宣传部档案全宗(全宗号A22)。

[8] 上海市档案馆馆藏：中共上海市委教育卫生工作部档案全宗(全宗号A23)。

[9] 上海市档案馆馆藏：上海市教育局档案全宗(全宗号B105)。

[10] 上海市档案馆馆藏：上海市劳动局档案全宗(全宗号B127)。

[11] 上海市档案馆馆藏：上海市人民政府教育卫生办公室档案全宗(全宗号B244)。

[12] 上海市档案馆馆藏：上海市选举委员会档案全宗(全宗号B52)。

[13] 上海市档案馆馆藏：上海市临时工作委员会档案全宗(全宗号B54)。

[14] 杨浦区档案馆藏:《恒丰纱厂第一阶段工作总结》(1952年7月30日),档案号11-17-22-79。
[15] 杨浦区档案馆藏:《恒丰纱厂如何培养典型诉苦》(1953年),档案号11-17-22-83。
[16] 杨浦区档案馆藏:《全国三八红旗手预选人》(1960年12月30日),档案号43-2-78。

(二) 口述资料

[1] 上海社科院历史研究所藏:《老工人口述》系列。
[2] 刘亚娟访谈并记录:《黄宝妹访谈(1)》,2015年5月8日。
[3] 刘亚娟访谈并记录:《黄宝妹访谈(2)》,2015年7月20日。

二、文件资料集、年鉴、地方志

(一) 文件资料集

[1]《邓子恢文集》编辑委员会编:《邓子恢文集》,人民出版社1996年版。
[2] 顾龙生编:《毛泽东经济年谱》,中共中央党校出版社1993年版。
[3] 共青团中央青运史研究室、中国社会科学院现代史研究室编:《青年共产国际与中国青年运动》,中国青年出版社1985年版。
[4] 郭冰茹编选:《中国当代文学批评大系:1949—2009》卷1,苏州大学出版社2012年版。
[5] 何东昌主编:《中华人民共和国重要教育文献(1949—1975)》,海南出版社1997年版。
[6] 江苏省档案馆、中共江苏省委党史工作办公室编:《陈丕显文选》第2卷,中共党史出版社2000年版。
[7] 王志明主编:《上海改革开放二十年·静安卷》,上海远东出版社1998年版。
[8] 邵荃麟:《邵荃麟评论选集》,人民文学出版社1981年版。
[9] 上海市革命委员会反对经济主义联络总部编印:《无产阶级文化大革命中上海反对经济主义大事记(讨论稿)》,1966年12月27日、1967年1月6日。
[10] 上海市劳资评断委员会编印:《上海市五十一业工厂劳工统计》,1948年版。
[11] 上海市社会局编印:《上海劳工统计》,1946年版。

[12] 上海市文化广播影视管理局编:《滑稽戏》,上海人民出版社2012年版。
[13] 中共中央文献研究室编:《建国以来毛泽东文稿》第3卷,中央文献出版社1989年版。
[14] 中共中央文献研究室编:《建党以来重要文献选编(1921—1949)》第26册,中央文献出版社2011年版。
[15] 中共上海市委党史研究室编:《接管上海》上卷、下卷,中国广播电视出版社1993年版。
[16] 中共中央文献编辑委员会编:《刘少奇选集》上卷,人民出版社1981年版。
[17] 立法院秘书处:《立法专刊》第3辑,民智书局1930年版。
[18] 中共中央马克思恩格斯列宁斯大林著作编译局编译:《马克思恩格斯选集》第1卷,人民出版社1995年版。
[19] 中共中央文献编辑委员会编:《毛泽东选集》第3卷,人民出版社1991年版。
[20] 中共中央文献编辑委员会编:《毛泽东选集》第4卷,人民出版社2009年版。
[21] 中共厦门大学委员会宣传部编印:《右派反动言论集》,1957年版。
[22] 中共上海市委党史研究室编:《历史巨变(1949—1956)》第1卷,上海书店出版社2001年版。
[23] 中共中央文献研究室编:《毛泽东年谱(1949—1976)》第1、4卷,中央文献出版社2013年版。
[24] 中国社会科学院、中央档案馆编:《1949—1952年中华人民共和国经济档案资料选编(综合卷)》,中国城市经济社会出版社1990年版。
[25] 中国社会科学院、中央档案馆编:《1949—1952年中华人民共和国经济档案资料选编·劳动工资和职工福利卷》,中国物资出版社1994年版。
[26] 中国社会科学院社会学研究所编:《中国社会学》第2卷,上海人民出版社2003年版。
[27] 中国新民主主义青年团中央委员会办公厅编:《中国青年运动历史资料》,中国青年出版社1998年版。
[28] 中国作家协会编:《中国作家协会第二次理事会会议(扩大)报告发言集》,人民文学出版社1956年版。
[29] 中央档案馆、中共中央文献研究室编:《中共中央文件选集(1949年10月—1966年5月)》第43册,人民出版社2013年版。

[30] 周正本、朱珠、花实编:《中国近代工人阶级和工人运动》第 14 册,中共中央党校出版社 2002 年版。
[31] 朱金大、韩兆云主编:《踏遍青山人未老——劳动模范黄宝妹》,香港天马出版有限公司 2014 年版。

(二) 年鉴、地方志、工具书

[1]《中国教育年鉴》编辑部编:《中国教育年鉴 1949—1984》,中国大百科全书出版社 1984 年版。
[2] 中国统计局编:《中国统计年鉴 1984 年》,中国统计出版社 1984 年版。
[3]《上海劳动志》编纂委员编:《上海劳动志》,上海社会科学院出版社 1998 年版。
[4]《中共上海党志》编纂委员会编:《中共上海党志》,上海社会科学院出版社 2001 年版。
[5]《上海工运志》编辑委员会编:《上海工运志》,上海社会科学院出版社 1997 年版。
[6]《上海青年志》编纂委员会编:《上海青年志》,上海社会科学院出版社 2002 年版。
[7]《上海通志》编纂委员会编:《上海通志》第 7 册,上海社会科学院 2005 年版。
[8]《上海妇女志》编纂委员会编:《上海妇女志》,上海社会科学院出版社 2000 年版。
[9]《上海纺织工业志》编纂委员会编:《上海纺织工业志》,上海社会科学院出版社 1998 年版。
[10]《中国戏曲志》编辑委员会编:《中国戏曲志·上海卷》,中国 ISBN 中心出版社 2000 年版。
[11] 王守山等编:《劳动经济辞典》,吉林人民出版社 1987 年版。
[12] 苑茜等主编:《现代劳动关系辞典》,中国劳动社会保障出版社 2000 年版。
[13] 中国社会科学院语言研究所词典编辑室编:《现代汉语词典(第 5 版)》,商务印书馆 2005 年版。
[14] 中华全国总工会编:《中国工会百科全书》(上),经济管理出版社 1998 年版。

三、报纸杂志

[1]《半月戏剧》(1940 年)

［2］《大众电影》
［3］《东方红》
［4］《工人日报》
［5］《红旗》
［6］《解放日报》
［7］《剧本》
［8］《劳动》
［9］《劳动报》
［10］《萌芽》
［11］《前哨》
［12］《前线》
［13］《青年报》
［14］《人民日报》
［15］《人民文学》
［16］《山东文学》
［17］《上海文学》
［18］《上海戏剧》
［19］《绍兴戏报》(1941 年)
［20］《申报》(1936 年、1937 年、1941 年、1942 年、1946 年)
［21］《诗刊》
［22］《时代周报》(1946 年)
［23］《微言》(1933 年)
［24］《文汇报》
［25］《文学评论》
［26］《文艺报》
［27］《文艺月报》
［28］《先驱》(1922 年)
［29］《现代电影》(1933 年)
［30］《新民晚报》
［31］《新闻业务》
［32］《中国青年报》
［33］*World Youth*（世界民主青年联合会刊物）
［34］*Women of China*（全国妇联主办的对外刊物）

再造与自塑：上海青年工人研究(1949—1965)

四、学术专著

[1]【英】E.P.汤普森著,钱乘旦等译：《英国工人阶级的形成》,译林出版社2001年版。

[2]【美】埃尔德著,田禾、马春华译：《大萧条的孩子们》,译林出版社2002年版。

[3] 丁云亮：《阶级话语的叙述与表象——1950年代上海工人之文化经验》,安徽师范大学出版社2010年版。

[4]【美】艾米莉·洪尼格著,韩慈译：《姐妹们与陌生人：上海棉纱厂女工,1919—1949》,江苏人民出版社2011年版。

[5]【美】华尔德著,龚小夏译：《共产党社会的"新传统主义",中国工业中的工作环境和权力结构》,(香港)牛津大学出版社1996年版。

[6] 林克主编：《上海研究论丛》第9辑,上海社会科学院出版社1993年版。

[7] 陆学艺主编：《当代中国社会阶层研究报告》,社会科学文献出版社2002年版。

[8]【美】裴宜理著,刘平译：《上海罢工：中国工人政治研究》,江苏人民出版社2012年版。

[9]【美】裴宜理著,阎小骏译：《安源：挖掘中国的革命传统》,香港大学出版社2014年版。

[10] 吴承明、董志凯主编：《中华人民共和国经济史1949—1952》,社科文献出版社2010年版。

[11] 张济顺：《远去的都市：1950年代的上海》,社科文献出版社2015年版。

[12] 中共中央党史研究室编：《中国共产党历史》第2卷,中共党史出版社2011年版。

[13] Lisa Rofel, *Other Modernities*: *Gendered Yearnings in China after Socialism*, Berkeley: University of California, 1999.

[14] Yeh Wen-Hsin, *Provincial Passages*: *Culture*, *Space*, *and the Origins of Chinese Communism*, Berkeley: University of California Press, 1996.

[15] Yinghong Cheng, *Creating the "New Man": From Enlightenment Ideals to Socialist Realities*, Honolulu: University of Hawaii Press, 2009.

五、学术论文

[1] 林超超:《合法化资源与中国工人的行动主义:1957年上海"工潮"再研究》,《社会》2012年第1期。

[2] 阮清华:《建国初期上海废娼问题再认识》,《华东师范大学学报(哲学社会科学版)》2009年第4期。

[3] 安宝:《"不在地主"与城乡关系——以租佃关系为视角的个案分析》,《东北师大学报(哲学社会科学版)》2011年第1期。

[4] 毕红霞:《当代工人作家培养体制的延续——从胡万春到王十月》,《文艺理论与批评》2013年第2期。

[5] 陈峰:《国家、制度与工人阶级的形成——西方文献及其对中国劳工问题研究的意义》,《社会学研究》2009年第5期。

[6] 陈俊兰:《1949到1965年中国学徒制政策研究》,《教育与职业》2012年第8期。

[7] 丁志宏:《我国新生代农民工的特征分析》,《兰州学刊》2009年第7期。

[8] 风笑天:《三十年来我国青年研究的对象、主题与方法——对四种青年期刊2 408篇论文的内容分析》,《青年研究》2012年第5期。

[9] 高爱娣:《1956—1957年罢工潮及党和工会的反思》,《学海》2012年第4期。

[10] 何稼书:《战时重庆"有机知识分子"及其阶级道德基础研究——以余祖胜为例》,《近代史研究》2008年第1期。

[11] 何友良:《革命源起:农村革命中的早期领导群体》,《江西社会科学》2007年第3期。

[12] 黄文治:《革命播火:知识分子、城市串党及革命下乡——以大别山区早期中共革命为中心的探讨(1920—1927)》,《开放时代》2011年第12期。

[13] 黄宗智:《中国革命中的农村阶级斗争:从土改到"文革"时期的表达性现实与客观性现实》,《中国乡村研究》第2辑,商务印书馆2003年版。

[14] 李良玉:《建国前后接管城市的政策》,《江苏大学学报(社会科学版)》2002年第3期。

[15] 李培林、田丰:《中国新生代农民工:社会态度和行为选择》,《社会》2011年第31卷。

[16] 李旺:《"十七年"文学中的"工农兵业余作者"写作》,《理论月刊》2013

年第 1 期。
[17] 李忠、王筱宁:《社会教育在底层民众实现社会流动中扮演的角色——以清末民国时期的学徒教育为例》,《南京社会科学》2008 年第 4 期。
[18] 廖小平、曾祥云:《"代"论》,《江海学刊》2004 年第 4 期。
[19] 刘斌志:《工厂青年的生存状况及工业社会工作研究》,《山东省团校学报》2007 年第 1 期。
[20] 刘成斌:《生存理性及其更替——两代农民工进城心态的转变》,《福建论坛》2008 年第 7 期。
[21] 刘诗古、曹树基:《新中国成立初期土地改革中"工商业兼地主"的政治身份认定——主要以南昌县为例》,《中共党史研究》2011 年第 2 期。
[22] 刘卫东:《从"新人"到"英雄"——社会主义新人理论的演变》,《文学评论》2010 年第 5 期。
[23] 刘长林、李艳群:《1953—1959 年对民间自杀事件的善后处理——以上海市馆藏档案和有关报道为中心的考察》,《理论学刊》2013 年第 8 期。
[24] 罗忠勇、陈琦:《转型期青年工人的阶层意识研究——以 10 家企业青年工人为例》,《青年研究》2002 年第 11 期。
[25] 孟永:《毛泽东新人思想理论依据考释》,《湖南科技大学学报(社会科学版)》2014 年第 6 期。
[26] 闵小益:《20 世纪 50 年代上海青年共产主义道德教育活动述略》,《上海青年管理干部学院学报》2006 年第 2 期。
[27] 彭南生:《近代学徒的社会状况与社会流动》,《近代史学刊》2006 年第 3 期。
[28] 任焰、潘毅:《工人主体性的实践:重述中国近代工人阶级的形成》,《开放时代》2006 年第 3 期。
[29] 沈原:《社会转型与工人阶级的再形成》,《社会学研究》2006 年第 2 期。
[30] 王颉:《前学科阶段的中国青年研究》,《社会学研究》1995 年第 6 期。
[31] 王龙飞:《省会、学校、家乡与革命"落地"——以湖北省各县市早期中共骨干党员为中心》,《中共党史研究》2013 年第 7 期。
[32] 吴清军:《西方工人阶级形成理论述评——立足中国转型时期的思考》,《社会学研究》2006 年第 2 期。
[33] 吴娱玉:《"社会主义新人"谱系演化释证——以高大泉、梁生宝、萧长春为人物表》,《上海交通大学学报(哲学社会科学版)》2014 年第 5 期。
[34] 肖文明:《国家触角的限度之再考察:以新中国成立初期上海的文化改造为个案》,《开放时代》2013 年第 3 期。

[35] 许星:《论20世纪50年代苏式服装在中国的兴衰》,《南京艺术学院学报》2008年第6期。
[36] 杨东平:《三个时代的青年文化》,《青年研究》1994年第3期。
[37] 杨奎松:《新中国土改背景下的地主富农问题》,《史林》2008年第6期。
[38] 应星:《学校、地缘与中国共产党早期组织网络的形成——以北伐前的江西为例》,《社会学研究》2015年第1期。
[39] 张鸿声:《"十七年"与"文革"时期的城市工业题材创作——兼谈沪、京、津等地工人作家群》,《社会科学》2012年第4期。
[40] 张济顺:《上海里弄:基层政治动员与国家社会一体化走向(1950—1955)》,《中国社会科学》2004年第2期。
[41] 张济顺:《社会文化史的检视:1950年代上海研究的再思考》,《华东师范大学学报(哲学社会科学版)》2012年第2期。
[42] 张济顺:《转型与延续:文化消费与上海基层社会对西方的反应》,《史林》2006年第3期。
[43] 张瑞兰:《"革命"话语与中国知识分子"身份"的塑造——毛泽东"知识分子与工农相结合"思想分析》,《湖南科技大学学报(社会科学版)》2013年第2期。
[44] 周怡:《代沟现象的社会学研究》,《社会学研究》1994年第4期。
[45] Andrew G. Walder, "The Remaking of the Chinese Working Class, 1949-1981," *Modern China*, Vol. 10, No. 1 (Jan. 1984), pp. 3-48.
[46] Jeffrey Wasserstrom and Liu Xinyong, "Student Protest and Student Life: Shanghai, 1919-49," *Social History*, Vol. 14, No. 1 (Jan. 1989), pp. 1-29.
[47] Lynn T. White, "Workers' Politics in Shanghai," *The Journal of Asian Studies*, Vol. 36, No. 1 (Nov. 1976), pp. 99-116.
[48] William C. Kirby, "Continuity and Change in Modern China: Economic Planning on the Mainland and on Taiwan, 1943-1985," *The Australian Journal of Chinese Affairs*, No. 24 (Jul. 1990), pp. 121-141.
[49] Yang Po, "A Knotty Problem Solved," *Women of China*, No. 4 (1959), pp. 20-24.

六、硕博士论文

[1] 蔡伏虹:《身份继替与职工再造:子女接班制度演变过程研究》,上海大

学博士学位论文,2015年。
[2] 李浩泉:《民国时期北京大学学生社团活动研究》,华中师范大学博士学位论文,2012年。
[3] 卢晓璐:《工农速成中学研究》,复旦大学硕士学位论文,2012年。
[4] 谢会敏:《近代北京学徒制度研究》,河北大学硕士学位论文,2011年。
[5] 杨纯刚:《20世纪50年代初江南水泥厂民主改革运动研究》,南京大学硕士学位论文,2013年。
[6] 应聂萧:《中共职工学校对上海苏北人的政治动员(1924—1927)》,上海交通大学硕士学位论文,2011年。
[7] 张蕾:《建国初期学生共产主义道德品质之塑造——以华东师范大学青年团为例》,华东师范大学硕士学位论文,2011年。
[8] 张笑秋:《我国新生代农民工流动行为研究——以湖南省为例》,西南财经大学博士论文,2011年。
[9] 向鑫:《建国初期中国共产党开展工农速成中学教育研究》,华东师范大学硕士毕业论文,2011年。

七、文艺作品

[1] 白先勇:《上海童年》,《姹紫嫣红开遍》,作家出版社2011年版。
[2] 陈丹燕:《上海阅历三部曲·蝴蝶已飞》,浙江文艺出版社2012年版。
[3] 陈荒煤:《陈荒煤文集·第7卷·电影评论(上)》,中国电影出版社2013年版。
[4] 陈荒煤等:《论纪录性艺术片》,中国电影出版社1959年版。
[5] 陈先法:《民族泪》,同济大学出版社1988年版。
[6] 程乃珊、程薔、孙甘霖主编:《民俗上海·黄浦卷》,上海文化出版社2007年版。
[7] 程乃珊著,贺友直图:《上海FASHION》,上海辞书出版社2005年版。
[8] 程乃珊:《"阿飞"正传(上)》,《上海文学》2001年第7期。
[9] 程乃珊:《"阿飞"正传(下)》,《上海文学》2001年第8期。
[10] 胡万春:《心声集》,上海文艺出版社1981年版。
[11] 胡祖清:《黄宝妹夜战白点》,上海美术出版社1959年版。
[12] 唐克新著,朱然绘图:《永远向前的黄宝妹》,少年儿童出版社1959年版。
[13] 刘亚雄:《阿拉上海人》,上海人民出版社2001年版。

［14］李阿毛文，董天野图：《洋泾浜图说》，上海大学出版社2015年版。
［15］陆宪良编：《履痕——华理往事辑要》，华东理工大学出版社2012年版。
［16］汪求实：《百姓生活记忆：上海故事》，学林出版社2012年版。
［17］王安忆：《王安忆自选集之六·长恨歌》，作家出版社1996年版。
［18］王汝刚：《海派滑稽》，文汇出版社2010年版。
［19］吴秀明主编：《中国现代文学作品选1917—2000》第3卷，高等教育出版社2002年版。
［20］谢晋：《我对导演艺术的追求》，中国电影出版社1990年版。
［21］薛理勇：《上海闲话》，上海社会科学院出版社2000年版。

后记

2010年9月,我进入北京大学历史系,成为王门弟子。我不爱做梦,却误打误撞获得了很多人梦寐以求的际遇。我感激王奇生老师的收留,也深知个人实力与这些突如其来的光环并不相称。很长一段时间,我有意回避"北大",更不敢主动提及导师,唯恐自己表现不佳,而令老师蒙羞。我既不知道将来会如何,也不知道当下该做些什么。那时的我兴趣广泛,阅读书籍并不囿于本学科。我不太热衷于实证,但偏爱理论,更擅长史论而非史实重建,更关注"人"而非"事"。这些特点或者说是缺点,在不久之后促成了我的学术转向。在刘一皋老师的国史课堂上,"中华人民共和国史"显得既陌生又鲜活。刘老师介绍历史学、社会学、政治学的最新研究成果,每一次课都会掀起一场头脑风暴,问题多得让我无法停止思考。而我则惊喜地发现,稚嫩的我或许可以在这一未充分开垦的新领域中发挥自己所长。

2012年6月,我带着在刘老师课堂上完成的小论文参加了中国当代史高级研修班,第一次参加高水平的学术会议,我不仅感受到了沪上既自由又摩登的学术气象,更被一个较新的学术领域所独有的气质震撼。在研修班上,我这样一个学生居然也能够和名家们一起平等地讨论,丝毫没有压抑之感。我坚信,这将会是一片青年人的天地,我们将大有可为!也是在研修班上,我认识了张济顺老师,就是那一次短暂的交流,为我们的师生缘埋下了伏笔。

回到北京后,我在王老师的鼓励下不断完善这篇小文,而它也从课程论文扩充成为我的毕业论文。就这样,我走上了研究国史的崎岖小路。虽然我与北大的缘分仅有三年,但在这里,我学会了"取法乎上",亦初步窥见了治学的门径。直到现在,我仍能感受到王老师的关照和他默默给予的种种机会。感谢王老师,在我无助时伸出援手,又在我想要离开时,送我一程。

2013年9月,我进入复旦大学攻读博士学位,张济顺老师接纳了我。在之后漫长的学习和与张老师的交往中,我这个初学者才开始接触到真正的国史研究,并最终确定了上海青工这一论文选题。对于我来说,这不是一次无关痛痒的学术写作,而是对那交织着自豪与酸楚的孩童时代最真诚的纪念。张老师不仅是本书的第一个读者,也是本书的参与者。虽然从资料到标题、结构乃至措辞,每一个有关论文的细节都凝聚了老师不少的心血,但我更感谢的是,老师真的读懂了我。对于我的种种坚持,张老师都予以肯定,甚至在我遭受质疑时,也毫不犹豫地站在我身边,告诉我"亚娟,别怕"。她就是以这样强有力的方式,为胆怯的我提供庇护,并时刻保护着我一些幼稚的想法,让它们生根发芽。正是在老师持续不断的鼓励下,我的学术之路才开始有了沉实的走向。

在过去的十年时间里,我辗转了四个城市、五所学校,而最难忘的还是那座桂子山。在华中师大求学的日子里,我虽非千里马,却总能遇到伯乐。我至今记得付海晏老师匆匆赶来,为我手写推荐信的场景。在我犹豫时,他总会帮助我作出最艰难的决定。刘伟老师、孙泽学老师对我的关心常常超出学术之外,让我感到轻松而温暖。母校的这份恩情我将永远铭记。

自从我进入复旦大学,金光耀老师就一直为我提供各种求教机会。萧延中老师、王海光老师、刘平老师、董国强老师对我的初稿提出了诸多修改意见,对本书有再造之恩。杨奎松老师、韩钢老师、冯筱才老师、阮清华老师多次对我的论文进行批评指点,减少了书中可能出现的错误。上海社科院历史研究所的马军老师慷慨地提供了部分口述资料,为我撰写本书提供了便利。

除此之外,我要特别感谢《中共党史研究》编辑部的各位老师。本书部分章节首发于《中共党史研究》,诸位老师既见证了这本小书的问世,更扶助我不断成长。能够拥有这样一片无私帮助我们青年学者成长的沃土,实在是我们的幸运!

  提及上述老师,不是为了给小书增光,而是要表达发自肺腑的感激。我一度羞于展示这些令旁人羡慕的际遇,也尽量去除身上的一些标签,因为我自知无法立即回馈以求得心安。现在,我已经不再是学生,也开始学着独立成长,这本小书藏着我走过的路和我遇见的人,我希望有一天它也能见证我对诸位老师的感激与报答。

  最后,我想把这本书献给我的家人。因为他们对于知识的尊重,让一无所有的我在令人眼花缭乱的现实面前仍然保持着自信。感谢父母、姐姐、姐夫为我的小家庭的付出,使我能够专心修改书稿,在生产后重新投入学术研究。感谢小米先生对我事业的理解和支持。感谢我的小天使乐宝宝,你的乖巧懂事,让我对未来充满了乐观的期待。愿我和我的家人能够一直开心、健康地生活在一起。

  愿那些有理想、有抱负的同龄人,能够和我一样幸运。愿你们早日遇见自己的伯乐,既能成就自己,也能帮助他人。

图书在版编目(CIP)数据

再造与自塑:上海青年工人研究:1949—1965/刘亚娟著. —上海:复旦大学出版社,2020.3 (2020.6 重印)
ISBN 978-7-309-14761-2

Ⅰ.①再… Ⅱ.①刘… Ⅲ.①青年工人-研究-上海-1949-1965 Ⅳ.①D663.1

中国版本图书馆 CIP 数据核字(2019)第 255201 号

再造与自塑:上海青年工人研究:1949—1965
刘亚娟 著
责任编辑/关春巧

复旦大学出版社有限公司出版发行
上海市国权路 579 号 邮编:200433
网址:fupnet@fudanpress.com http://www.fudanpress.com
门市零售:86-21-65102580 团体订购:86-21-65104505
外埠邮购:86-21-65642846 出版部电话:86-21-65642845
上海崇明裕安印刷厂

开本 890×1240 1/32 印张 7.5 字数 198 千
2020 年 6 月第 1 版第 2 次印刷

ISBN 978-7-309-14761-2/D·1014
定价:40.00 元

如有印装质量问题,请向复旦大学出版社有限公司出版部调换。
版权所有　侵权必究